中文社会科学引文索引（CSSCI）来源集刊

珞珈管理评论

LUOJIA MANAGEMENT REVIEW

2021年卷 第3辑（总第38辑）

武汉大学经济与管理学院主办

WUHAN UNIVERSITY PRESS
武汉大学出版社

图书在版编目(CIP)数据

珞珈管理评论. 2021 年卷. 第 3 辑: 总第 38 辑/武汉大学经济与管理学院主办 . —武汉: 武汉大学出版社, 2021. 12
ISBN 978-7-307-22674-6

Ⅰ. 珞… Ⅱ. 武… Ⅲ. 企业管理—文集 Ⅳ. F272-53

中国版本图书馆 CIP 数据核字(2021)第 214805 号

责任编辑:陈 红 责任校对:汪欣怡 版式设计:韩闻锦

出版发行: **武汉大学出版社** (430072 武昌 珞珈山)
(电子邮箱:cbs22@ whu. edu. cn 网址:www. wdp. com. cn)
印刷:武汉市天星美润设计印务有限公司
开本:787×1092 1/16 印张:12 字数:282 千字
版次:2021 年 12 月第 1 版 2021 年 12 月第 1 次印刷
ISBN 978-7-307-22674-6 定价:48. 00 元

目　　录

1

CONTENTS

党员高管参与公司治理对上市公司
综合绩效的影响[*]

● 杨艳琳[1,2]　王远洋[3]

（1　武汉大学经济发展研究中心　武汉　430072；

2　武汉大学人口·资源·环境经济研究中心　武汉　430072；

3　武汉大学经济与管理学院　武汉　430072）

【摘　要】中国共产党党员身份是企业高管的重要背景特征。党员高管参与公司治理对企业绩效的影响是多维的，其影响机制是怎样的？在高质量发展背景下，本文构建了上市公司综合绩效评价体系，重点研究了党员高管参与公司治理的综合效果与影响机制。研究发现，党员高管促进了上市公司综合绩效的提升。党员高管对上市公司资产规模、利税贡献、环境保护与社会责任均具有正向影响。相比民营企业，党员高管对国有企业综合绩效的正向作用更大。相比总经理，党员董事长发挥的治理效应更强。机制研究表明，党员高管通过加强党组织嵌入程度促进了上市公司综合绩效。研究肯定了党员高管参与公司治理的积极作用，对于进一步深化国有企业改革和改进民营企业党建具有重要而长远的意义。

【关键词】公司治理　高管特征　党组织嵌入　综合绩效

中图分类号：F275.5　　　文献标识码：A

1. 引言

中国经济已由高速增长阶段转向高质量发展阶段，必须坚持质量第一、效益优先。作为经济高质量发展的微观主体，企业是承载就业、推动经济转型的中坚力量。中国共产党"十九大"报告提出要培育具有全球竞争力的世界一流企业目标，对企业高质量发展提出新的要求。高管作为上市公司的掌舵者，是企业长期稳定经营的关键角色。高管的个人信仰影响了他们的决策行为（Cai et al.，2019），进而导致企业绩效的分化。在中国，根据应

* 基金项目：国家社科基金重大招标项目"中国经济走势的马克思主义政治经济学研究"（项目批准号：17ZDA036）；国家社科基金重点项目"习近平劳动经济思想研究"（项目批准号：18AJL002）。

通讯作者：王远洋，E-mail：wangyuany@ whu. edu. cn。

建必建原则,企业应当为中国共产党党组织的活动提供必要条件。中共中央组织部《2019年中国共产党党内统计公报》显示,截至2018年底,中国共产党党员总数为9 059.4万名,其中企事业单位、社会组织的管理人员占比10.8%,技术人员占比15.5%。特别是,全国有158.5万家非公有制企业法人单位建立了党组织。中国共产党党员身份(以下简称党员)已成为企业高管的重要背景特征,其治理效果不能忽视。

简新华(1998)认为,股份制企业董事会与党委会的双向兼职使"新三会"与"老三会"协调一致,各司其职,减少了内耗。作为企业发展的"红色引擎",党委会通过"双向进入""交叉任职"直接参与国有企业的重大决策。另一方面,党的基层组织嵌入确保了民营企业经营管理中党的路线方针和政策部署。具体而言,《中国共产党章程》提出党员应"带头参加改革开放和社会主义现代化建设,在生产……中起先锋模范作用",指出"企业党委(党组)发挥领导作用,把方向、管大局、保落实,依照规定讨论和决定企业重大事项"。《中国共产党纪律处分条例》涉及企业管理的违纪处分规定:"利用参与企业重组改制、定向增发、兼并投资……等方式非正常获利的,依照前款处理。"根据集体主义价值观要求,党员高管必须具备更高的社会责任感和使命感,不仅要做大做强企业,而且要重视职工权益与社会责任。那么,党员高管的治理作用在不同所有制企业是如何体现的?

学者们一般从外部治理与内部治理两个方向研究公司治理行为,外部治理因素有市场环境、政治干预、经济政策等,内部治理因素包含产权结构、股权结构、管理层特征、管理层激励等(魏立群和王智慧,2002;林浚清等,2003;Bai et al.,2005;李燕萍等,2008)。党员高管与党组织的治理行为属于内部治理范畴,现有研究多关注党组织嵌入对盈余管理、企业违规、风险承担与社会责任等方面的影响(叶建宏,2017;陈红和胡耀丹,2018;严若森和吏林山,2019;李明辉和程海艳,2020;程海艳等,2020),缺乏对企业绩效的研究。现有研究肯定了党组织嵌入对企业治理的影响,但党员高管参与公司治理对不同所有制企业的影响路径不同。已有对企业绩效的研究难以全面反映党员高管的治理效果。鉴于此,本文建立包含企业财务绩效、创新产出、税收贡献、环境保护与社会责任等在内的综合绩效评价体系,并讨论党员高管参与公司治理对企业综合绩效的影响及机制,以评价党员高管的治企效果,推动企业高质量发展。

本文研究发现,党员高管参与公司治理和企业综合绩效存在显著的正相关关系。这种关系在国有企业中尤为显著,但是对民营企业的作用较弱。党组织嵌入是党员高管参与公司治理的重要传导途径,本文构建了党建信息披露质量作为企业党组织嵌入的替代指标,发现企业党组织嵌入对企业综合绩效的中介效应为正。此外,党员高管参与公司治理主要侧重于资产规模增长、税收贡献、环境保护与社会责任等方面,对企业创新重视不足。考虑了内生性问题、替换关键变量、变换研究样本以及滞后期限等稳健性检验,进一步证明本文的研究结论是可靠的。

本文可能的贡献在于:

(1)从企业内部治理切入,研究党员高管参与公司治理对上市公司综合绩效的影响。

（2）构建包含多个维度的上市公司综合绩效指标体系，实证分析党员高管参与公司治理的多维效果。

（3）讨论了党组织嵌入在不同所有制企业的传导机制与治理效果。

本文接下来的结构安排如下：第二部分为理论分析与研究假设；第三部分为研究设计；第四部分为实证结果分析；第五部分为影响机制的进一步检验；第六部分为研究结论与政策建议。

2. 理论分析与研究假设

高阶理论认为，在人的有限理性前提下，管理者的认知模式与价值观会对公司决策产生重要影响（Shawn et al.，2012）。认知模式与价值观等主观性因素是无法观测的，因而个人背景特征如年龄、学历、社会资本等影响管理者认知水平的因素成为现有度量企业家才能的重要指标。团队特征、留学背景、政治关联、学术经历等作为重要的个人背景特征（林亚清和赵曙明，2013；唐松和孙铮，2014；代昀昊和孔东民，2017；周楷唐等，2017），对企业决策产生了深刻影响。Alberta 和 Leonard（2014）研究发现，民主党党员担任高管的美国公司在社会责任方面的支出更大，企业决策受高管的政治倾向影响。政治观点多元化的董事会能减轻代理成本，提升企业绩效（Incheol et al.，2013）。马连福（2013）提出，党组织参与公司治理是中国公司治理的重要特征，高管在党委会与董事会的"交叉任职"能显著提高董事会效率。国有企业党委会参与公司治理有效缩小了高管与员工间的薪酬差异，国有企业纪委抑制了高管私有收益（陈仕华等，2014）。在欧洲，政治家对国有企业的控制造成了企业的非效率投资（Li et al.，2020）。而中国国有企业通过党组织治理影响董事会异议充分发挥了提升企业绩效的作用（柳学信等，2020）。

党组织是地方政府与企业的沟通者，是民营企业应对外部环境的感知者（徐细雄等，2020）。加强与地方政府的联系，获取政治关联与社会资源是民营企业家和高管入党的重要动机。民营企业能通过政治关联破除行业壁垒，获得补贴收入、税收优惠，改善公司绩效（罗党论和刘晓龙，2009；Wu et al.，2018）。戴亦一等（2017）认为，高管党员身份抑制了公司财务违规行为，建立党组织有助于改善公司治理。黄少卿等（2018）发现，中国共产党的反腐行动弱化了政企之间的政治关联，创造了公平竞争的市场环境，减少了政治关联负面影响。企业内党组织是个人利益、集体利益与国家利益融合的纽带（罗峰，2019）。党员身份强化了高管在企业管理中对集体利益的认同，党组织嵌入推动了企业社会责任与环保责任的履行（徐光伟等，2020）。以上研究均表明，在党组织与公司治理结合下，党组织嵌入成为企业治理的重要通道。党组织嵌入和党建工作促进了企业的市场行为，产生了积极的社会影响。

黄速建等（2018）认为，企业综合绩效应当包含经济绩效、社会绩效和满足利益相关方的价值诉求等方面。在中国，《中央企业负责人经营业绩考核暂行办法》要求对中央企业实施分类考核，提出了效益效率、创新驱动、服务保障等不同导向，指出对科

3

技进步要求高的企业重点关注其研发创新成果，对节能环保类企业关注其综合能耗、主要污染物排放等指标考核，对公益类企业重点关注其社会效益。技术创新、环境保护与社会责任关乎企业的长期战略，最终也作用于企业的经营绩效，影响企业声誉。中央企业的治理目标是党管企业的最高标准，一定程度反映了党员高管在公司治理中关注的方向。从这一逻辑出发，党员高管受集体主义价值观的塑造，能将党员价值观与公司发展相结合，重视环境保护、社会责任与公众利益(戴亦一，2017；徐光伟等，2020；万攀兵，2020)。此外，党纪约束是应对高管腐败的重要制度保障，减轻了腐败相关的决策失误危害。党员的先锋模范作用与积极奉献精神等特征为企业发展不断注入活力，是推动企业高质量发展的"正能量"。党员高管在公司治理中不会过分追逐单一利润，能从多维视角考察企业经营目标，以稳健的经营方式实现企业综合绩效。综上所述，本文提出如下假设：

H：受集体主义价值观影响和党纪约束，党员高管参与公司治理会对企业综合绩效产生积极的影响。

在企业内部建立党组织是经济组织与政治组织相互嵌入的体现(徐光伟等，2020)。普遍的党组织嵌入推动党的领导融入公司治理的各个环节，成为党员高管参与公司治理的主要路径。其中，国有企业"双向进入""两职合一"的组织架构加强了党的领导。党委会与董事会的双向渗透调和了股东利益与管理层利益，有效避免了片面追求短期利益的治理行为。党建与公司治理各环节深度融合，减轻了代理成本，提升了国有企业效率(王文兵等，2020)。党委会与董事会的相互协作能抑制管理层权力过大诱发的过度投资行为。同时，国有企业不断做大做强做优与党员的先锋模范作用、积极奉献精神以及党纪约束密切相关。与国有企业不同，民营企业党员高管只能通过影响管理层决策参与公司治理。因此，国有企业党员高管具有更为强大和畅通的影响渠道，能实现更好的公司治理效果。

首先，国有企业党员高管可以通过"双向进入""两职合一"的组织架构将治理理念上升为党委会与董事会的双重意志，并通过党组织嵌入加强治理理念落实。民营企业党员高管则难以通过"双向进入""两职合一"的组织架构实施其经营理念。其次，民营企业的党组织嵌入程度没有国有企业普遍和深入，党员高管的经营理念不能便利地成为企业集体意志，党员高管仅能通过岗位职能施加其影响。这意味着，党员高管在民营企业管理层的影响有限，党组织嵌入难以在民营企业形成作用合力。最后，国有企业拥有庞大的党员员工群体，他们身为企业骨干发挥了重要的桥梁纽带和先锋模范作用，对企业绩效具有正效应。由于政治激励与经济激励的共同影响，国有企业党员高管在公司治理中的参与程度会高于民营企业，对企业综合绩效的影响会更大。综上所述，本文在假设 H 基础上提出如下推论：

Ha：相比民营企业，国有企业党员高管参与公司治理更深入，对企业综合绩效的影响更大。

基于上述假设与推论，本文的理论机制分析框架见图1。

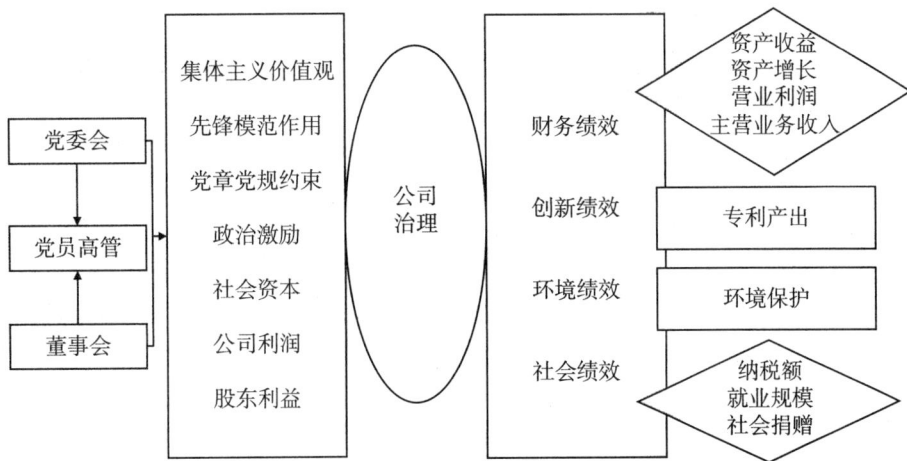

图 1　理论机制分析框架

3. 研究设计

3.1　模型设计与变量说明

基于以上分析，为检验党员高管参与公司治理对企业综合绩效的影响，参考虞义华等（2018）的研究设计，本文构建如下基本计量模型：

$$CCPID_{i,t} = \alpha + \beta\,CG_{i,t} + \sum_{\gamma} pers\_control_{j,i,t} + \sum_{\eta} firm\_control_{k,i,t}$$
$$+ \delta industry_i + \theta year_t + \lambda region + \varepsilon_{i,t} \tag{1}$$

其中，$CCPID_{i,t}$为被解释变量，表示上市公司综合绩效。下标 i 和 t 分别表示企业和年份。上市公司综合绩效从财务绩效、创新绩效、环境绩效、社会绩效等多个维度衡量。具体来说，本文运用主成分分析法合成从属于上述维度的指标，包含主营业务收入、资产增长率、利润率、资产收益率、实际税率、资本收益率、专利授权数、社会责任、环境保护、就业规模等。由于被解释变量包含指标较多，做主成分分析需要对相关指标变量进行 KMO 和 Bartlett 检验。KMO 用来检测变量间相关性，KMO 检验系数应大于 0.5，Bartlett 检验的 p 值应小于 0.05，才适合进行主成分因子分析。本文所选指标的 KMO 值为 0.6，Bartlett 检验的 p 值为 0，各项指标均符合主成分分析要求。本文发现，前四个主成分的特征值大于 1 或近似于 1，但仅能解释 73.52%。为避免丢失信息，通过碎石图发现从第六个主成分开始特征值变化趋势已趋于平稳，故选择前六个主成分比较合适。主成分负载系数矩阵显示，主营业务收入、利润率、资产收益率等财务指标以及专利授权数、劳动生产率的因子负载为正，实际税率与社会责任的因子负载为负。按综合负载看，对上市公司综合绩效有重要影响的指标从主到次依次为主营业务收入、资产增长率、利润率、资产收益率、劳动生产率、实际税率、专利授权数、社会责任等。可见，本文对上市公司综合绩效的评价中，财务绩效相对重要一些，但创新绩效与社会绩效是不可或缺的。前六个主成分的方差贡献率分别为 0.333、0.163、0.137、0.101、0.094、0.077，累计占比 90.5%。前六个主成分依次记为 F_1、F_2、F_3、F_4、F_5、F_6，以各主成分对应的贡献率为权数加权求和，得到上市公司的综合绩效指数 $\text{CCPID}_{i,t}$，即：

$$\text{CCPID}_{i,t} = 0.333F_1 + 0.163F_2 + 0.137F_3 + 0.101F_4 + 0.094F_5 + 0.077F_6 \qquad (2)$$

模型自变量为党员高管参与公司治理的虚拟变量，用 $\text{CG}_{i,t}$ 表示。2017 年版《公司法》规定，高管是指公司的经理、副经理、财务负责人、董事会秘书和公司章程规定的其他人员。本文把上市公司高管群体界定为总裁、董事长、总经理、工会主席、监事会主席、首席执行官、首席财务官、总会计师、董事会秘书等正副职高级管理人员。本文以国泰安数据库（CSMAR）披露的高管个人资料为基础，搜寻"中共党员""书记""党委委员"等关联关键词对上市公司高管简历进行仔细甄别，获得具有党员身份的高管与董事会成员数据。由于党员高管通过"两职合一""双向进入"实现党组织参与国有企业的治理，而民营企业缺乏这一制度安排，所以党员高管参与公司治理的程度需要甄别。《中国共产党章程》规定，凡是有正式党员 3 人以上的基层单位，都应成立党的基层组织。鉴于此，本文将党员高管超过 3 人作为党员高管参与公司治理的衡量标准，建立党员高管参与公司治理的虚拟变量。

$\text{pers\_control}_{j,i,t}$ 为高管特征一系列控制变量，下标 j 为控制变量个数；$\text{firm\_control}_{k,i,t}$ 为企业层面一系列控制变量，下标 k 为控制变量个数。具体如下：

（1）高管年龄，年龄较大的党员高管往往党龄更长，其集体主义价值观会更浓厚。

（2）高管学历，受教育水平是个人能力的重要体现，高学历高管偏好现代企业制度，且拥有丰富的社会资本。

（3）董事会规模，会影响企业决策效率（刘婷和杨琦芳，2019）。

（4）高管性别，相比男性高管，女性高管更关注企业的可持续发展。

（5）高管兼职比例，高管的兼职会拓展社会资本，影响业务关联与企业绩效。

（6）领取薪酬的高管占比，薪酬影响高管与董事会成员的工作积极性、执行力（刘绍娓和万大艳，2013）。

（7）股权集中度，根据委托代理理论，股权相对集中情况下企业所有者倾向于实现大股东利益（杨艳琳和赖秋霖，2015）。

（8）企业劳动生产率，反映企业的劳动生产效率。

（9）资产负债率，反映企业的财务杠杆状况。

industry、year、region 分别表示企业所属行业效应、年份效应以及所属地区效应，本文在实证中对上述效应均予以控制。

3.2 样本选择与数据来源

本文一系列公司财务指标、上市公司研发创新数据和社会责任报告来自国泰安数据库（CSMAR）。由于缺乏上市公司环境保护的直接数据，本文利用文本分析检索上市公司年报有关环保的词频（数据来源为 WinGo 财经文本数据平台），将其视为高管对环境保护的重视程度。通过对国泰安（CSMAR）上市企业人物特征数据库的高管简历进行手工筛选，获得上市公司高管党员身份数据。对选取的沪深两市 A 股上市公司按以下原则进行处理：(1)剔除样本期间出现 ST(退市)的上市公司；(2)剔除关键变量缺失的公司；(3)剔除金融行业相关企业。本文在进行相关性分析和回归分析时，对所有连续变量在 1% 和 99% 进行缩尾处理。由于缺乏 2007 年以前的上市公司高管背景信息，且 2007 年实施新会计准则，本文将研究期限确定为 2007—2017 年。表 1 为变量名称和说明。

表 1　　　　　　　　　　　　　　　　变量名称和说明

变量类型	变量名称	变量代码	变量含义
被解释变量	上市公司综合绩效	CCPID	主成分综合指标，选取主成分构造综合得分
解释变量	党员高管参与治理	CG	虚拟变量，党员高管超过 3 人，为 1，否则为 0
	党员高管占比	Dceoa	高管中党员的比例
	党员董事占比	Davg	董事会成员中党员的比例
控制变量	高管年龄	Dage	党员高管年龄
	高管学历	Dedu	党员高管受教育水平
	董事会规模	Board	董事总人数
	高管性别	Gender	男性高管占全部董事的比例
	高管兼职比例	Dual	有兼职的高管占全部董事比例
	股权集中度	Share	前五大股东持股比例
	领取薪酬高管占比	Payment	领取薪酬的高管占全部董事比例
	劳动生产率	Lap	营业总收入/员工数
	资产负债率	Lev	总负债/总资产

4. 实证结果分析

4.1　样本分布与描述性统计

由图 2 看出，样本上市公司党员高管比例呈逐年下降趋势，但较为轻缓。值得注意的是，国有企业的党员高管比例逐年上升，民营企业则相反。国有企业党员高管比例几乎是民营企业的 2 倍，且二者间的差距在扩大。对样本分析发现，2007—2017 年国有企业与民营企业的综合绩效均呈现出大幅上升的趋势，仅 2008 年受全球金融危机影响有一定程度下降。其中，国有企业的综合绩效平均水平要高于民营企业。表 2 为模型主要变量的描述性统计，包括样本观测值、平均值与标准差。根据基层党组织应建必建的原则，本文将高管团队中党员数超过 3 识别为党员高管参与公司治理。由表 2 可见，党员高管超过 3 人的上市公司占样本企业的比重为 0.379；党员高管占全部高管的平均比例为 0.274，党员董事占全部董事的平均比例为 0.27。董事会党员平均年龄为 52 岁，董事会党员平均受教育程度为本科以上。样本上市公司综合绩效均值为 0.059，标准差为 0.649，表明不同类型企业的综合绩效差异较大。

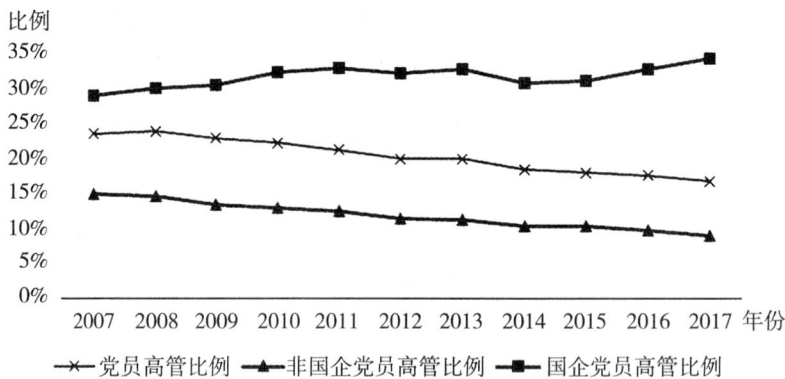

图 2　样本企业党员高管比例

表 2　　　　　　　　　　　　　变量的描述性统计

变量	观测值	均值	中位数	标准差	最小值	最大值
CCPID	15 456	0.059	−0.036	0.649	−2.104	2.99
CG	15 456	0.379	0	0.485	0	1
Dceoa	15 456	0.274	0.2	0.249	0	1
Davg	15 456	0.27	0.2	0.218	0.023	1
Dage	15 456	52	51.667	5.757	27	79
Dedu	15 456	3.3	3.333	0.74	1	5
Board	15 456	19.551	19	4.803	11	34
Share	15 456	53.721	53.733	15.849	19.135	88.528
Gender	15 456	0.843	0.857	0.101	0.538	1
Payment	15 456	0.597	0.6	0.151	0.25	0.857
Dual	15 456	0.529	0.524	0.185	0.133	0.944
Lap	15 456	149.721	82.172	217.968	11.742	1540.164
Lev	15 456	0.452	0.454	0.209	0.047	1.005

4.2　基准模型回归

为了有效识别党员高管参与公司治理对企业综合绩效的影响，本文首先进行基准模型估计，再做稳健性检验和异质性分析。如表 3 所示，第（1）至（3）列分别为全部企业、民营企业与国有企业的分组回归结果。党员高管参与公司治理对企业综合绩效的回归系数为 0.0728，且在 1%水平上显著。这表明，党员高管参与公司治理与上市公司综合绩效之间存在显著的正相关关系，符合假设 H。由于集体主义价值观的影响，党员高管对国家政策更认同，执行更积极，能督促企业在税收、环境保护、社会责任等方面的公共行为表现，促进企业综合绩效的提升。

其中，党员高管参与公司治理对国有企业综合绩效的回归系数为 0.05，对民营企业的回归系数则不显著。党员高管参与公司治理对国有企业综合绩效的作用高于民营企业，符合假设 Ha。在现实中，由于国有企业"双向进入""两职合一"的顶层设计，党员高管能更方便地将其治理理念通过党委会讨论（例如国有企业"三重一大"决策的集体讨论①）等途径变为董事会的集体意志。与此同时，国有企业员工中党员更多，党组织嵌入更为普遍和深入。党员高管在董事会和党委会均具有一定甚至较大的发言权，其决策意志能顺利地通过党组织嵌入贯彻下去，因而党员高管在国有企业的治理效果比民营企业大。由此导致的结果是，国有企业党员高管对企业综合绩效的影响要高于民营企业。

其他控制变量对上市公司综合绩效的影响均显著为正。年龄越大或者受教育水平越高的党员高管对上市公司综合绩效越有利。董事会规模、男性高管、高管薪酬、高管兼职等董事会特征促进了上市公司综合绩效的提升。在企业特征中，前五大股东持股比例、劳动生产率、资产负债率对企业综合绩效具有积极的影响，表明股权集中度、企业效率、融资能力等经营能力是企业综合发展的基础。为了准确度量党员高管参与公司治理对上市公司综合绩效的影响，本文继续使用高管群体中的党员比例作为核心解释变量，采用最小二乘估计方法做基准回归，回归结果见表3第（4）至（6）列。其中，核心解释变量与其他控制变量对上市公司综合绩效的影响与第（1）至（3）列一致。本文发现，高管群体中党员比例增加 1%，对上市公司综合绩效的提升为 0.173%，对国有企业综合绩效的提升为 0.141%。民营企业党员高管比例最低，发挥的影响最弱。国有企业党员高管占比最高，对企业综合绩效的影响不是最强。换言之，尽管党员高管发挥了积极的治理效果，但企业的党员高管并不是越多越好。

表3　　　　　　　党员高管参与公司治理对企业综合绩效的回归结果

变量	企业综合绩效（CCPID）					
	（1）	（2）	（3）	（4）	（5）	（6）
CG	0.0728***	0.0072	0.0500***			
	(0.0088)	(0.0136)	(0.0117)			
Dceoa				0.173***	0.0347	0.141***
				(0.0167)	(0.0259)	(0.0221)
Dage	0.0094***	0.0033***	0.0287***	0.0097***	0.0034***	0.0294***
	(0.0007)	(0.0007)	(0.0016)	(0.0007)	(0.0007)	(0.0016)

① "三重一大"即重大事项决策、重要干部任免、重要项目安排、大额资金的使用，必须经集体讨论做出决定的制度。

变量	企业综合绩效(CCPID)					
	(1)	(2)	(3)	(4)	(5)	(6)
Dedu	0.0369***	0.00568	0.0850***	0.0373***	0.00616	0.0843***
	(0.0054)	(0.0061)	(0.0101)	(0.0054)	(0.0061)	(0.0101)
Board	0.0329***	0.0267***	0.0310***	0.0342***	0.0268***	0.0320***
	(0.0010)	(0.0015)	(0.0013)	(0.0010)	(0.0015)	(0.0013)
Share	0.0078***	0.0041***	0.0107***	0.0079***	0.0041***	0.0106***
	(0.0003)	(0.0003)	(0.0004)	(0.0003)	(0.0004)	(0.0004)
Gender	0.600***	0.192***	0.715***	0.591***	0.189***	0.712***
	(0.0414)	(0.0516)	(0.0641)	(0.0413)	(0.0517)	(0.0641)
Payment	0.396***	0.434***	0.652***	0.407***	0.437***	0.651***
	(0.0295)	(0.0415)	(0.0425)	(0.0296)	(0.0415)	(0.0424)
Dual	0.331***	0.301***	0.329***	0.325***	0.299***	0.323***
	(0.0226)	(0.0276)	(0.0351)	(0.0226)	(0.0276)	(0.0351)
Lap	0.0011***	0.0011***	0.0011***	0.0011***	0.0011***	0.0011***
	(0.00002)	(0.00004)	(0.00003)	(0.00002)	(0.00004)	(0.00003)
Lev	0.526***	0.514***	0.343***	0.522***	0.514***	0.339***
	(0.0235)	(0.0331)	(0.0339)	(0.0234)	(0.0330)	(0.0338)
年份	控制	控制	控制	控制	控制	控制
地区/行业	控制	控制	控制	控制	控制	控制
Constant	−2.989***	−2.169***	−4.367***	−3.046***	−2.183***	−4.428***
	(0.0676)	(0.0845)	(0.117)	(0.0678)	(0.0844)	(0.118)
Observations	15 456	7 515	7 941	15 456	7 515	7 941
R^2	0.441	0.341	0.508	0.442	0.341	0.510

注：括号内为稳健的标准误；***表示1%的显著性水平；**表示5%的显著性水平；*表示10%的显著性水平。

4.3 党员高管的公司治理效果分析

为了准确说明党员高管的公司治理效果，本文分别对企业综合绩效的主要构成指标进行实证检验，分析党员高管对上市公司不同维度绩效的治理差异。如表4所示，与基准模型中综合绩效的研究结论相一致的有税收贡献、资产增长率、环境信息披露与社会责任等，表明这些指标是党员高管最为关注的治理目标。党员高管对各个指标的影响程度从高到低依次为资产增长率、环境信息披露、社会责任、研发创新、税收贡献。这一结论反映了党员高管对公司治理不同内容的重视程度，其中经营绩效、环境与社会责任等公共利益是党员高管参与公司治理最优先考虑的，与前文假设一致。

表4　　　　　　　　　　党员高管对不同维度企业绩效的回归结果

变量	研发创新	税收贡献	资产增长率	环境信息披露	社会责任
CG	−0.101***	0.00955***	0.257***	0.117***	0.0160**
	(0.0257)	(0.0030)	(0.0197)	(0.0236)	(0.00711)
Dage	0.0108***	−0.00011	0.0206***	−0.0005	0.0026***
	(0.0020)	(0.0002)	(0.0016)	(0.0020)	(0.0005)
Dedu	0.128***	−0.0015	0.0280**	−0.0237	0.0248***
	(0.0160)	(0.0018)	(0.0122)	(0.0157)	(0.0044)
Board	0.0430***	0.00141***	0.0758***	0.0264***	0.0131***
	(0.0029)	(0.0003)	(0.0022)	(0.0025)	(0.0008)
Share	0.0022***	0.0002**	0.0165***	0.0049***	0.0007***
	(0.0008)	(0.00008)	(0.0006)	(0.0007)	(0.0002)
Gender	1.359***	−0.0182	1.520***	0.834***	0.229***
	(0.119)	(0.0137)	(0.0911)	(0.113)	(0.0327)
Payment	1.070***	0.0238**	0.690***	0.288***	0.00727
	(0.0850)	(0.0097)	(0.0662)	(0.0770)	(0.0232)
Dual	0.628***	0.00869	0.663***	0.452***	0.140***
	(0.0669)	(0.00711)	(0.0499)	(0.0631)	(0.0179)
Lap	−0.0003***	0.00002**	0.0015***	0.0002***	0.00007***
	(0.00006)	(0.000008)	(0.00005)	(0.00005)	(0.00002)
Lev	0.713***	0.0218***	2.646***	0.761***	0.165***
	(0.0628)	(0.00792)	(0.0534)	(0.0572)	(0.0171)
年份	控制	控制	控制	控制	控制
地区/行业	控制	控制	控制	控制	控制
Constant	−3.622***	0.138***	14.04***	−1.291***	−0.752***
	(0.197)	(0.0213)	(0.148)	(0.179)	(0.0637)
Observations	15 456	15 456	15 456	15 446	15 456
R^2	0.292	0.042	0.467	0.176	0.196

　注：括号内为稳健的标准误；***表示1%的显著性水平；**表示5%的显著性水平；*表示10%的显著性水平。

值得注意的是，党员高管参与公司治理对上市公司创新的影响系数显著为负。本文认为，政治品德是企业党员高管任职的首要考察因素。首先，研发创新是企业的长期战略(徐伟等，2018)，党员高管受任期限制不能在同一企业长期任职，难以发挥持续的推动力。其次，这与党员高管的政治关联属性相关。现有研究认为企业存在政治资源诅咒效应，企业的政治关联通过降低市场竞争、加剧过度投资等对研发投入产生了挤出，不能持续激发高管的创新动力(袁建国等，2015；许婷和杨建君，2017；杨继东等，2018)。最后，政治身份决定了党员高管更加关注公益行为，对风险创新的态度不确定。党组织嵌入增加了企业环保治理与社会责任等公益支出(徐光伟等，2020；万攀兵，2020)，一定程度上分散了企业资源。可见，党员优势不能充分发挥和政治关联的负面影响是党员高管抑制创新的主要原因。

4.4 董事长与总经理的党员身份影响

董事长与总经理作为企业高管的核心，是公司治理的直接责任人(余澳等，2020)。根据国有企业"交叉任职""两职合一"的组织架构，国有企业董事长兼任党委书记，是企业的带头人。民营企业的党员董事长、党员总经理则承担了政治关联的角色，发挥的作用与国有企业不同。为讨论党员高管参与公司治理的机制，本文继续检验党员董事长(Chairman)与党员总经理(Manager)对企业综合绩效的影响程度(见表5)。研究结果表明，党员董事长的影响力更强，董事长党员身份提升了企业综合绩效，而总经理党员身份削弱了企业综合绩效。按所有制分组后，只有民营企业董事长的党员身份作用是正向的。显然，相比董事长，总经理的党员身份相对弱化。董事长肩负把握战略方向的职责，上市公司应当充分发挥董事长的党员身份优势。

表5 董事长与总经理的党员身份影响

变量	全部	民营企业	国有企业	全部	民营企业	国有企业
	CCPID	CCPID	CCPID	CCPID	CCPID	CCPID
Chairman	0.142 ***	0.117 ***	−0.113 **			
	(0.0289)	(0.0380)	(0.0444)			
Manager				−0.0436 ***	−0.0302 **	−0.125 ***
				(0.0101)	(0.0119)	(0.0175)
Controls	控制	控制	控制	控制	控制	控制
年份	控制	控制	控制	控制	控制	控制
地区/行业	控制	控制	控制	控制	控制	控制
Constant	−3.025 ***	−2.208 ***	−4.321 ***	−2.958 ***	−2.155 ***	−4.263 ***
	(0.0679)	(0.0844)	(0.117)	(0.0679)	(0.0844)	(0.117)
Observations	15 456	7 515	7 941	15 456	7 515	7 941
R^2	0.439	0.342	0.508	0.439	0.341	0.511

注：括号内为稳健的标准误；*** 表示1%的显著性水平；** 表示5%的显著性水平；* 表示10%的显著性水平。

4.5 稳健性检验和异质性分析

本文进行一系列稳健性检验：（1）替换解释变量，用党员董事占比（Dboard）作为党员高管参与公司治理的代理变量；（2）对自变量进行滞后一年处理。其中，表6第（1）至（3）列为替换解释变量的回归结果，表6第（4）至（6）列为滞后一期条件下的回归结果。研究发现，党员董事占比对企业综合绩效的回归系数比基准模型中回归系数值更大。一般来说，企业董事会由全体股东或职工民主选举的董事组成，其党员构成更具有普遍性。党员董事的比例越高，党员高管的治理理念越容易得到贯彻。在滞后一期条件下，党员高管参与公司治理对企业综合绩效仍然具有积极作用，说明党员高管治理效果的持续性。稳健性检验发现，党员高管参与公司治理对企业综合绩效的影响仍然显著为正，其中对国有企业综合绩效的影响较强，对民营企业的影响较弱。这与前文估计结果一致，表明结论是可靠的。

表6　　　　　　　　　　　　　稳健性检验的回归结果

变量	（1）	（2）	（3）	（4）	（5）	（6）
	全部	民营	国有	全部	民营	国有
	CCPID	CCPID	CCPID	CCPID	CCPID	CCPID
Dboard	0.219***	0.0428	0.176***	0.0548***	−0.00443	0.0350***
	（0.0191）	（0.0296）	（0.0259）	（0.0101）	（0.0158）	（0.0132）
Controls	控制	控制	控制	控制	控制	控制
年份	控制	控制	控制	控制	控制	控制
地区/行业	控制	控制	控制	控制	控制	控制
Constant	−3.055***	−2.186***	−4.438***	−3.111***	−2.197***	−4.480***
	（0.0678）	（0.0848）	（0.118）	（0.0801）	（0.106）	（0.134）
Observations	15 456	7 515	7 941	12 625	5 834	6 791
R^2	0.443	0.341	0.510	0.411	0.298	0.479

注：括号内为稳健的标准误；***表示1%的显著性水平；**表示5%的显著性水平；*表示10%的显著性水平。

本文根据企业规模、行业性质、党员董事数量分别进行异质性分析（见表7）：

（1）企业规模。由于企业职工数与党员数量相关，本文根据企业员工数量是否超过所在行业中位数划分大企业与中小企业。回归结果显示，党员高管参与公司治理对大企业综合绩效的影响为负，对中小企业综合绩效的影响为正。

（2）行业性质。由于非工业企业包含公用、房地产、综合类上市公司，对政治关联的依赖更大，本文将样本企业划分为工业类企业和非工业类企业。研究结果表明，党员高管参与公司治理对非工业类企业综合绩效的影响高于工业企业。

（3）党员董事数量。本文根据全部董事中党员数量是否超过当年行业平均水平，将样本企业划分为党员较多企业与党员较少企业。分组回归发现，董事会党员较多的上市公司，党员高管参与公司治理对公司综合绩效的影响显著为正。

以上分析表明，党员高管的治理效果在不同类型企业中表现出异质性，对非工业类企业、中小企业、党员董事数量较多的企业具有更明显的影响力。

表7 异质性分析的回归结果

变量	非工业	工业	大企业	中小企业	党员较多	党员较少
	CCPID	CCPID	CCPID	CCPID	CCPID	CCPID
CG	0.0858 ***	0.0665 ***	−0.0242	0.0382 ***	0.0668 ***	−0.0129
	(0.0143)	(0.0111)	(0.0169)	(0.0077)	(0.0132)	(0.0245)
Controls	控制	控制	控制	控制	控制	控制
年份	控制	控制	控制	控制	控制	控制
地区/行业	控制	控制	控制	控制	控制	控制
Constant	−2.706 ***	−2.913 ***	−2.310 ***	−1.811 ***	−4.576 ***	−2.334 ***
	(0.106)	(0.0846)	(0.153)	(0.0576)	(0.126)	(0.0865)
Observations	4 982	10 474	3 626	11 830	7 652	7 804
R^2	0.518	0.425	0.519	0.472	0.500	0.387

注：括号内为稳健的标准误；*** 表示1%的显著性水平；** 表示5%的显著性水平；* 表示10%的显著性水平。

5. 进一步检验

5.1 中介效应检验

党的十九大报告指出，党的基层组织是确保党的路线方针政策和决策部署贯彻落实的基础。企业党组织是企业与上级党委、政府紧密联系的桥梁，能使党的政策、方针传达至基层员工。党员高管通过党组织嵌入来贯彻公司战略，实施公司治理。由于缺乏直接反映上市公司党组织活动的数据，郑登津等（2020）通过检索公司网站党组织活动的相关信息来判断民营企业的党组织嵌入。为了说明企业党建对上市公司综合绩效的影响，本文采用企业季报、年报中"党建""党的建设""党组织""党员""党员干部"等相关政治文本信息出现频次（数据来源为 WinGo 财经文本数据平台）来衡量企业党组织活动，反映企业党组织嵌入程度。本文借助 Baron 和 Kenny（1986）的中介效应模型，利用以下三个公式检验是否存在党组织嵌入的"中介效应"：

$$\text{CCPID}_{i,t} = \alpha_1 + \theta_1 \text{CG}_{i,t} + \sum_n \text{controls} + \varepsilon_1 \tag{3}$$

$$PR = \alpha_2 + \theta_2 CG_{i,t} + \sum_n controls + \varepsilon_2 \qquad (4)$$

$$CCPID_{i,t} = \alpha_3 + \theta_3 CG_{i,t} + \theta_4 PR + \sum_{\eta_k} controls + \varepsilon_3 \qquad (5)$$

其中，CG 为解释变量党员高管参与公司治理，PR 为中介变量党建能力，CCPID 为被解释变量企业综合绩效，α 为模型常数项，$\sum controls$ 为其他控制变量，ε 为模型误差项。上述中介作用存在的条件要求：党员高管参与公司治理与上市公司综合绩效存在线性关系，即式(3)中回归系数 θ_1 显著；党员高管参与公司治理与中介变量党建能力 PR 存在线性关系，即式(4)中回归系数 θ_2 显著。

表8 第(1)列为公式(4)的回归结果，党员高管参与公司治理对党组织嵌入程度的影响显著为正。可见，党员高管加强了企业的党建宣传能力，增强了企业的党组织嵌入程度。第(2)列是基准模型回归结果，第(3)列为公式(5)的回归结果，同时加入党员高管参与公司治理与党组织嵌入程度两个变量，Sobel-Goodman 中介效应检验结果显示党员高管对党组织嵌入程度的影响仍然显著，党组织嵌入的系数显著为正。

表8 党组织嵌入程度的中介效应检验结果

变量	(1)	(2)	(3)
	PR	CCPID	CCPID
CG	1.014***	0.0728***	0.0640***
	(0.0194)	(0.0088)	(0.0095)
PR			0.0086**
			(0.0039)
Controls	控制	控制	控制
年份	控制	控制	控制
地区/行业	控制	控制	控制
Constant	1.738***	−2.989***	−3.003***
	(0.141)	(0.0676)	(0.0680)
Observations	15 456	15 456	15 456
R-squared	0.298	0.441	0.441

注：括号内为稳健的标准误；***表示1%的显著性水平；**表示5%的显著性水平；*表示10%的显著性水平。

这表明存在党组织嵌入的"部分中介效应"，党员高管对企业综合绩效的正向作用一部分是通过党组织嵌入实现的。在中国，企业基层党组织作为服务生产经营和凝聚职工群众的纽带，是党员高管参与公司治理的平台。本文的研究表明，党组织嵌入是党员高管实施公司治理的重要通道，显著增强了党员高管的治理效果，有效提升了企业综合绩效。

5.2 党员高管与管理层短视

党员身份作为高管重要的身份特征，分析党员高管的公司治理行为不能忽视其本身的政治关联效应，例如政绩观伴随的短期投资扩张。基于前文理论分析，党员高管偏好稳健的经营策略，因而会降低管理层短视风险。为进一步讨论党员高管参与公司治理的影响，本文引入管理层短视（myopia）来探讨党员高管自身的政治关联效应对综合绩效的作用。本文参考王海明和曾德明（2013）、虞义华等（2018），使用企业当前投资占企业总资产比例度量企业管理层短视。由于 2007 年以后上市公司资产负债表中不再公布企业短期投资净额，故选用"交易性金融资产""可供出售投资资产净额""持有期到期投资净额"三者之和为企业短期投资。在基准模型中引入企业管理层短视以及管理层短视与党员高管参与公司治理的交互项进行回归，回归结果见表 9。

表 9　　　　　　　　　　　　　党员高管与管理层短视的回归结果

变量	全部	民营企业	国有企业	全部企业	民营企业	国有企业
	CCPID	CCPID	CCPID	CCPID	CCPID	CCPID
myopia	0.312 ***	0.705 ***	−0.177 **	0.424 ***	0.883 ***	−0.0704
	（0.0751）	（0.134）	（0.0859）	（0.120）	（0.203）	（0.140）
CG * myopia				−0.393	−0.782 *	−0.326
				（0.258）	（0.427）	（0.308）
Controls	控制	控制	控制	控制	控制	控制
年份	控制	控制	控制	控制	控制	控制
地区/行业	控制	控制	控制	控制	控制	控制
Constant	−2.995 ***	−2.205 ***	−4.338 ***	−2.995 ***	−2.199 ***	−4.339 ***
	（0.0678）	（0.0845）	（0.117）	（0.0678）	（0.0845）	（0.117）
Observations	15 456	7 515	7 941	15 456	7 515	7 941
R^2	0.439	0.344	0.507	0.439	0.345	0.507

注：括号内为稳健的标准误；***表示1%的显著性水平；**表示5%的显著性水平；*表示10%的显著性水平。

其中，企业短期投资衡量的管理层短视对综合绩效的回归系数显著为正。不难理解，短期投资能提升企业的资产规模、营收等扩张性绩效指标，在短期内有利于企业绩效的提升。分组后，企业短期投资对民营企业综合绩效仍具有显著的正面影响，对国有企业则具有显著的负面影响。这说明，企业短期投资等管理层短视行为仅对民营企业综合绩效存在促进作用，不会提升国有企业的综合绩效。此外，企业短期投资与党员高管参与公司治理的交互项系数为负，且仅在民营企业样本中具有统计学意义。这一结果表明，党员高管参与公司治理能减轻民营企业管理层短视对综合绩效的作用程度。尽管短期投资等管理层短视行为在短期能提升企业绩效，但短期投资本身是具有风险的。作为政治关联的纽带，党员高管增加了民营企业管理层的多元化程度，而多元化会降低管理层短视风险（Incheol et al.，2013）。党员高管参与公司治理对抑制政治关联带来的过度投资具有重要意义。

5.3 内生性检验

本文将党员高管数作为党员高管参与公司治理的衡量标准，而部分企业高管简历信息缺失会造成统计遗漏。考虑到可能存在的样本选择性偏差问题，本文采用倾向得分匹配法（Propensity Score Matching，PSM）估计党员高管参与公司治理对企业综合绩效的"处理效应"。因此，本文建立了包含董事会党员年龄、受教育水平、董事会规模、兼职比例、股权集中度、劳动生产率、资产负债率的 Logit 模型，采用最近距离法依照倾向得分进行 1 对 1 匹配和邻近匹配。

匹配后所有协变量的标准化偏差小于 10%，所有变量的标准化偏差均明显缩小，表明协变量均通过了平衡性检验。估计结果见表 10。其中，ATT 表示仅考虑党员高管参与公司治理的平均处理效应，ATU 为党员高管没有参与治理或参与较弱的匹配结果，ATE 为考虑整个样本的匹配结果。倾向得分匹配估计结果与基准模型一致，进一步验证了本文结论，即党员高管参与公司治理有效提升了企业综合绩效。

表 10　　　　　　　　　　　　工具变量回归估计结果

变量	1 对 1 匹配	邻近匹配
	CCPID	CCPID
ATT	0.101 ***	0.213 ***
	(0.0194)	(0.0120)
ATU	0.0991 ***	0.222 ***
	(0.0164)	(0.0122)
ATE	0.0999 ***	0.219 ***
	(0.0128)	(0.0113)
Observations	15 456	15 456

注：括号内为稳健的标准误；***表示 1% 的显著性水平；**表示 5% 的显著性水平；* 表示 10% 的显著性水平。

6. 研究结论

党的十八大以来，以习近平同志为核心的党中央以前所未有的决心和力度推进国有企业改革的各项工作，并加强和改进了民营企业党的建设。党组织嵌入企业越来越普遍，党员高管参与公司治理发挥了积极作用。现有研究可分为两类，一类为考察党组织参与公司治理对企业违规、社会责任、环境保护、盈余管理、投资效率等治理效果的影响(马连福等,2013;叶建宏,2017;严若森和吏林山,2019;郑登津等,2020;徐细雄,2020;万攀兵,2020;徐光伟,2018,2020),另一类则重点讨论党组织参与公司治理的决策过程与发生机制,如对内部控制与董事会异议的影响(吴秋生和王少华,2018;柳学信等,2020)。本文认为党员高管的治理策略是多维的,综合评价企业绩效能全面反映党员高管的治理效果,因此构建了包含财务绩效、创新能力、环境绩效以及社会效益在内的企业综合绩效评价体系,重点考察党员高管对企业综合绩效的具体影响。本文区分了党员高管在不同所有制企业的影响方式,丰富了相关研究,为改进民营企业党建工作提供了借鉴,对于进一步深化国有企业改革和做大做强做优国有企业具有重要而长远意义。

本文的主要发现有:

(1)党员高管参与公司治理显著提高了上市公司的综合绩效。党员高管主要改善了资产规模、税收贡献、营业收入、环境保护与社会责任等企业经营指标。

(2)在公司治理中,党员董事长发挥的作用更为关键。国有企业的党员高管与党员CEO比例更高,因而党员高管对国有企业综合绩效的正向影响更加明显。

(3)进一步通过文本分析对上市公司季报信息、年报信息进行筛选,本文构建企业党建信息披露质量作为中介变量反映企业党组织嵌入程度,发现党组织嵌入程度对企业综合绩效的中介效应为正,增强了党员高管的公司治理效果。

(4)对不同种类企业分析发现,党员高管参与公司治理在非工业企业、中小企业和党员董事较多的企业作用更明显。

基于以上研究结论,本文认为,为提高上市公司质量,要提升国企改革综合成效,在实施国企改革行动方案中应该进一步加强企业党的建设;要重视非国有企业的党建工作,发挥民营企业党组织的治理作用:

第一,《中共中央关于国有企业改革和发展若干重大问题的决定》《中共中央国务院关于深化国有企业改革的指导意见》以及在新时代要求坚持党对国有企业改革和发展的领导的决定是正确的,国有企业通过改革做大做强做优、建设世界一流企业,提高中国企业特别是国有企业在国际市场上的综合竞争力的基本方针是正确的,要长期坚持下去。在国有企业的混合所有制改革中加强党的领导和党的建设是必要的,应当坚持党员高管参与公司治理,适当提升党员高管比例,积极把党员培养为高管、把高管发展为党员。

第二,应当重视党组织嵌入作用,坚持加强企业党建工作和党建宣传,促进企业稳定经营。党员高管既是企业领导者,也是集体利益与国家利益的融合者,要充分发挥党组织参与公司治理优势,使党委会与董事会决策向下传导过程更加畅通。

第三,引导党员高管加大对企业研发的重视和投入,加强党员先进性教育,避免高管政治关联的负面效应,完善国有企业党员高管的任期管理。

第四,应当完善民营企业党员高管参与公司治理的机制,发挥民营企业党组织的优势。民营企业党员高管的数目较少,其作用更关键。对民营企业来说,党员高管参与公司治理有助于落实党的路线方针政策,构建新型政商关系,维护职工权益,履行环境保护与社会责任,推动企业综合绩效提升,实现企业高质量发展。

◎ 参考文献

[1] 陈红，胡耀丹，纳超洪. 党组织参与公司治理、管理者权力与薪酬差距[J]. 山西财经大学学报，2018，40(2).

[2] 陈仕华，姜广省，李维安，等. 国有企业纪委的治理参与能否抑制高管私有收益[J]. 经济研究，2014，49(10).

[3] 程海艳，李明辉，王宇. 党组织参与治理对国有上市公司盈余管理的影响[J]. 中国经济问题，2020(2).

[4] 戴亦一，余威，宁博，等. 民营企业董事长的党员身份与公司财务违规[J]. 会计研究，2017(6).

[5] 代昀昊，孔东民. 高管海外经历是否能提升企业投资效率[J]. 世界经济，2017，40(1).

[6] 李明辉，程海艳. 党组织参与治理对上市公司风险承担的影响[J]. 经济评论，2020(9).

[7] 李燕萍，孙红，张银. 高管报酬激励、战略并购重组与公司绩效——来自中国 A 股上市公司的实证[J]. 管理世界，2008(12).

[8] 林浚清，黄祖辉，孙永祥. 高管团队内薪酬差距、公司绩效和治理结构[J]. 经济研究，2003(4).

[9] 林亚清，赵曙明. 构建高层管理团队社会网络的人力资源实践、战略柔性与企业绩效——环境不确定性的调节作用[J]. 南开管理评论，2013，16(02).

[10] 柳学信，孔晓旭，王凯. 国有企业党组织治理与董事会异议——基于上市公司董事会决议投票的证据[J]. 管理世界，2020，36(5).

[11] 罗党论，刘晓龙. 政治关系、进入壁垒与企业绩效——来自中国民营上市公司的经验证据[J]. 管理世界，2009(5).

[12] 罗峰. 组织的内整合与党内治理——组织理论的分析向度[J]. 中国治理评论，2019(1).

[13] 刘婷，杨琦芳. "她力量"崛起：女性高管参与对企业创新战略的影响[J]. 经济理论与经济管理，2019(8).

[14] 刘绍娓，万大艳. 高管薪酬与公司绩效：国有与非国有上市公司的实证比较研究[J]. 中国软科学，2013(2).

[15] 马连福，王元芳，沈小秀. 国有企业党组织治理、冗余雇员与高管薪酬契约[J]. 管理世界，2013(5).

[16] 黄少卿，潘思怡，施浩. 反腐败、政商关系转型与企业绩效[J]. 学术月刊，2018，50(12).

[17] 黄速建，肖红军，王欣. 论国有企业高质量发展[J]. 中国工业经济，2018(10).

[18] 简新华. 委托代理风险与国有企业改革[J]. 经济研究，1998(9).

[19]唐松,孙铮.政治关联、高管薪酬与企业未来经营绩效[J].管理世界,2014(5).

[20]王海明,曾德明.管理者短视偏差对企业投资行为影响研究——一个基于股东短期利益压力视角的实证[J].财经理论与实践,2013,34(1).

[21]万攀兵.基层党组织制度的社会治理作用——基于企业社会责任的视角[J].经济评论,2020(3).

[22]吴秋生,王少华.党组织治理参与程度对内部控制有效性的影响——基于国有企业的实证分析[J].中南财经政法大学学报,2018(5).

[23]魏立群,王智慧.我国上市公司高管特征与企业绩效的实证研究[J].南开管理评论,2002(4).

[24]谢作渺,杨惠婷,王建文.国有企业高管马克思主义信仰对企业绩效的影响[J].经济与管理研究,2019,40(9).

[25]徐光伟,李剑桥,刘星.党组织嵌入对民营企业社会责任投入的影响研究——基于私营企业调查数据的分析[J].软科学,2019,33(8).

[26]徐光伟,李剑桥,刘星.党组织嵌入与民营企业环保投入:私营企业调查数据的实证检验[J].珞珈管理评论,2020,34(3).

[27]徐伟,张荣荣,刘阳,等.分类治理、控股方治理机制与创新红利——基于国有控股上市公司的分析[J].南开管理评论,2018(3).

[28]徐细雄,占恒,李万利.党组织嵌入、政策感知与民营企业新增投资[J].外国经济与管理,2020(6).

[29]严若森,吏林山.党组织参与公司治理对国企高管隐性腐败的影响[J].南开学报(哲学社会科学版),2019(1).

[30]杨继东,赵文哲,赵奇锋.政治关联促进还是抑制企业创新?[J].经济学报,2018,5(4).

[31]杨艳琳,赖秋霖.中国金融上市公司高管特征与公司经营绩效的实证研究[J].南大商学评论,2016,13(1).

[32]叶建宏.民企党组织参与公司治理:获取外部资源还是提升内部效率?——来自中国民营上市公司的经验证据[J].当代经济管理,2017,39(9).

[33]余澳,贾卓强,张伟科.总经理变更类型对国企业绩影响研究——基于来源渠道和产生方式的交叉视角[J].江南大学学报(人文社会科学版),2020,19(6).

[34]虞义华,赵奇锋,鞠晓生.发明家高管与企业创新[J].中国工业经济,2018(03).

[35]袁建国,后青松,程晨.企业政治资源的诅咒效应——基于政治关联与企业技术创新的考察[J].管理世界,2015(1).

[36]张祥建,徐晋,徐龙炳.高管精英治理模式能够提升企业绩效吗?——基于社会连带关系调节效应的研究[J].经济研究,2015,50(3).

[37]周楷唐,麻志明,吴联生.高管学术经历与公司债务融资成本[J].经济研究,2017,52(7).

[38]郑登津,袁薇,邓祎璐.党组织嵌入与民营企业财务违规[J].管理评论,2020,32

(8).

[39]Bai, C. E., Li, X., Xu, C. Incentives for CEOs with multitasks: Evidence from Chinese state-owned enterprises[J]. Journal of Comparative Economics, 2005, 33(3).

[40] Baron, R. M., Kenny, D. A. The moderator-mediator variable distinction in social psychological research: Conceptual, strategic, and statistical considerations[J]. Journal of Personality and Social Psychology, 1986, 51(6).

[41]Cai, Y., Kim, Y., Li, S. et al. Tone at the top: CEOs' religious beliefs and earnings management[J]. Journal of Banking and Finance, 2019, 106(9).

[42]Di, G. A., Kostovetsky, L. Are red or blue companies more likely to go green? Politics and corporate social responsibility[J]. Journal of Financial Economics, 2014, 111(1).

[43]Incheol, K., Christos, P., Chul, P. J. Corporate boards' political ideology diversity and firm performance[J]. Journal of Empirical Finance, 2013, 21(3).

[44]Li, Q. Y., Chen, L., Li, X. Political investment cycles of state-owned enterprises[J]. The Review of Financial Studies, 2020, 33(7).

[45]Wu, H., Li, S., Ying, S. X., et al. Politically connected CEOs, firm performance, and CEO pay[J]. Journal of Business Research, 2018, 91(10).

Influence of the CPC's Participation in Corporate Governance on the Comprehensive Performance of Listed Companies

Yang Yanlin[1,2]   Wang Yuanyang[3]

(1   Center for Economic Development Research of Wuhan University, Wuhan, 430072;

2   Research Center of Population, Resources, Environment and Economy, Wuhan University, Wuhan, 430072;

3   Economics and Management School, Wuhan University, Wuhan, 430072)

Abstract: The identity of the Chinese Communist Party is an important background characteristic of corporate executives. The participation of party executives in corporate governance has a comprehensive impact on corporate performance. So how does the mechanism happen? This study found that party member executives have a positive impact on the asset scale, profit and tax contribution, main business income, environmental and social responsibility of listed companies, effectively improving the overall performance of listed companies, but have a negative effect on corporate innovation. Compared with non-state-owned enterprises, the positive effect of party member executives on the overall performance of state-owned enterprises is more obvious. Mechanism studies have concluded that the chairman of the party members plays a stronger governance role, and the senior management of party members has promoted the improvement of overall performance by strengthening the embeddedness of the party organization of the enterprise. At the same time, party members and executives reduced the short-sightedness of private enterprise management. This paper affirmed the positive impact of party members and senior management participating in corporate governance, and provided useful thinking for the current party organization governance in state-owned enterprises and party building in private enterprises.

Key words：Corporate governance；Characteristics of senior executives；Communist identity；Corporate performance

专业主编：陈立敏

民营企业所有权来源、政治资本与实体投资[*]

● 许为宾[1]　蹇亚兰[2]　周莉莉[3]

（1，2，3　贵州大学管理学院　贵阳　550025）

【摘　要】文章研究了民营企业所有权来源差异如何影响其实体投资水平，以及两者之间的关系是否会依赖于企业政治资本情况而发生改变。研究发现：（1）相对于创业型所有权，国有改制型所有权显著降低了民营企业的实体投资水平；（2）在缺乏政治资本的民营企业中，国有改制型所有权对企业实体投资的负向影响更显著。进一步检验发现：（1）国有改制型所有权显著增加了民营企业的规费负担和摊派，以及慈善捐赠活动；（2）国有改制型所有权显著增加了民营企业在金融领域的投资，从而使其呈现出投资"脱实向虚"的表现。研究结果为民营企业实体投资动因研究提供了新的观察视角和政策启示。

【关键词】国有改制型所有权　"原罪"嫌疑　政治资本　实体投资

中图分类号：F271　　　　文献标志码：A

1. 引言

2008 年全球金融危机以来，我国经济层面出现了投资"脱实向虚"的趋势。特别地，许多从事传统实业的民营企业开始涉足股市、民间借贷等虚拟经济领域，实体投资减少的现象较为突出（黄伟等，2020）。民营企业实体投资的减少使中国民营制造业面临着重大挑战，一定程度上影响了民营经济的高质量发展（张成思和郑宁，2019；胡海峰等，2020）。在此情况下，探究民营企业实体投资减少的前置动因就成为学术界关注的一个热点问题。

现有关于此问题研究的主流观点认为，民营企业减少实体投资的主要动因是其通过短期投机等金融化投资行为，可以进行跨行业套利，从而对实体投资形成了挤出效应。在此基础上，不同研究从宏观经济环境、实体投资效率、机构投资者、高管特征等方面来探究

　　* 基金项目：国家自然科学基金项目"家族企业控制权配置的社会阶层烙印与企业投资'脱实向虚'"（项目批准号：71862006）；贵州省科技计划项目"家族企业控制权配置的社会阶层烙印与企业投资'脱实向虚'"（黔科合平台人才［2017］5788 号，黔科合平台人才［2018］5781 号）；贵州大学文科重点学科及特色学科重大科研项目"员工共同参与公司治理：理论与实证研究"（GDZT：201707）。

　　通讯作者：周莉莉，E-mail：46376791@qq.com。

民营企业实体投资减少的驱动因素。可见,现有文献主要是从经济和财务视角考察企业实体投资减少的前置动因,对控股股东行为对企业实体投资的影响缺乏足够的重视(熊礼慧和董希淼,2021)。在中国上市公司股权高度集中和普遍存在控股股东的现实情境下(王福胜和宋海旭,2012),一个难以回避的事实是,公司股东的投资意志偏好对资本流向有着主导性的影响。而股东的投资意志偏好与其所有权形成途径有着紧密关系,所有权形成途径不同的股东对企业投资决策的偏好存在显著差异(许为宾等,2020)。

从中华人民共和国成立以来的民营企业发展历史沿革来看,一类民营企业控股股东的所有权是企业家出资,通过多年艰苦奋斗获取的;另一类则是通过对国有企业的私有化转制而来的。由于制度转型过程中存在的制度建设滞后和治理过程不完善,后一部分企业在原始财富积累过程中可能存在一定的不规范甚至不合法之处(叶青等,2012),容易被社会公众贴上财富"原罪"的标签(唐松等,2017;李雪等,2020)。股东所有权来源的合法性差异,使不同企业之间的决策动机和行为也不一样(周泽将等,2019),进而会影响企业的实体投资行为。基于上述分析,本研究所关心的问题是:民营企业所有权来源差异究竟会如何影响企业的实体投资行为。

本文的研究贡献主要表现在以下几方面:

一是为民营企业实体投资动因研究提供了新的观察视角。不同于以往文献从宏观框架分析企业实体投资行为,本文将视角转向微观企业层面,证明了企业所有权形成途径对企业实体投资具有显著解释力,有助于捕捉民营企业在实体投资过程中的异质性行为,为宏观层面的资本投资"脱实向虚"问题提供了新的微观层面的解释和证据,从而为该领域的研究提供了新的前置动因变量和观察视角。

二是丰富了民营企业"原罪"问题的相关研究。近年来,民营企业财富"原罪"是一个受到广泛关注的争议性话题(唐松等,2017)。但目前关于这一话题的研究尚不多见,且现有文献多采用规范分析范式。本文侧重于关注企业的实体投资,实证检验了民营企业所有权获取方式对实体投资行为的影响,从而丰富了该问题的研究。

三是在当前推进供给侧改革、促进经济高质量发展的背景下,政府机构如何引导民营企业加大实体投资是必须思考的问题。本文的研究结论表明,民营企业的产权来源是影响其实体投资行为的重要动因之一。因此,近年来政策层面先后出台了《关于完善产权保护制度依法保护产权的意见》等文件,习近平总书记也多次在与民营企业家的座谈会上指出:要妥善处理民营企业早期发展过程中的不规范问题。本文的研究结论为相关政策提供了良好的经验证据支持和注解。

2. 理论分析与研究假设

2.1 所有权形成途径与实体投资

我国从计划经济向市场经济转型的过程中,催生出了一大批民营企业,它们在改革开放的大潮中"摸着石头过河",其原始财富积累的过程也充满坎坷。民营企业的形成方式大致有两类:一类是企业家或家族出资,通过勤奋积累逐步发展起来的企业,我们将其所有权形成途径界定为创业型所有权；另一类是伴随着国有企业改革，通过各种形式占用国有资产，将国有企业转变产权性质发展起来的企业，我们将其所有权形成途径界定为国有改制型所有权。国有企业改革发生于中国经济转型时期，新旧体制的交替和新的市场规则的建立需要一个过程（North，1990），因此存在制度变迁的滞后性。国有企业改制或产权转让过程中的制度缺失、政策执行的不完善、政商利益纠葛等，使通过私有化改制过程发展起来的民营企业往往容易被外界贴上"原罪"的标签（唐松等，2020）。这种对财富积累合法性的质疑可能导致企业财产得不到正式认定，面临被清算的潜在风险（刘海洋等，2017）。近年来"问题富豪"的出现更是引发了社会公众对其财富获取正当性的质疑，而"原罪"定义的模糊性也为政府官员选择性执法提供了空间，当存在公众压力或某些敏感时期，政府官员为化解危机可能对带有"原罪"的企业进行清算（唐松等，2017）。

依据制度理论，行为主体总是在一定的制度环境约束下，以实现自身利益最大化为动机，做出理性的行为抉择（Seung-Hyun et al.，2007），即企业存在制度理性（郝云宏等，2012）。企业出于对合法性的需求，一方面会通过慈善捐赠等行为争取社会合法性，另一方面也会通过相关精英决策行为规避潜在惩罚可能造成的损失（郑丹辉和李孔岳，2015）。基于此，民营企业所有权形成途径的"原罪"嫌疑影响实体投资的原因在于以下两方面：

第一，所有权获取的"原罪"标签会使企业资产和企业家个人财富面临较高的潜在法律清算风险。有恒产者有恒心，对企业"恒产"前途的担忧会弱化经营企业的"恒心"（Culland et al.，2005；余明桂等，2013；何轩等，2014；马骏等，2019）。在有可能被法律清算的情形下，理性企业家的风险规避倾向较高，进而会减少实体投资。因为面对可能遭遇的法律清算或者政府官员的侵占，企业对实体资产进行隐藏的难度比无形资产要高，同时实体投资所形成的固定资产又往往是课税和摊派的主要标准（聂辉华等，2014）。这意味着，实体投资对遭受财产侵害的免疫力更弱。在此情况下，理性的企业家会通过减少实体投资来规避潜在的侵害或不公正待遇。

第二，资金挤出效应。所有权获取合法性不足的企业家会主动寻求其他途径和方式来保护财产安全，如非生产性活动。从现有研究来看，在企业自身合法性不足的情况下，企业更有可能进行慈善捐赠以赢得社会声誉和政治承诺（罗正英等，2016），或主动选择符合政府官员利益需求的投资项目或者向政府官员行贿（Caprio et al.，2011；戴亦一等，2014），这些资金支出会对实体投资产生挤出效应。

总的来说，"原罪"这把"达摩克利斯之剑"会在很大程度上影响企业家进行实体投资的信心，进而会影响企业实体投资水平。基于上述分析，本文提出如下研究假设：

H1：同等条件下，国有改制型所有权会降低企业实体投资水平。

2.2 企业政治资本的影响

假设 H1 是对所有权形成途径与民营企业实体投资之间或存在因规避财产被清算风险引起的负向关系的初步判断，为进一步检验此类民营企业的实体投资是否真的包含保护财产安全、规避清算风险的动因，本研究将所有权形成途径与民营企业实体投资之间的关系放置在政治保障不同的情境下，以考察两者之间的关系是否会发生变化。可以预计，如果所有权获取的"原罪"所导致的财产被清算风险是企业减少实体投资的主要动因，那么在政治保障较低的样本群体中，民营企业为了规避潜在的法律清算风险，其减少实体投资的态度会更加明显。

在体制转型过程中，民营企业面临的产权保护风险会促使其与政府建立政治关联来管理外部制度环境，获得非正式的产权保护，进而有助于缓解所有权形成途径对实体投资的负向效应，其原因如下：

第一，企业可以凭借其政治资本为产权安全获得非正式保护。在产权保护的法律制度相对薄弱的情况下，民营企业的政治资本能发挥法律替代机制的作用，为企业产权安全提供保护（王永进和盛丹，2012）。Qian等（2018）的研究证实，在转型经济背景下，社会资本与法律保障之间存在替代关系，社会资本在政府法律保护薄弱的地区作用更显著。在体制转型过程中，民营企业面临的产权保护风险会促使其与政府建立政治关联来管理外部制度环境（罗党论和唐清泉，2009），这种政治资本使企业有可能获得非正式的产权保护（杨其静，2011）。其原因在于：一是企业通过政治资本，可以与政府或政府官员建立良好的社会关系。二是民营企业的政治资本使其具有监督政府的作用。民营企业家担任人大代表或政协委员，享有法律赋予的民主监督和政治协商权，从而能对政府官员产生一定的制约力，进而可以在一定程度上抑制侵害行为、保护企业产权（胡旭阳，2010）。吴文锋等（2008）的研究表明，政治关联有助于减少企业遭遇的乱收费、乱摊派等权力侵害行为，在一定程度上可以发挥产权保护作用。王永进和盛丹（2012）的研究也证实，企业与政府官员建立政治联系有助于改善企业的契约实施环境，提高产权保护概率。罗喜英和刘伟（2019）的研究发现，政治关联能对企业发挥庇护作用。

第二，政治资本可以缓解企业实体投资所面临的融资约束。企业政治资本作为一种稀缺性资源，可以通过信号效应和资源效应缓解企业融资约束（于薇等，2012）。由于业绩好的优质企业容易构建起政治关联，政治关联可以作为一种"信号显示"，体现其良好的声誉（谢家智等，2014）。在信息不对称的情况下，这种信号机制有助于缓解其融资约束（张红凤和汲昌霖，2015）。同时，政治关联作为企业的政治资本，有助于企业获取政府政策支持（余明桂等，2010；曾萍等，2016），以低价获取各种资源。严若森和姜潇（2019）的研究证实，企业的政治资本有助于缓解企业所面临的融资约束。基于上述分析，本文提出如下研究假设：

H2：在无政治资本的企业中，国有改制型所有权对企业实体投资的负向影响更显著。

3. 研究设计

3.1 数据来源

本研究数据来源于中央统战部、全国工商联、中国民（私）营经济研究会联合进行的第十、十一次全国私营企业家抽样调查数据库。问卷中关于企业所有权形成途径和企业实体投资的数据均来自企业家本人的回答，数据更有针对性，有助于更直观地分析企业所有权获取方式和企业实体投资的关系，数据经过以下程序处理：剔除了数据缺失、明显异常及公共类、金融类的样本公司。对所有连续变量进行了上下1%的Winsorize缩尾处理，最终得到2 183家有效样本。

3.2 变量界定

(1)因变量,实体投资(PI)。调研问卷中有"企业投向新的实体经济领域"的专门题项,但是该题项中的实体经济领域包含房地产投资,现有研究认为,结合中国房地产投资的投机性,将房地产投资归为虚拟经济领域更合适(陈东,2015)。因此,为观察检验结果的稳定性,本研究采用以下几个指标来衡量企业实体投资,具体包括:①(企业投向新的实体经济领域−投向房地产行业)+1 的自然对数(PI_1);②(企业投向新的实体经济领域−投向房地产行业)/总资产(PI_2);③(企业投向新的实体经济领域−投向房地产行业)/营业收入(PI_3)。

(2)自变量,国有改制型所有权(Restruct)。民营企业所有权的形成途径大致上有两类:一类是企业家或家族白手起家,通过艰苦奋斗逐步发展起来的企业,我们将此类企业的所有权定义为创业型所有权;另一类是随着国有企业改革,通过股权转让或 MBO 方式获取相关国有资产发展起来的企业,我们将此类企业的所有权定义为国有改制型所有权。根据调查问卷,我们采用企业是否由国有企业改制而来进行测量,如果是则赋值为1,否则为 0。

(3)调节变量,政治资本(Pc_dum)。采用企业家是否人大代表或政协委员来衡量,是则赋值为1,否则为 0。

(4)控制变量。参考唐松等(2017)、周泽将等(2019)的研究,本研究控制变量包括:企业规模(Size)、资产负债率(Leverage)、盈利能力(Ros)、企业年龄(Firm-age)、两职合一(Duality)、董事会设置(Board)、是否党员(Pm_dum)、政治关联(Pc_dum)、企业家地位感知(Sp)、所有者权益(Equity)、行业嵌入(Member)、企业家年龄(CEO-age)、企业家性别(Gender)、企业家受教育程度(Edu)、企业家创业前身份1($Identity_1$)、企业家创业前身份2($Identity_2$)、地区经济状况(GDP),此外还控制了地区和行业效应,具体变量定义见表1。

表1   **变量定义**

变量名称	符号	变 量 定 义
实体投资	PI_1	(企业投向新的实体经济领域−投向房地产行业)+1 的自然对数
	PI_2	(企业投向新的实体经济领域−投向房地产行业)/总资产
	PI_3	(企业投向新的实体经济领域−投向房地产行业)/营业收入
国有改制型所有权	Restruct	问卷中题项:企业是否改制、收购来的?"是"取值为1,"否"为 0
产权制度	Property	市场化指数中"政府与市场关系"分项得分
企业规模	Size	企业总资产的自然对数
资产负债率	Leverage	总负债/总资产
盈利能力	Ros	净利润/销售总额

变量名称	符号	变量定义
企业年龄	Firm-age	调查年份减去企业注册年份再取自然对数
两职合一	Duality	企业家兼职总经理或董事长取值为1，否为0
董事会设置	Board	企业中设有董事会取值为1，否为0
是否党员	Pm_dum	企业家是党员取值为1，否为0
政治关联	Pc_dum	企业家为人大代表或政协委员取值为1，否为0
企业家地位感知	Sp	对企业家的经济地位、社会地位和政治地位提取公因子
所有者权益	Equity	当年底所有者权益比例
行业嵌入	Member	企业是否工商联成员，是为1，否为0
企业家年龄	CEO-age	董事长实际年龄的自然对数
企业家性别	Gender	性别为男性，取值为1，否为0
企业家受教育程度	Edu	依照中学以下/中学/大专/本科/硕士/博士，依次取值1/2/3/4/5/6
企业家创业前身份1	Identity$_1$	创业前曾是国有、集体企业负责人为1，否为0
企业家创业前身份2	Identity$_2$	创业前曾是县处级及以上干部为1，否为0
地区经济状况	GDP	地区人均GDP的自然对数
所在行业	Industry	行业哑变量
年度	Year	年度哑变量

4. 实证结果与分析

4.1 描述性统计与相关性分析

表2-1和表2-2列示了主要变量的描述性统计和相关性分析结果。如表所示，企业实体投资的三个指标的均值分别是1.863、0.040以及0.042，标准差分别为2.419、0.166以及0.175，表明不同企业的实体投资水平存在一定的差异。所有权形成途径的均值为0.164，标准差为0.244，表明样本企业中，由国企改制而来的民营企业样本占总样本的16.4%，说明确实有一批民营企业是伴随着国有企业改革，通过股权转让或MBO方式获取相关国有资产发展起来的。

从相关性分析结果来看，国有改制型所有权（Restruct）与企业实体投资（PI）的相关系数均显著为负，这在一定程度上初步验证了本文的研究假设H1。其他变量之间的相关系数均小于0.4，表明不存在多重共线性，可以作进一步的多元统计回归分析。

表2-1

描述性统计与相关系数表

变量	Mean	Sd	PI_1	PI_2	PI_3	Restruct	Size	Leverage	Ros	Firm-age	Duality
PI_1	1.863	2.419	1.000								
PI_2	0.040	0.166	-0.001	1.000							
PI_3	0.042	0.175	0.001	0.350***	1.000						
Restruct	0.164	0.244	-0.046**	-0.049**	-0.056***	1.000					
Size	7.065	2.277	-0.036*	0.004	-0.010	0.139***	1.000				
Leverage	0.294	0.315	-0.017	0.000	-0.010	0.077***	0.321***	1.000			
Ros	0.086	0.175	-0.033	0.004	0.005	-0.022	-0.084***	-0.157***	1.000		
Firm-age	2.147	0.689	-0.035	0.021	0.021	0.135***	0.337***	0.150***	-0.026	1.000	
Duality	0.933	0.250	-0.029	-0.007	0.001	0.017	0.043**	0.049**	-0.065***	0.022	1.000
Board	0.737	0.441	-0.034	0.023	0.019	0.079***	0.245***	0.089***	0.010	0.132***	0.044**
Pm_dum	0.443	0.497	-0.044**	0.015	0.007	0.179***	0.262***	0.107***	-0.031	0.210***	0.054**
Pc_dum	0.476	0.500	0.044**	-0.046**	-0.053***	-0.068***	-0.325***	-0.106***	-0.002	-0.288***	-0.027
Sp	0.140	0.955	-0.018	-0.002	-0.006	0.117***	0.397***	0.142***	0.020	0.240***	0.030
Equity	0.738	0.300	0.024	0.001	0.005	-0.160***	-0.090***	-0.129***	0.055**	0.017	-0.005
Member	0.667	0.471	-0.023	0.063***	0.064***	0.081***	0.346***	0.100***	0.023	0.365***	0.044**
CEO-age	3.827	0.195	-0.006	-0.006	-0.010	0.156***	0.233***	0.130***	-0.045**	0.391***	0.061***
Gender	0.853	0.354	0.024	0.019	0.008	0.039*	0.148***	0.091***	-0.013	0.116***	0.039*
Edu	4.062	1.071	-0.021	-0.005	0.012	0.044**	0.178***	0.049**	-0.044**	0.026	0.031
$Identity_1$	0.127	0.333	-0.007	-0.002	0.001	0.211***	0.150***	0.113***	-0.046**	0.121***	0.036*
$Identity_2$	0.014	0.116	-0.014	0.022	0.022	0.018	0.055**	0.029	0.000	0.049**	0.000
GDP	5.454	1.920	0.023	0.015	0.008	0.048**	0.146***	0.054**	-0.018	0.227***	0.035*

注: * 表示 $p<0.05$, ** 表示 $p<0.01$, *** 表示 $p<0.001$。

表 2-2

描述性统计与相关系数表

变量	Mean	Sd	Board	Pm_dum	Pc_dum	Sp	Equity	Member	CEO-age	Gender	Edu	$Identity_1$	$Identity_2$
Board	0.737	0.441	1.000										
Pm_dum	0.443	0.497	0.118***	1.000									
Pc_dum	0.476	0.500	-0.173***	-0.276***	1.000								
Sp	0.140	0.955	0.186***	0.230***	-0.336***	1.000							
Equity	0.738	0.300	-0.078***	-0.106***	-0.023	-0.006	1.000						
Member	0.667	0.471	0.233***	0.258***	-0.394***	0.301***	0.062***	1.000					
CEO-age	3.827	0.195	0.096***	0.214***	-0.204***	0.204***	-0.018	0.195***	1.000				
Gender	0.853	0.354	0.105***	0.095***	-0.103***	0.121***	0.000	0.114***	0.093***	1.000			
Edu	4.062	1.071	0.117***	0.173***	-0.103***	0.111***	-0.093***	0.113***	-0.193***	0.014	1.000		
$Identity_1$	0.127	0.333	0.090***	0.215***	-0.127***	0.112***	-0.117***	0.088***	0.262***	0.076***	0.060***	1.000	
$Identity_2$	0.014	0.116	0.017	0.085***	-0.010	0.022	-0.009	0.025	0.039*	0.038*	0.111***	0.109***	1.000
GDP	5.454	1.920	0.086***	0.057***	-0.068***	0.101***	0.070***	0.142***	0.090***	-0.013	0.042*	0.044**	0.031

注：* 表示 $p<0.05$，** 表示 $p<0.01$，*** 表示 $p<0.001$。

4.2 统计检验结果与分析

民营企业所有权形成途径对企业实体投资的影响结果见表3。表3第（1）列显示，国有改制型所有权（Restruct）与企业实体投资（PI_1）的估值系数为-0.923，且在5%水平上显著；在表3第（2）列，国有改制型所有权（Restruct）与企业实体投资（PI_2）的估值系数为-0.086，且在1%水平上显著；在表3第（3）列，国有改制型所有权（Restruct）与企业实体投资（PI_3）的估值系数为-0.095，且在0.1%水平上显著。上述结果表明，国有改制型所有权对企业实体投资具有显著负向影响，即对国有改制型所有权合法性的质疑可能导致企业财产面临被清算的潜在风险，降低了企业长期经营意愿，进而降低了企业实体投资水平，这也意味着国有改制型所有权对民营企业实体投资的削弱效应得到了验证，假设H1得到支持。

表3　　　　　　　　　　国有改制型所有权对实体投资的影响

	（1） PI_1	（2） PI_2	（3） PI_3
常数项	-1.681	-0.095	-0.105
	(-0.742)	(-0.663)	(-0.693)
Restruct	-0.923*	-0.086**	-0.095***
	(-2.229)	(-3.212)	(-3.368)
Size	-0.012	-0.001	-0.002
	(-0.219)	(-0.230)	(-0.683)
Leverage	0.107	-0.001	-0.006
	(0.318)	(-0.052)	(-0.262)
Ros	-1.094*	-0.030	-0.031
	(-2.037)	(-0.894)	(-0.857)
Firm-age	-0.186	-0.004	-0.003
	(-1.157)	(-0.400)	(-0.237)
Duality	-0.297	-0.015	-0.008
	(-0.806)	(-0.627)	(-0.342)
Board	-0.208	0.002	0.001
	(-0.940)	(0.156)	(0.094)
Pm_dum	-0.169	0.003	-0.001
	(-0.811)	(0.235)	(-0.053)

	（1） PI_1	（2） PI_2	（3） PI_3
Pc_dum	0. 449*	0. 004	−0. 002
	（1. 999）	（0. 275）	（−0. 137）
Sp	0. 051	−0. 003	−0. 003
	（0. 461）	（−0. 441）	（−0. 466）
Equity	0. 083	−0. 009	−0. 009
	（0. 255）	（−0. 442）	（−0. 424）
Member	0. 056	0. 025	0. 027
	（0. 231）	（1. 610）	（1. 631）
CEO-age	0. 682	0. 006	0. 008
	（1. 207）	（0. 162）	（0. 201）
Gender	0. 548*	0. 031	0. 027
	（2. 003）	（1. 802）	（1. 461）
Edu	−0. 023	−0. 005	−0. 001
	（−0. 238）	（−0. 787）	（−0. 146）
$Identity_1$	0. 190	0. 012	0. 017
	（0. 636）	（0. 619）	（0. 832）
$Identity_2$	−0. 338	0. 036	0. 036
	（−0. 416）	（0. 710）	（0. 673）
GDP	0. 140**	0. 006	0. 005
	（2. 718）	（1. 794）	（1. 559）
Ind/Year	控制	控制	控制
LR chi^2	81. 060	142. 880	140. 390
pseudo R^2	0. 080	0. 094	0. 079
N	2 183	2 183	2 183

注：* 表示 $p<0.05$，** 表示 $p<0.01$，*** 表示 $p<0.001$。

为检验国有改制型所有权与企业实体投资的关系是否会受到企业政治资本的影响，我们将假设 H1 放置在政治资本不同的样本企业中进行差异性比较。检验结果见表4。数据结果显示，在没有政治资本的样本企业组，在表4第（1）列，国有改制型所有权（Restruct）与企业实体投资（PI_1）的估值系数为−1. 163，且在5%水平上显著；在表4第

（3）列，国有改制型所有权（Restruct）与企业实体投资（PI_2）的估值系数为-0.123，且在 1%水平上显著；在表4第（5）列，国有改制型所有权（Restruct）与企业实体投资（PI_3）的估值系数为-0.129，且在1%水平上显著。

而具有一定政治资本的样本企业组，在表4第（2）列，国有改制型所有权（Restruct）与企业实体投资（PI_1）的估值系数为-0.448，不显著；在表4第（4）列，国有改制型所有权（Restruct）与企业实体投资（PI_2）的估值系数为-0.029，不显著；在表4第（6）列，国有改制型所有权（Restruct）与企业实体投资（PI_3）的估值系数为-0.042，不显著。进一步的系数差异性检验发现，国有改制型所有权（Restruct）与企业实体投资（PI）之间的关系，在没有政治资本的样本企业组中更显著，假设 H2 得到验证。

表4　　　　　　　　　　　　　　　　政治资本的影响

	（1） PI_1 pc_dum = 0	（2） PI_1 pc_dum = 1	（3） PI_2 pc_dum = 0	（4） PI_2 pc_dum = 1	（5） PI_3 pc_dum = 0	（6） PI_3 pc_dum = 1
常数项	0.073	-1.338	-0.196	-0.063	-0.213	-0.057
	(0.019)	(-0.478)	(-0.778)	(-0.376)	(-0.792)	(-0.332)
Restruct	-1.163*	-0.448	-0.123**	-0.029	-0.129**	-0.042
	(-2.101)	(-0.701)	(-3.252)	(-0.759)	(-3.213)	(-1.045)
Size	-0.005	-0.006	-0.001	-0.001	-0.002	-0.003
	(-0.063)	(-0.078)	(-0.106)	(-0.237)	(-0.374)	(-0.548)
Leverage	0.117	0.104	0.017	-0.023	0.016	-0.032
	(0.258)	(0.202)	(0.576)	(-0.729)	(0.493)	(-0.976)
Ros	-0.953	-1.146	-0.047	-0.007	-0.076	0.006
	(-0.997)	(-1.806)	(-0.739)	(-0.175)	(-1.128)	(0.161)
Firm-age	-0.367	-0.105	0.006	-0.012	0.004	-0.009
	(-1.337)	(-0.537)	(0.326)	(-1.016)	(0.182)	(-0.711)
Duality	-0.310	-0.242	-0.006	-0.021	0.001	-0.019
	(-0.546)	(-0.500)	(-0.157)	(-0.748)	(0.026)	(-0.647)
Board	-0.425	-0.048	0.005	-0.006	-0.005	-0.001
	(-1.211)	(-0.171)	(0.200)	(-0.340)	(-0.207)	(-0.080)
Pm_dum	-0.140	-0.284	0.008	-0.000	0.004	-0.002
	(-0.488)	(-0.924)	(0.443)	(-0.021)	(0.173)	(-0.097)
Sp	-0.090	0.160	-0.003	-0.003	-0.002	-0.005
	(-0.539)	(1.073)	(-0.295)	(-0.389)	(-0.210)	(-0.542)

	（1）PI$_1$ pc_dum＝0	（2）PI$_1$ pc_dum＝1	（3）PI$_2$ pc_dum＝0	（4）PI$_2$ pc_dum＝1	（5）PI$_3$ pc_dum＝0	（6）PI$_3$ pc_dum＝1
Equity	−0.140	0.168	−0.015	−0.005	−0.013	−0.008
	（−0.286）	（0.391）	（−0.453）	（−0.205）	（−0.388）	（−0.316）
Member	−0.094	0.120	0.013	0.032	0.008	0.035
	（−0.215）	（0.412）	（0.439）	（1.866）	（0.255）	（1.924）
CEO-age	0.333	0.780	0.038	−0.008	0.043	−0.009
	（0.356）	（1.118）	（0.600）	（−0.184）	（0.642）	（−0.217）
Gender	0.095	0.827*	0.010	0.036	0.016	0.024
	（0.213）	（2.436）	（0.350）	（1.778）	（0.517）	（1.123）
Edu	0.185	−0.248	−0.009	0.002	−0.005	0.005
	（1.294）	（−1.948）	（−0.989）	（0.255）	（−0.459）	（0.616）
Identity$_1$	0.002	0.470	0.010	0.005	0.011	0.017
	（0.006）	（0.973）	（0.392）	（0.173）	（0.414）	（0.585）
Identity$_2$	−0.990	0.469	0.016	0.062	0.016	0.061
	（−0.848）	（0.410）	（0.206）	（0.936）	（0.199）	（0.880）
GDP	0.179*	0.088	0.005	0.007	0.004	0.007
	（2.338）	（1.225）	（1.003）	（1.587）	（0.789）	（1.512）
Ind/Year	控制	控制	控制	控制	控制	控制
LR chi^2	52.280	44.880	137.820	127.760	136.380	128.070
pseudo R^2	0.083	0.082	0.088	0.084	0.092	0.089
N	1 143	1 040	1 143	1 040	1 143	1 040
系数差异	−0.715				−0.094	−0.087
Chi2	3.770				4.880	4.170
p-value	0.048				0.027	0.041

注：＊表示 $p<0.05$，＊＊表示 $p<0.01$，＊＊＊表示 $p<0.001$。

4.3 进一步分析检验

4.3.1 所有权原罪"嫌疑"扭曲实体投资的机制检验

如前文所述，实体投资所形成的固定资产往往是课税和摊派的主要标准，而对于所有权获取带有"原罪"标签的企业来讲，即便没有直接的产权侵害，也有可能遭遇间接的利益侵害，常见的方式就是过度的规费征收(朱沆等，2019)，这在一定程度上会影响企业进行实体投资的积极性。同时，在企业自身合法性不足的情况下，企业更有可能进行慈善捐赠以赢得社会声誉和政治承诺(罗正英等，2016)，这在一定程度上会形成资金挤压效应。为此，本文进一步分析了所有权形成途径与摊派、规费承担和慈善捐赠的关系，从而有助于检验研究假设 H1 中关于所有权原罪"嫌疑"会扭曲企业实体投资决策的逻辑机制。

表 5 是所有权形成途径与规费及摊派关系的检验结果。我们以问卷中"企业全年交纳各种规费"题项以及"企业当年应付各种摊派"题项为基准，分别采用三种方式进行了测量，一是(金额+1)取自然对数，二是金额/总资产，三是金额/营业收入。从检验结果来看，国有改制型所有权(Restruct)与规费负担(Fees)的三个测量指标的估值系数均显著正相关。国有改制型所有权(Restruct)与摊派负担(Apportion)的三个测量指标的估值系数也均显著正相关。检验结果表明，相对于创业型民营企业，通过国有改制获取所有权的民营企业承担了更高的规费和摊派。

表 5　　　　　　　　　　　　　所有权形成途径与规费及摊派关系

变量	规费负担			摊派负担		
	$Fees_1$	$Fees_2$	$Fees_3$	$Apportion_1$	$Apportion_2$	$Apportion_3$
常数项	0.892	0.163	0.116*	3.188	0.129	0.158
	(0.979)	(1.763)	(2.069)	(1.909)	(1.404)	(1.523)
Restruct	0.628***	0.044**	0.038***	0.998***	0.045**	0.035*
	(3.946)	(2.756)	(3.892)	(3.524)	(2.874)	(1.985)
Size	0.190***	0.009***	−0.021***	0.047	0.001	−0.014***
	(9.101)	(4.148)	(−16.272)	(1.176)	(0.266)	(−5.662)
Leverage	−0.110	−0.014	−0.011	−1.630***	−0.069***	−0.095***
	(−0.841)	(−1.040)	(−1.355)	(−5.990)	(−4.612)	(−5.290)
Ros	0.500*	0.008	0.038**	2.878***	0.110***	0.127***
	(2.272)	(0.378)	(2.795)	(7.319)	(5.093)	(5.280)
Firm-age	0.380***	0.025***	0.011**	0.682***	0.028***	0.027***
	(5.792)	(3.772)	(2.802)	(5.490)	(4.032)	(3.515)
Duality	−0.140	−0.030*	−0.020*	−0.011	0.004	−0.009
	(−0.928)	(−1.983)	(−2.130)	(−0.039)	(0.295)	(−0.548)
Board	0.144	0.009	0.002	−0.035	0.003	−0.004
	(1.604)	(1.007)	(0.336)	(−0.213)	(0.334)	(−0.380)
Pm_dum	0.163	0.006	−0.000	0.128	0.007	0.005
	(1.958)	(0.770)	(−0.070)	(0.836)	(0.813)	(0.540)

变量	规费负担			摊派负担		
	$Fees_1$	$Fees_2$	$Fees_3$	$Apportion_1$	$Apportion_2$	$Apportion_3$
Pc_dum	−0. 131	−0. 014	−0. 000	0. 084	0. 006	−0. 011
	(−1. 448)	(−1. 570)	(−0. 069)	(0. 509)	(0. 602)	(−1. 058)
Sp	0. 054	0. 000	0. 004	−0. 015	−0. 004	−0. 002
	(1. 209)	(0. 013)	(1. 616)	(−0. 186)	(−0. 868)	(−0. 321)
Equity	−0. 189	−0. 005	−0. 009	−0. 087	0. 005	−0. 012
	(−1. 455)	(−0. 389)	(−1. 161)	(−0. 359)	(0. 384)	(−0. 786)
Member	0. 350 ***	0. 014	0. 019 **	0. 662 ***	0. 027 **	0. 026 *
	(3. 576)	(1. 362)	(3. 155)	(3. 612)	(2. 680)	(2. 303)
CEO-age	−0. 487 *	−0. 049 *	0. 003	−1. 480 ***	−0. 075 **	−0. 053 *
	(−2. 145)	(−2. 111)	(0. 215)	(−3. 556)	(−3. 256)	(−2. 064)
Gender	0. 119	0. 006	0. 009	0. 002	0. 006	−0. 009
	(1. 099)	(0. 549)	(1. 275)	(0. 009)	(0. 569)	(−0. 719)
Edu	0. 059	−0. 001	0. 004	0. 011	−0. 001	0. 007
	(1. 544)	(−0. 383)	(1. 827)	(0. 157)	(−0. 319)	(1. 594)
$Identity_1$	−0. 088	−0. 002	−0. 005	0. 048	−0. 001	−0. 004
	(−0. 735)	(−0. 200)	(−0. 728)	(0. 216)	(−0. 073)	(−0. 287)
$Identity_2$	0. 255	0. 086 **	0. 019	0. 848	0. 052	0. 046
	(0. 791)	(2. 646)	(0. 973)	(1. 478)	(1. 653)	(1. 292)
GDP	0. 041 *	−0. 003	−0. 000	−0. 076 *	−0. 003	0. 000
	(2. 004)	(−1. 495)	(−0. 150)	(−1. 966)	(−1. 195)	(0. 153)
Ind/Year	控制	控制	控制	控制	控制	控制
LR chi^2	581. 170	179. 870	346. 640	204. 410	124. 920	187. 060
pseudo R^2	0. 066	0. 216	0. 134	0. 084	0. 255	0. 256
N	2 183	2 183	2 183	2 183	2 183	2 183

表 6 是所有权形成途径与慈善捐赠关系的检验结果,我们以问卷中"企业慈善捐赠情况"题项为基准,采用三种测量方式:(企业慈善捐赠总额 +1)的自然对数($Donate_1$),企业慈善捐赠总额与营业总收入之比($Donate_2$),企业慈善捐赠总额与总资产之比($Donate_3$)。检验结果表明,国有改制型所有权(Restruct)与慈善捐赠(Donate)的三个测量指标的估值系数均显著正相关,表明相对于创业型民营企业,通过国有改制获取所有权的民营企业会加大非生产性慈善捐赠活动,来获取政府和公众的认可,在一定程度上达到保

护企业的目的。

表6 所有权形成途径与慈善捐赠

	（1） Donate$_1$	（2） Donate$_2$	（3） Donate$_3$
常数项	−4.603	−0.229*	0.008
	(−1.657)	(−2.145)	(0.159)
Restruct	0.987*	0.047**	0.024**
	(2.117)	(2.687)	(2.825)
Size	0.520***	0.017***	−0.011***
	(8.336)	(6.989)	(−9.595)
Leverage	−0.161	−0.011	−0.008
	(−0.415)	(−0.758)	(−1.110)
Ros	1.845**	0.019	0.045***
	(2.742)	(0.739)	(3.507)
Firm-age	1.382***	0.042***	0.021***
	(6.927)	(5.393)	(5.587)
Duality	−0.529	−0.020	−0.015
	(−1.169)	(−1.155)	(−1.742)
Board	0.045	0.017	0.007
	(0.165)	(1.623)	(1.290)
Pm_dum	0.332	0.006	0.000
	(1.344)	(0.655)	(0.085)
Pc_dum	−1.879***	−0.046***	−0.026***
	(−7.035)	(−4.577)	(−5.159)
Sp	0.697***	0.015**	0.013***
	(5.196)	(2.954)	(5.026)
Equity	0.259	0.006	−0.005
	(0.662)	(0.374)	(−0.700)
Member	3.792***	0.040***	0.033***
	(12.890)	(3.579)	(5.890)
CEO-age	0.950	0.026	0.007
	(1.376)	(0.985)	(0.515)

	（1）Donate$_1$	（2）Donate$_2$	（3）Donate$_3$
Gender	0.172	−0.010	−0.001
	(0.519)	(−0.821)	(−0.241)
Edu	0.300**	0.004	0.007***
	(2.623)	(0.840)	(3.485)
Identity$_1$	0.187	0.002	0.001
	(0.528)	(0.187)	(0.110)
Identity$_2$	0.073	0.044	0.001
	(0.076)	(1.246)	(0.042)
GDP	−0.167**	−0.011***	−0.004***
	(−2.679)	(−4.677)	(−3.351)
Ind/Year	控制	控制	控制
LR chi^2	137.570	457.520	351.040
pseudo R^2	0.093	0.096	0.158
N	2 183	2 183	2 183

注：*表示 $p<0.05$，**表示 $p<0.01$，***表示 $p<0.001$。

4.3.2 所有权形成途径与金融投资

上述检验表明，所有权"原罪"嫌疑会对企业实体投资造成负向影响，那么在此情况下，企业投资是否流入非实体经济领域，呈现出所谓的投资"脱实向虚"呢？本研究进一步检验了所有权形成途径对企业金融投资的影响，以问卷中金融投资总额（投向房地产行业的资金+投向股市期货的资金+投向民间借贷的资金）为基础，采用三个指标对企业金融投资规模进行衡量，一是金融投资总额的自然对数；二是金融投资总额/营业收入；三是金融投资总额/总资产。检验结果如表7所示，国有改制型所有权（Restruct）与金融投资（Finance）的三个测量指标的估值系数均显著正相关，表明相对于创业型民营企业，通过国有改制获取所有权的民营企业进行金融投资的水平更高，在一定程度上存在投资"脱实向虚"的问题。

表7　　　　　　　　　　　　　　所有权形成途径与金融投资

	（1）Finance$_1$	（2）Finance$_2$	（3）Finance$_3$
常数项	−7.282	−0.797*	−0.770
	(−1.758)	(−2.109)	(−1.844)

	（1） Finance$_1$	（2） Finance$_2$	（3） Finance$_3$
Restruct	1. 211 *	0. 161 **	0. 142 *
	（1. 969）	（2. 957）	（2. 279）
Size	−0. 202 *	−0. 014	−0. 027 **
	（−2. 182）	（−1. 709）	（−2. 867）
Leverage	−0. 515	−0. 048	−0. 051
	（−0. 821）	（−0. 853）	（−0. 825）
Ros	2. 865 **	0. 258 **	0. 260 **
	（3. 107）	（3. 079）	（2. 795）
Firm-age	0. 595	0. 049	0. 070 *
	（1. 957）	（1. 766）	（2. 290）
Duality	−0. 030	−0. 018	−0. 009
	（−0. 048）	（−0. 320）	（−0. 147）
Board	−0. 022	−0. 008	−0. 023
	（−0. 057）	（−0. 227）	（−0. 589）
Pm_dum	0. 375	0. 037	0. 049
	（1. 063）	（1. 142）	（1. 362）
Pc_dum	−2. 519 ***	−0. 216 ***	−0. 269 ***
	（−5. 690）	（−5. 418）	（−5. 987）
Sp	−0. 066	−0. 017	−0. 021
	（−0. 340）	（−0. 962）	（−1. 083）
Equity	0. 603	0. 067	0. 093
	（1. 026）	（1. 255）	（1. 544）
Member	0. 381	0. 019	0. 012
	（0. 829）	（0. 451）	（0. 264）
CEO-age	0. 219	0. 050	0. 030
	（0. 212）	（0. 525）	（0. 286）
Gender	0. 417	0. 022	0. 037
	（0. 829）	（0. 496）	（0. 730）
Edu	0. 059	0. 012	0. 013
	（0. 359）	（0. 772）	（0. 803）
Identity$_1$	0. 697	0. 061	0. 075
	（1. 490）	（1. 422）	（1. 572）

	（1） Finance$_1$	（2） Finance$_2$	（3） Finance$_3$
Identity$_2$	0.954	0.021	−0.019
	(0.820)	(0.196)	(−0.154)
GDP	0.241**	0.022**	0.025**
	(2.670)	(2.625)	(2.789)
Ind/Year	控制	控制	控制
LR chi^2	178.640	163.520	180.310
pseudo R^2	0.086	0.155	0.161
N	2 183	2 183	2 183

注：＊表示 $p<0.05$，＊＊表示 $p<0.01$，＊＊＊表示 $p<0.001$。

4.4 稳健性检验

为了保证上述结论的可靠性，本文在前述一系列检验的基础上重新进行了检验。一是考虑到国有股东可能存在的影响效应，剔除有国有资本参股的企业样本重新进行了检验。二是考虑到 1958 年以前出生的企业家风险敏感性较高，一定程度上影响其投资决策行为，删除 1958 年以前出生的企业家样本进行了检验，检验结果没有发生实质性改变(见表 8)。

表 8　　删除国有资本参股样本和 1958 年以前出生的企业家样本的回归检验

	删除国有资本参股样本			删除 1958 年以前出生的企业家样本		
	PI$_1$	PI$_2$	PI$_3$	PI$_1$	PI$_2$	PI$_3$
常数项	−1.543	−0.195	−0.189	−2.439	0.077	0.065
	(−0.487)	(−0.980)	(−0.881)	(−0.853)	(0.442)	(0.354)
Restruct	−1.095*	−0.099**	−0.107**	−1.130*	−0.081*	−0.095**
	(−1.984)	(−2.809)	(−2.811)	(−2.112)	(−2.453)	(−2.705)
Controls	控制	控制	控制	控制	控制	控制
Ind/Year	控制	控制	控制	控制	控制	控制
LR chi^2	165.940	141.740	144.560	69.710	142.200	142.880
pseudo R^2	0.084	0.097	0.095	0.081	0.084	0.088
N	1 370	1 370	1 370	1 826	1 826	1 826

注：＊表示 $p<0.05$，＊＊表示 $p<0.01$，＊＊＊表示 $p<0.001$。

三是考虑到可能存在的内生性问题，参考周泽将等(2019)的研究，采用 Heckman 两阶段处理。首先，在第一阶段的回归分析中，采用 Probit 模型，选取的变量包括：企业规模（Size）、资产负债率（Leverage）、盈利能力（Ros）、企业主是否党员（Pm_dum）、政治关联（Pc_dum）、企业家年龄（CEO-age）、企业家性别（Gender）、企业家创业前身份 1（$Identity_1$）、企业家创业前身份 2（$Identity_2$）、地区 2000 年经济状况（GDP）等，估计企业通过国有转制方式获取初始产权的概率，计算得到逆米尔斯比率（Invmills）；其次，将得到的逆米尔斯比率加入第二阶段回归中作为控制变量重新进行相应的回归分析。检验结果如表 9 所示。

表 9   **Heckman 两阶段处理**

	第一阶段		第二阶段		
	Restruct		PI_1	PI_2	PI_3
常数项	−8.879 ***	常数项	2.049	1.083	1.621
	(−6.402)		(0.056)	(0.467)	(0.662)
Controls	控制	Restruct	−0.920 *	−0.085 **	−0.094 ***
			(−2.219)	(−3.177)	(−3.321)
		Controls	控制	控制	控制
Ind/Year	控制	Ind/Year	控制	控制	控制
Wald chi^2	105.420	LR chi2	81.070	143.140	140.890
pseudo R^2	0.132	pseudo R^2	0.080	0.085	0.090
N	2 183	N	2 183	2 183	2 183

注：* 表示 $p<0.05$，** 表示 $p<0.01$，*** 表示 $p<0.001$。

5. 研究结论

民营企业所有权获取过程中的"原罪"问题是中国社会经济转型发展过程中的一个突出问题，深刻影响着民营企业的经营信心和投资行为。鉴于此，本研究分析了企业所有权"原罪"嫌疑对企业实体投资的影响，并考察了企业政治资本对两者关系的影响效应。以中国私营企业调查数据进行实证研究发现：同等条件下，面临所有权"原罪"嫌疑的国有改制型所有权对企业实体投资有负向影响，但两者之间的关系会受到企业政治资本的调节，具体来说，在无政治资本的企业中，国有改制型所有权对企业实体投资的削弱效应更强。进一步的分析检验发现：

（1）所有权获取途径的"原罪"嫌疑扭曲了企业的经营负担和投资决策，通过国有改制途径获取所有权的民营企业承担了更高的规费和摊派；同时，会将更多的资源投入非生产性的慈善捐赠活动。

（2）通过国有改制途径获取所有权的民营企业在削弱实体投资的同时，将更多的资金投入金融领域，从而呈现出投资"脱实向虚"的表现。

本文的研究对于认识民营企业原始财富积累过程中的"原罪"问题及其对实体投资的影响具有较强的启示。近年来，关于民营企业财富积累过程中的"原罪"问题总会引起社会公众的关注，存在不同的看法和争议。本文的研究结论表明，社会公众对部分民营企业的所有权获取方式存在"原罪"质疑，可能会导致其财产存在被法律清算的潜在风险，使此类民营企业缺乏长期经营的"恒心"，进而抑制了企业的实体投资。在当前实体经济下滑、宏观经济层面出现"脱实向虚"的时代背景下，为进一步推进供给侧改革，振兴实体经济，促进经济高质量发展，在很大程度上需要发挥民营企业的实体投资积极性和激发企业家精神。正如 2018 年 11 月 1 日习近平总书记在与民营企业家的座谈会上所讲："稳定预期，弘扬企业家精神，安全是基本保障……对一些民营企业历史上曾经有过的一些不规范行为，要以发展的眼光看问题，按照罪刑法定、疑罪从无的原则处理，让企业家卸下思想包袱，轻装前进……"本文的研究验证了这一观点。积极强化企业家财产安全的制度性保障，以保障其"恒产"激发其"恒心"，从而提高企业实体投资水平，这在当前经济形势下无疑具有重要的现实意义。

本文还存在如下研究不足：

一是从历史实际来看，部分民营企业创办之初，限于当时的政策限制，主动将企业挂靠在集体组织名下，后期通过"摘掉红帽子"改制成私营企业，限于数据的可获得性，本研究没有区分改制前是国有企业还是集体企业，集体企业是集体创办的还是个人创办挂靠的，这一不足之处有待未来研究条件成熟时加以解决。

二是本研究选择中国私营企业调查数据中的企业为样本，均是未上市公司，其较低的市场关注度可能会弱化其所有权获取的"原罪"问题，从而低估"原罪"问题对实体投资的影响。部分上市民营企业同样存在所有权获取"原罪"问题，而上市公司引起的社会关注度更高，未来研究可以做进一步检验。

三是所有权形成的"原罪"问题还可能引发民营企业其他决策行为的异质性表现，有待进一步探索。

◎ 参考文献

[1] 陈东. 私营企业出资人背景、投机性投资与企业绩效[J]. 管理世界，2015(2).

[2] 戴亦一，潘越，冯舒. 中国企业的慈善捐赠是一种"政治献金"吗？——来自市委书记更替的证据[J]. 经济研究，2014(2).

[3] 戴雨晴，韩磊. 管理层权力制衡强度、投资驱动与资本结构[J]. 现代财经(天津财经大学学报)，2020，40(09).

[4] 郝云宏，唐茂林，王淑贤. 企业社会责任的制度理性及行为逻辑：合法性视角[J]. 商业经济与管理，2012(7).

[5] 何轩，宋丽红，朱沆，等. 家族为何意欲放手？——制度环境感知、政治地位与中国家族企业主的传承意愿[J]. 管理世界，2014(2).

[6] 胡旭阳. 民营企业的政治关联及其经济效应分析[J]. 经济理论与经济管理，2010(2).

[7]胡海峰，窦斌，王爱萍.企业金融化与生产效率[J].世界经济，2020(1).

[8]黄伟，鲁春义，王旸.中国民营企业为何要金融化[J].金融经济学研究，2020(2).

[9]李维安，王鹏程，徐业坤.慈善捐赠、政治关联与债务融资——民营企业与政府的资源交换行为[J].南开管理评论，2015(1).

[10]李雪，罗进辉，黄泽悦."原罪"嫌疑、制度环境与民营企业慈善捐赠[J].会计研究，2020(1).

[11]刘海洋，林令涛，黄顺武.地方官员变更与企业兴衰——来自地级市层面的证据[J].中国工业经济，2017(1).

[12]罗党论，唐清泉.中国民营上市公司制度环境与绩效问题研究[J].经济研究，2009(2).

[13]罗喜英，刘伟.政治关联与企业环境违规处罚：庇护还是监督——来自IPE数据库的证据[J].山西财经大学学报，2019(10).

[14]罗正英，梁华权，高霞.组织合法性、制度环境与企业慈善捐赠动机——基于新创企业的经验证据[J].苏州大学学报(哲学社会科学版)，2016(5).

[15]马骏，罗衡军，肖宵.私营企业家地位感知与企业创新投入[J].南开管理评论，2019(2).

[16]聂辉华，张或，江艇.中国地区腐败对企业全要素生产率的影响[J].中国软科学，2014(5).

[17]唐松，温德尔，孙铮."原罪"嫌疑与民营企业会计信息质量[J].管理世界，2017(8).

[18]唐松，温德尔，叶芷薇.恒产者恒心："原罪"嫌疑、产权保护与民营企业绩效[J].经济学(季刊)，2020(3).

[19]王芳.经济金融化与经济结构调整[J].金融研究，2004(8).

[20]王福胜，宋海旭.终极控制人、多元化战略与现金持有水平[J].管理世界，2012(7).

[21]王永进，盛丹.政治关联与企业的契约实施环境[J].经济学(季刊)，2012(4).

[22]吴文锋，吴冲锋，刘晓薇.中国民营上市公司高管的政府背景与公司价值[J].经济研究，2008(7).

[23]谢家智，刘思亚，李后建.政治关联、融资约束与企业研发投入[J].财经研究，2014(8).

[24]熊礼慧，董希淼.股权质押、融资约束与企业金融化[J].金融经济学研究，2021(1).

[25]许为宾，蹇亚兰，严子淳.家族企业所有权来源、合法性质疑与创新投资[J].科研管理，2020(11).

[26]严若森，姜潇.关于制度环境、政治关联、融资约束与企业研发投入的多重关系模型与实证研究[J].管理学报，2019(1).

[27]杨其静.企业成长：政治关联还是能力建设？[J].经济研究，2011(10).

[28]杨瑞龙，章逸然，杨继东.制度能缓解社会冲突对企业风险承担的冲击吗？[J].经

济研究, 2017(8).

[29]叶青, 李增泉, 李光青. 富豪榜会影响企业会计信息质量吗？——基于政治成本视角的考察[J]. 管理世界, 2012(1).

[30]余佳楠. 公司资本不足下的股东贷款及其规制——风险激励的视角[J]. 法治研究, 2019(2).

[31]余明桂, 李文贵, 潘红波. 民营化、产权保护与企业风险承担[J]. 经济研究, 2013(9).

[32]余明桂, 回雅甫, 潘红波. 政治联系、寻租与地方政府财政补贴有效性[J]. 经济研究, 2010(3).

[33]于蔚, 汪淼军, 金祥荣. 政治关联和融资约束：信息效应与资源效应[J]. 经济研究, 2012(9).

[34]张成思, 郑宁. 中国实业部门金融化的异质性[J]. 金融研究, 2019(7).

[35]张红凤, 汲昌霖. 政治关联、金融生态环境与企业融资——基于山东省上市公司数据的实证分析[J]. 经济理论与经济管理, 2015(11).

[36]张明, 罗灵. 民营企业金融化影响生产率的实证研究——基于中国 A 股民营上市公司的经验分析[J]. 经济体制改革, 2017(5).

[37]曾萍, 刘洋, 吴小节. 政府支持对企业技术创新的影响——基于资源基础观与制度基础观的整合视角[J]. 经济管理, 2016(2).

[38]郑丹辉, 李孔岳. 合法性视角下的民营企业绩效、政治关联与社会责任[J]. 商业研究, 2015(10).

[39]周泽将, 罗进辉, 李雪. 民营企业身份认同与风险承担水平[J]. 管理世界, 2019(11).

[40]朱沆, 杨海翔, 谭洁. 企业家慈善捐赠的信号效应与私营中小企业的规费负担[J]. 管理评论, 2019(9).

[41] Caprio, L., Faccio, M., Mcconnell, J. J. Sheltering corporate assets from political extraction[J]. Journal of Law Economics & Organization, 2013(2).

[42] Cucculelli, M., Le Breton-Miller, I., Miller, D. Product innovation, firm renewal and family governance[J]. Journal of Family Business Strategy, 2016(2).

[43] Bliss, M. A., & Gul, F. A. Political connection and cost of debt: Some Malaysian evidence[J]. Journal of Banking & Finance, 2012(5).

[44] North, D. C. The new institutional economics[J]. Journal of Institutional & Theoretical Economics, 1986(1).

[45] North, D. C. Institutions, institutional change and economic performance: Institutions[J]. Journal of Economic Behavior & Organization, 1990(1).

[46] Xin, K. K., Pearce, J. L. Guanxi: Connections as Substitutes for Formal Institutional Support[J]. Academy of Management Journal, 1996(6).

[47] Qian, X., Cao, T., Cao, C. Institutional environment and bank loans: Evidence from 25 developing countries[J]. Corporate Governance an International Review, 2018(2).

[48] Lee, S. H., Peng, M. W., Barney, J. B. Bankruptcy law and entrepreneurship development: A real options perspective[J]. Academy of Management Review, 2007(1).

[49] Williamson, O. E. The new institutional economics: Taking stock, looking ahead[J]. Global Jurist, 2000(3).

Private Enterprise Ownership Source, Political Capital and Entity Investment

Xu Weibin[1]   Jian Yalan[2]   Zhou Lili[3]

(1, 2, 3   School of Management, Guizhou University, Guiyang, 550025)

Abstract: This paper studies how the differences in ownership sources of private enterprises affect their entity investment decisions, and whether the relationship between the two will change depending on the situation of political capital of enterprises. The results show that: (1) Compared with entrepreneurial ownership, state-owned reorganized ownership significantly reduces the level of real investment of private enterprises; (2) In the private enterprises lacking political capital, the negative impact of state-owned restructured ownership on the investment of enterprise entity is more significant. Further examination shows that: (1) state-owned ownership reform significantly increases the burden of fees, apportionment and charitable donation activities of private enterprises; (2) state-owned ownership reform significantly increases the investment of private enterprises in the financial field, so that it shows the performance of "turning from real investment to virtual investment". The research results provide a new perspective of observation and policy enlightenment for the study of investment motivation of private enterprise entities.

Key words: State-owned ownership; "Original sin" suspicion; Political capital; Physical investment

专业主编：陈立敏

员工学历水平影响企业的战略选择吗[*]

● 刘颖斐[1]　徐子萌[2]

（1，2　武汉大学经济与管理学院　武汉　430072）

【摘　要】本研究以 2015—2018 年的 A 股上市公司为样本，基于 Miles 和 Snow（1978，2003）对企业战略类型的分类，检验了员工学历水平对企业战略类型选择的影响。研究发现随着高学历员工的数量增多，企业的战略表现出更强的进攻性，且企业内部控制水平在两者间起到部分中介效应。进一步分析发现，在非国有、前期绩效高和内部薪酬差距大的企业中，高学历员工使企业战略进攻化的效应更加显著。本研究从员工层面拓展了企业战略选择的相关文献，也丰富了探讨员工素质作用的相关研究，为企业结合自身情况合理选择战略提供了一定的依据。

【关键词】企业战略选择　员工学历水平　内部控制

中图分类号：F272.92；F276.6　　　文献标识码：A

1. 引言

企业战略是企业价值观的外在体现和对未来发展方向的选择，它决定企业能否在市场中长久生存，因此研究者十分关注企业战略选择的影响因素研究。现有文献主要从决策制定者角度，即从企业管理层特征出发研究其对企业战略选择的影响（Escribá-Esteve et al.，2009），鲜有研究基于决策实施者，即从企业员工角度研究员工素质是否会影响企业战略的选择。然而，随着我国经济发展进入新常态，高学历人才成为引领企业创新和发展的重

　＊ 基金项目：国家自然科学基金项目"基于会计信息质量提升的交易所年报问询监管制度治理效应及其机制研究"（项目批准号：71872136）；国家社会科学基金重大项目"政府职能转变的制度红利研究"（项目批准号：18ZDA113）；教育部人文社科项目"信用评级调整、传染效应与管理层决策"（项目批准号：18YJC630109）。

　通讯作者：徐子萌，E-mail：xzmxavier@163.com。

要动力①②，企业运营过程中员工素质既影响企业内部信息沟通效率，也影响企业高管决策的执行效率，因此员工素质对企业战略选择的影响成为一个值得探讨的问题。

基于此，本文以企业员工素质为切入点，以2015—2018年A股上市公司为研究样本，考察了员工学历水平对企业战略选择的影响。实证结果与本文的预期一致，即随着高学历员工的数量增多，企业的战略表现出更强的进攻性，且企业内部控制水平在两者间起到部分中介效应。本文进一步发现，在非国有、前期绩效高和内部薪酬差距大的企业中，高学历员工使企业战略进攻化的效应更加显著。

本文对现有研究的边际贡献主要有：

第一，丰富了影响企业战略选择因素的研究。以往研究哪些因素会影响企业战略类型时，通常从管理层特征的角度进行分析。而本文将研究视角从管理层的特征放大至企业的普通员工层面，为企业战略类型研究提供了新的方向。

第二，强调了人力资本对企业定位和发展的重要性。人是战略和执行的最大连接点。本文认为企业在注入充足的高学历人力资本后，其竞争力会得到有效提升，进而拓宽企业的产品市场。这表明我国通过人才发展推动企业创新升级的规划颇具成效，又为实务中企业制定人才引进计划提供了理论指导。

第三，发现内部控制在员工学历和企业战略选择之间的中介效应，表明员工素质能影响企业战略选择的部分机制是通过影响企业内部控制质量实现的。

第四，验证了产权性质、前期绩效以及内部薪酬差距在员工学历影响企业战略选择方面的调节作用，以往的文献偏向于验证上述因素对于企业战略性决策的直接效果，而本文从人力资本角度证明了这三个因素对于企业战略决策的间接影响，丰富了相关文献。

2. 文献回顾

企业的战略是企业开展经济活动的基础，影响企业的成长潜力和发展方向。Miles 和 Snow（1978，2003）将企业战略类型界定为进攻型、分析型和防御型，诸多文献采用这种分类研究了不同企业的差别（Bentley et al，2013；Higgins et al.，2015；王化成等，2019）。采用进攻型战略的企业对于创新的投入力度大，增长也较为迅速。这类企业持续进行新产品的研发和新市场的开拓，因此具有更加灵活的资产结构，能更好地应对环境的变化和适应环境的不确定性。与之相对的是采用防御型战略的企业。这类企业的产品市场范围很窄，相比未来结果不确定性较大的创新来说，防御型企业更偏向于追求更高的成本效率，在接受新项目前需要进行详细的规划。不同于进攻型企业的产品多样性，防御型企业的竞

---

① 《国家中长期人才发展规划纲要（2010—2020）》指出，"人才是我国经济社会发展的第一资源"。纲要制定了一系列政策和重大人才工程，力求提高国民素质，为社会提供高层次和高技能人才。参见：http：//www. mohrss. gov. cn/SYrlzyhshbzb/zwgk/ghcw/ghjh/201503/t20150313_153952. htm。

② 国务院印发的《"十三五"国家战略性新兴产业发展规划》中将"坚持人才兴业"作为打造经济社会发展新引擎的重要原则之一，认为"人才是发展壮大战略性新兴产业的首要资源"，并提倡大力培养和引进人才，激发其创造力和活力，为我国"形成一批具有全球影响力和主导地位的创新型领军企业"做出贡献。参见：http：//www. gov. cn/zhengce/content/2016-12/19/content_5150090. htm。

争优势在于建立市场进入壁垒，比如提供的产品具有更好的质量和更低的价格。因此，采用防御型战略的企业增长速度较慢，资产结构偏向固定化。分析型战略则介于进攻型和防御型之间，兼顾创新和成本效率。

现有文献中关于企业战略选择的研究主要分为两类。第一类是战略选择引发的经济后果（刘行，2016；孙健等，2016；Higgins et al.，2015）。第二类是影响企业战略选择因素的研究。关于影响企业战略选择的因素，早期的研究关注领导者的个人愿景（Westley & Mintzberg，1989）和行为导向（Shrivastava & Nachman，1989）对企业战略形成的影响。随着"高阶理论"的提出，学者们将影响企业战略类型的前因从单独的 CEO 或某位领导者扩展到对高管团队的人口特征研究，发现高管的年龄（Wiersema & Bantel，1992）、受教育水平（Bantel & Jackson，1989）和受教育专业（Jensen & Zajac，2004）均对企业战略的形成有显著的影响。但尚无文献关注企业员工的人力资本特征对企业战略选择的影响。

现有人力资源文献证实人力资本投资是企业提高竞争力和改善经营业绩的重要手段。作为企业人力资本的重要表现形式之一，员工学历水平越高，企业的创新产出能力越高（王珏等，2018），企业经营绩效水平也会提高（邓学芬，2012），并且高学历员工能改善企业的治理情况，识别出虚假交易和报告（Call et al.，2016），但没有文献关注企业员工的人力资本特征对企业战略选择的影响。

综上所述，现有研究多是考察管理层的特征对战略选择的影响，尚无文献从企业战略行为的具体实施者的角度来探究员工与企业战略选择的关系。本文拟从员工学历水平的角度，研究员工的人力资本特征对企业战略选择的影响、影响的机制以及这种影响受哪些因素调节。

3. 研究假设

3.1 员工学历与企业战略选择

优质的人力资本可以有效增加企业竞争力，使企业在市场中拥有并维持战略优势地位（Helleloid et al.，1994）。企业员工的学历水平对企业战略选择的影响可以从内部控制角度细分为两个层面，一是从下至上的内部信息传递层面，二是从上至下的内部决策执行层面。

在内部信息传递层面，高学历员工可以提高内部信息传递效率，形成良好的内部信息沟通。根据 Korsgard 等（1995）的研究，高质量的战略决策会受到决策信息及决策环境的影响。高学历员工作为企业优质人力资本的来源之一，能更好地获取、理解并处理信息和知识（Goldin et al.，1996）。员工作为企业日常经营活动的主要参与者，其受教育程度对企业的信息质量有显著的正向影响。高学历员工能为管理者提供更高质量的信息（Call et al.，2017），在高质量信息环境下，管理层能利用更充分的信息来预测风险并把握风险带来的机遇，促进企业的创新投资（江轩宇等，2017），使企业战略类型更偏向进攻型。

在内部决策执行层面，高素质员工的执行能力会影响企业战略的实现途径和实现程度。通常，高学历员工具备更多辨识和控制风险的能力而呈现出偏好风险的特征

（Grinblatt，2011），拥有较强的学习能力和面对不确定环境的适应能力（王珏等，2018）。在企业拥有一定的资本情况下，高学历员工能根据市场动态对其进行相对合理的整合与配置，加快企业创新与发展的速度，减少企业开拓市场失败的可能性。进攻型战略意味着更高的不确定性（Miles & Snow，1978，2003），不仅要求管理层有识别风险的能力，更对实际执行事务的一线员工有一定的能力要求。高学历员工在学习和运用新技术方面存在比较优势，更愿意尝试开拓性的工作（Dakhli & Clercq，2004）。因此，高学历员工在内部决策执行上具有和进攻型战略更为匹配的能力，能增强管理层选择进攻型战略的信心。

综上，管理层在制定企业战略时，会考虑员工能力与战略类型的匹配程度。企业所拥有的高学历员工越多，越易形成包括技术、价格及营销等方面的优势，增强企业开拓市场的意愿，支持企业进攻型战略的形成。基于此，本文提出以下假设：

H1：员工学历水平越高，企业的战略类型越偏向进攻型。

3.2 内部控制的中介效应

COSO 于 2013 年发布的《内部控制整合框架》（以下简称 COSO 报告）中阐明了员工与环境的重要性，认为企业每位员工既受到内部控制的影响，又会通过自己的工作影响其他员工和内部控制系统。现有的内部控制理论认为企业内部控制的目标之一就是实现企业的战略目标[①]。完善的内控体系建设和有效的内控体系运行有助于企业把控风险，并为企业战略目标的制定和实施提供保证。内部控制理论认为内部控制质量既反映企业从下至上的内部信息收集反馈的效率和效果，也体现企业从上至下的内部决策实施的效率和效果。在这个过程中，员工素质通过内部控制对战略制定和战略实施都产生着影响。

员工素质对内部控制的影响在内部控制的诸多要素上均有体现。COSO 报告指出企业内部控制要素包括控制环境、风险评估、控制活动、信息与沟通、内部监督。高学历员工主要通过三种途径来提高企业的内控质量。一是控制环境。员工的学历会影响其价值取向，更高的学历意味着员工拥有更高的道德标准和社会责任感（赵曙明，2012），从而改善企业内部控制环境。二是信息与沟通。高学历员工良好的理解能力和信息处理能力（Grinblatt et al.，2011），能为管理层提供高质量信息。准确的信息与沟通有利于企业内部控制水平的提高。三是内部监督。高学历员工更有可能在交易出现异常时予以识别，并在这一错误恶化前将其报告给上级管理人员（Glaeser et al.，2006），这种行为能形成良好的企业内部监督，提高企业的内部控制水平。因此，高学历员工有动机也有能力改善企业内部治理状况，提高企业内部控制水平。

良好的内部控制有助于企业进行战略制定和实施。首先，高质量内部控制可以约束管理层。由于进攻型战略具有实施周期长、风险大等特点，管理层可能会因为代理问题拒绝选择进攻型战略。在企业拥有高质量内部控制时，管理层的短视和机会主义行为会被有效抑制（方红星等，2012），使企业能正确评估风险和收益，采取进攻型战略。其次，高质量内部控制可以增加外部资源的流入。企业的进攻型战略需要大量资金支持，高质量的内

---

① 参见财政部、证监会、审计署、银监会、保监会于 2008 年和 2010 年发布的《企业内部控制规范》（包括《基本规范》和《配套指引》）。

部控制可以有效缓解企业融资约束（周中胜等，2016）。因此，良好的内部控制可以减轻企业的资金压力，改善企业现金流，提高企业选择进攻型战略的信心。最后，高质量内控有助于企业的战略实施。企业的战略选择还会受到战略实施难度的影响。进攻型战略意味着企业的复杂度和风险不确定性上升，在实施过程中也存在一定的难度，需要企业多部门协作沟通，合力运转。高质量的内部控制意味着企业内部沟通效率高，各个部门之间的监督作用强，能降低进攻型战略实施成本，有助于企业选择进攻型战略。

综上，高学历员工可以提高企业内部控制水平，而较高的内部控制水平有利于企业选择进攻型战略。基于此，本文提出以下假设：

H2：企业内部控制水平在员工学历水平与企业战略选择之间起中介作用。

3.3 产权性质的调节作用

产权性质是企业最基本的决策环境，其差异在两个方面影响员工学历与企业战略选择的关系。

一是国有企业与民营企业在内控环境和激励方面的差异会影响高学历员工与企业战略选择之间的关系。现有文献证实国有企业与民营企业在内部运营环境和高管层管理风格存在显著差异（刘启亮等，2012；Firth et al.，2006）。高学历员工虽与企业进攻型战略有更高的匹配度，但其他环境因素和激励制度等都会影响其发挥能力的水平。与民营企业相比，国有企业更多地依靠规章制度约束员工，决策时更加程序化，高学历员工的创新等风险偏好行为在这一环境下可能会受到更多的限制。此外，国有企业受到更多的政策限制，在薪酬机制和晋升机制等方面对员工的激励有限（邵帅等，2014），降低了高学历员工的开拓积极性。在发挥能力的环境和动力的双重制约下，国有企业中高学历员工对企业形成进攻型战略的作用可能受到抑制。

二是国有企业与民营企业社会责任的差异会影响员工与企业战略选择之间的关系。相比民营企业，国有企业需要承担一定程度的超额雇员率，并有执行国家产业政策的义务等一系列的社会责任（Bai et al.，2000；Bai et al.，2006；Lin et al.，1998）。多元化的经营目标使国有企业对经营业绩和企业成长性的要求降低，高学历员工对市场的开拓能力在这种环境下不被重视，导致其对战略进攻化的作用被抑制。

三是管理者的风险观。国有企业管理者的职业生涯处在一个封闭体系内（Xin et al.，2019），这种封闭体系有较强的抵御外部市场冲击的能力，具有更小的市场风险。因此，国有企业的管理者更容易形成风险厌恶型和循规蹈矩的行为，高学历员工的创新能力无法充分发挥，进而无法产生使企业战略进攻化的作用。

综上，国有企业中个体员工素质发挥作用的空间和受到的激励有限，并且存在多任务的经营目标和风险回避型管理者，对于高学历员工使企业战略进攻化这一效应可能会产生抑制作用。基于此，本文提出以下假设：

H3：相比民营企业，国有企业中高学历员工对企业战略进攻化的影响程度更小。

3.4 前期绩效的调节作用

前期绩效反映了企业在制定战略时的决策环境，会影响企业决策层的战略选择

（Bednar et al.，2013），进而也会影响员工与企业战略选择的关系。但现有文献对于前期绩效究竟是促进企业采取高风险的进攻型战略还是低风险的防御型战略存在分歧，因此前期绩效对员工与企业战略选择之间关系的调节作用也存在两种可能性：

一种是较差的前期绩效抑制了高学历员工对企业选择进攻型战略的促进作用。部分研究表明，较差的绩效水平会让企业产生危机感（Staw et al.，1981），减少企业的研发活动（宋铁波等，2018）。在这种情况下，管理者会忽视高学历员工的创新能力，即使高学历员工能促进企业战略的进攻化，但是较低的前期绩效会抑制这一作用，使企业更多地采取风险规避型行为，选择防御型战略。

另一种是较差的前期绩效增强了高学历员工对企业选择进攻型战略的促进作用。较差的前期绩效表明企业现有的资源配置方法和战略选择可能存在问题。因此，这类企业会重新对市场环境进行评估，调整自身战略以应对市场激烈的竞争，进而改善企业欠佳的业绩（Desai，2016）。在前期绩效水平较低的情况下，企业会认为自己处于市场竞争的弱势地位，进而整合现有资源开发新产品、进攻新市场（Miller，2004），成为风险偏好型企业（Lee，2010）。当企业的前期绩效水平较低时，企业也可能更有动机通过选择进攻型战略来改善业绩，而高学历人才所拥有的与这种战略相匹配的能力会被管理者充分重视，因而其对进攻型战略的促进作用会得到增强。基于此，本文提出以下假设：

H4a：较低的前期绩效水平抑制了高学历员工对企业战略进攻化的影响。

H4b：较低的前期绩效水平促进了高学历员工对企业战略进攻化的影响。

3.5 内部薪酬差距的调节作用

企业内部薪酬差距是指高管和员工的薪酬差距，反映了企业的激励文化和内部公平感受差异。高学历员工虽具有与实施进攻型战略相匹配的能力，但其发挥能力的积极性会受到企业薪酬环境的影响。也就是说，企业对员工的激励水平决定了员工的努力程度，进而影响员工对企业战略的作用。现有理论在内部薪酬差距对员工的激励效果上存在分歧，因此内部薪酬差距对本文主效应的作用也存在两种可能性。

根据锦标赛理论（Lazear & Rosen，1981；Rosen，1986），晋升带来的薪酬水平的增长可以提高员工的努力程度。同时员工不仅会受到现有薪酬的激励，还会被上级的薪酬水平激励。因此，企业内部薪酬差距会对员工产生激励作用，较高的内部薪酬差距可以激发企业的创新行为（孔东民等，2017）、改善企业业绩（刘春等，2010）、加快企业发展，进而增强高学历员工对企业选择进攻型战略的促进作用。

另有研究认为企业内部分配的公平性会影响员工的积极性。比较理论认为，员工希望薪酬与贡献匹配，并会通过比较来评估公平性。在企业内部薪酬差距较大的情况下，高学历员工会认为自己的劳动价值被低估，产生"被剥削感"，进而产生消极怠工的行为，对企业定下的战略目标不以为意，降低企业凝聚力和成长性（Cowherd et al.，1992；夏宁等，2014）。因此，根据比较理论，较高的企业内部薪酬差距会挫伤高学历员工的士气，降低其研发创新、开拓市场等的积极性，抑制高学历员工对企业选择进攻型战略的影响。基于此，本文提出以下假设：

H5a：较高的内部薪酬差距促进了高学历员工对企业战略进攻化的影响。

H5b：较高的内部薪酬差距抑制了高学历员工对企业战略进攻化的影响。

综上所述，本文的逻辑框架如图 1 所示。

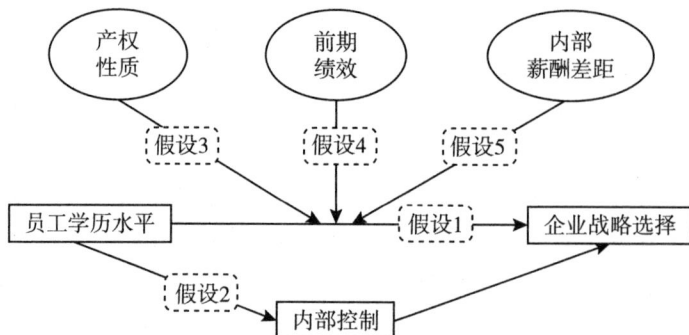

图 1 "员工学历水平对企业战略选择的影响"逻辑框架图

4. 实证研究设计

4.1 样本选择与数据来源

本文选取我国 2015—2018 年的 A 股上市公司为初始样本，剔除金融企业、ST 企业和主要指标数据缺失严重的公司样本，最终得到 4 348 个有效观测值。此外，本文对除企业战略（Strategy）以外的所有连续变量在 1% 水平下进行了缩尾处理，减小异常值对实证结果的影响。本文所用员工学历水平的数据来自 Wind 数据库，企业研发投入的数据来自 CNRDS 数据库，内部控制数据来自迪博内部控制与风险管理数据库，其他财务数据均来自 CSMAR 数据库。

4.2 变量定义

4.2.1 被解释变量

企业战略类型（Strategy）是本文的被解释变量。基于 Miles 和 Snow（1978，2003）对企业战略的分类，参考 Bentley 等（2013）的方法，本文采用 6 项指标来综合度量企业战略（具体计算方法见表 1），每项指标都旨在捕捉公司业务战略的不同要素。具体包括：

（1）创新行为。进攻型企业注重创新，因此应该有更高的研发投入。

（2）组织效率。组织效率代表企业有效生产和分配其产品、服务的能力。防御型企业专注于组织效率，因此预计每销售一单位的产品所需要的员工人数较少。

（3）销售增长率。该指标代表企业的历史增长情况，进攻型企业应该比防御型企业拥有更多的成长机会。

（4）开拓新市场。进攻型企业不断开发新产品、开拓新市场，因此需要更多的广告费、向顾客普及产品知识等方面的营销成本，销售费用和管理费用的支出较高。

(5)员工流动率。不同于防御型企业的员工任期较长，进攻型企业拥有更灵活的组织结构，所以应该具有较高的员工流动率。

(6)资本密集度。防御型企业对新产品的开发缺乏积极性，且致力于降低不确定性，更多地用机器来代替人工，因此固定资产的比重较大，资本密集度较高。进攻型企业强调灵活性，具有较低的资本密度。

以上每项指标都取过去5年的平均值。

表1   战略指标度量方法

变量名称	变量符号	变量定义
创新行为	RD5	研发投入与销售收入的比值，过去5年移动平均
组织效率	EMPS5	员工人数与销售收入的比值，过去5年移动平均
销售增长率	REV5	销售收入增长率，过去5年移动平均
开拓新市场	SGA5	销售费用和管理费用与销售收入的比值，过去5年移动平均
员工流动率	σEMP5	过去5年员工人数的标准差
资本密集度	CAP5	固定资产与滞后一期的总资产的比值，过去5年移动平均

企业战略类型与其相对于竞争对手而言在行业中所处的位置相关(秦令华等，2012)，因此在研究企业战略类型时应该在行业内部进行划分。对于前五项指标，在年度—行业内，按照值的大小从高到低平均分为5组，最大组赋值5分，最小组赋值1分，其他组按从大到小依次赋值为4、3、2分。最后一项指标则倒置，最大组赋值1分，最小组赋值5分，其他组按从大到小依次赋值为2、3、4分。6项指标得分加总得到企业的战略得分，范围在6~30。企业的战略得分越高，代表企业的战略越偏向进攻型；战略得分越低，代表企业的战略越偏向防御型；若处于中间水平，则企业是分析型。

4.2.2 解释变量

员工学历水平(EDU)是本文的解释变量。参考王珏和祝继高(2018)的做法，本文将本科及以上学历的员工定义为高学历员工，采用本科及以上学历的员工人数和员工总人数的比值对解释变量进行度量。

4.2.3 中介变量

内部控制(IC)是本文的中介变量。参考刘运国等(2016)的做法，采用迪博数据库发布的中国上市公司内部控制指数进行衡量。迪博内控指数越大，说明企业内部控制越谨慎严密。为了减少因量纲造成的影响，本文将迪博内控指数除以1 000。

4.2.4 调节变量

(1)产权性质(SOE)。当企业最终控制人为国有背景时，产权性质取值为1，否则为0。

(2)前期绩效(EP)。与多数文献保持一致，先计算企业前期的息税前利润与总资产的比值，若该值大于年度—行业中位数，则表明该企业前期绩效较好，前期绩效指标取1，否则为0。

（3）内部薪酬差距（FPG）。参考孔东民等（2017）的方法，本文将企业的内部薪酬差距定义为管理层平均薪酬除以员工平均薪酬。

4.2.5　其他控制变量

参考以往研究企业战略的文献（孟庆斌等，2019；Cadogan et al.，2016），本文控制了以下可能影响企业战略选择的变量：

（1）企业自身特征会影响其战略选择，因此控制了企业规模（Size）、企业年龄（Age）、资产负债率（Lev）、股权集中度（EC）。

（2）企业战略主要由董事会和高管制定，因此控制了两职兼任（DUA）、董事会规模（BodSize）、董事会独立性（BodInd）、管理层年龄（M_age）。

（3）企业战略选择受到内外部环境因素制约，因此控制了冗余资源（RR）、环境不确定性（EU）、财务困境指数（ZScore）、融资约束水平（SA）、企业所在省份的人均GDP（PerGDP）。

其中企业规模定义为企业总资产的自然对数。企业年龄定义为企业上市年限加1后取自然对数。资产负债率定义为负债和资产的比值。股权集中度定义为第一大股东持股比例。两职兼任，若该企业CEO同时担任董事长，则取值为1，否则为0。董事会规模定义为董事会总人数加1后取自然对数。董事会独立性为独立董事占董事会总人数的比例。管理层年龄定义为企业管理层人员的平均年龄。参照Bourgeois（1981）的研究，将冗余资源具体划分为：未沉淀冗余资源、沉淀冗余资源以及潜在冗余资源。其中，未沉淀冗余资源采用流动资产与流动负债的比值衡量；沉淀冗余资源采用管理费用与销售费用之和与销售收入的比值衡量；潜在冗余资源采用所有者权益总额与负债总额的比值衡量。本文对上述3个指标分别标准化后取平均值，所得数值即为冗余资源。环境不确定性，采用经行业中位数调整的企业过去5年销售收入的变异系数表示。财务困境指数用Z模型度量（Altman，1968），公式为：（0.012×营运资金/总资产+0.014×留存收益/总资产+0.033×息税前利润/总资产+0.006×股票总市值/负债账面价值+0.999×销售收入/总资产）×100。融资约束水平用SA指数进行度量（Hadlock & Pierce，2010），公式为−0.737×企业规模+0.043×企业规模^2−0.04×企业年龄。企业所在省份的人均GDP，定义为企业所在省份的总GDP除以人口数量再取自然对数。

4.3　模型设计

本文采用固定效应模型检验了相关假设。模型1检验员工学历水平是否影响企业对战略的选择，该模型在企业层面进行了聚类处理，并控制了年度固定效应和行业固定效应，其中制造业按二级分类，其他行业按一级分类。根据假设H1，员工学历水平越高，企业的战略类型越偏向进攻型，EDU的系数β_1预期显著为正。

$$\text{Strategy}_{i,t} = \propto + \beta_1 \text{EDU}_{i,t} + \beta \text{Controls}_{i,t} + \text{Year} + \text{Industry} + \varepsilon \qquad (1)$$

为了验证假设H2，本文参考温忠麟等（2004）的做法，设计了模型2A至2C来检验可能存在的中介效应。模型 2A 中的系数 β_1 表示员工学历水平对企业战略选择的总效应；模型 2B 中的系数 γ_1 表示员工学历水平对内部控制水平的影响；模型 2C 中的系数 φ_1 表示在控制了中介变量内部控制水平后，员工学历水平对企业战略选择的直接效应；模型 2C 中的系数 φ_2 表示在控制了解释变量员工学历水平后，内部控制水平对企业战略选择的间接效应。具体来说，如果模型 2A 中的 β_1 显著为正，模型 2B 中的 γ_1 显著为正，模型 2C 中的 φ_2 显著为正，则证明中介效应存在。在验证了中介效应之后再考察 φ_1 是否显著为正，若该系数显著，则说明是部分中介效应；若该系数不显著，则说明是完全中介效应。

$$\text{Strategy}_{i,\,t} = \propto + \beta_1\,\text{EDU}_{i,\,t} + \beta\,\text{Controls}_{i,\,t} + \text{Year} + \text{Industry} + \varepsilon \quad (2A)$$

$$\text{IC}_{i,\,t} = \propto + \gamma_1\,\text{EDU}_{i,\,t} + \beta\,\text{Controls}_{i,\,t} + \text{Year} + \text{Industry} + \varepsilon \quad (2B)$$

$$\text{Strategy}_{i,\,t} = \propto + \varphi_1\,\text{EDU}_{i,\,t} + \varphi_2\text{IC} + \beta\,\text{Controls}_{i,\,t} + \text{Year} + \text{Industry} + \varepsilon \quad (2C)$$

本文采用模型 3 来验证企业的产权性质是否影响了高学历员工对企业战略进攻化的作用。根据假设 H3，EDU×SOE 的系数 β_3 预期显著为负。

$$\begin{aligned}\text{Strategy}_{i,\,t} = {} & \propto + \beta_1\,\text{EDU}_{i,\,t} + \beta_2\,\text{SOE}_{i,\,t} + \beta_3\,\text{EDU}_{i,\,t} \times \text{SOE}_{i,\,t} \\ & + \beta\,\text{Controls}_{i,\,t} + \text{Year} + \text{Industry} + \varepsilon \end{aligned} \quad (3)$$

本文采用模型 4 来验证企业的前期绩效是否影响了高学历员工对企业战略进攻化的作用，因此我们关注 EDU×EP 的系数 β_3 是否具有显著性，以及符号的正负。

$$\begin{aligned}\text{Strategy}_{i,\,t} = {} & \propto + \beta_1\,\text{EDU}_{i,\,t} + \beta_2\,\text{EP}_{i,\,t} + \beta_3\,\text{EDU}_{i,\,t} \times \text{EP}_{i,\,t} \\ & + \beta\,\text{Controls}_{i,\,t} + \text{Year} + \text{Industry} + \varepsilon \end{aligned} \quad (4)$$

本文采用模型 5 来验证企业的内部薪酬差距是否影响了高学历员工对企业战略进攻化的作用，因此我们关注 EDU×FPG 的系数 β_3 是否具有显著性，以及符号的正负。

$$\begin{aligned}\text{Strategy}_{i,\,t} = {} & \propto + \beta_1\,\text{EDU}_{i,\,t} + \beta_2\,\text{FPG}_{i,\,t} + \beta_3\,\text{EDU}_{i,\,t} \times \text{FPG}_{i,\,t} \\ & + \beta\,\text{Controls}_{i,\,t} + \text{Year} + \text{Industry} + \varepsilon \end{aligned} \quad (5)$$

上述模型均在企业层面进行了聚类处理，并控制了年度固定效应和行业固定效应。

5. 实证结果分析

5.1 描述性统计

表 2 报告了本文主要变量的描述性统计。企业战略（Strategy）的均值为 17.920，中位数为 18.000，说明我国的上市公司对战略的选择更偏向分析型，这与王玉涛和段梦然（2019）的统计结果基本保持一致。员工学历水平（EDU）的均值为 0.275，中位数为 0.220，最大值为 0.862，说明在我国上市公司中本科及以上员工比例平均为 27.5%，学历水平最高的企业中本科及以上员工占比高达 86.2%，这三项指标略高于王珏和祝继高（2018）的统计结果，可能原因是样本时间区间不同，随着时间的推移，员工学历水平普遍在提高。

表 2   变量描述性统计

变量	N	均值	标准差	最小值	P25	中位数	P75	最大值
Strategy	4 318	17.920	3.951	6.000	15.000	18.000	21.000	30.000
EDU	4 318	0.275	0.201	0.000	0.128	0.220	0.378	0.862
IC	4 318	0.614	0.159	0.000	0.604	0.653	0.690	0.793
SOE	4 318	0.392	0.488	0.000	0.000	0.000	1.000	1.000
EP	4 318	0.508	0.500	0.000	0.000	1.000	1.000	1.000
FPG	4 318	4.450	3.119	0.861	2.527	3.581	5.251	19.080
Size	4 318	22.500	1.184	20.170	21.700	22.350	23.170	26.270
Age	4 318	2.497	0.438	1.792	2.079	2.485	2.944	3.258
Lev	4 318	0.430	0.193	0.068	0.279	0.424	0.573	0.904
EC	4 318	0.318	0.136	0.090	0.212	0.297	0.406	0.702
DUA	4 318	0.247	0.431	0.000	0.000	0.000	0.000	1.000
BodSize	4 318	2.249	0.176	1.792	2.079	2.303	2.303	2.773
BodInd	4 318	0.375	0.055	0.333	0.333	0.333	0.429	0.600
M_age	4 318	49.685	3.012	42.167	47.692	49.805	51.700	56.667
RR	4 318	1.483	1.314	0.250	0.691	1.059	1.757	8.106
EU	4 318	1.186	0.809	0.173	0.625	0.993	1.506	4.527
ZScore	4 318	2.509	1.723	−0.690	1.404	2.141	3.198	9.923
SA	4 318	−3.631	0.239	−4.157	−3.829	−3.558	−3.441	−2.990
PerGDP	4 318	11.190	0.400	10.340	10.810	11.240	11.500	11.850

5.2 基本回归结果

表 3 第(1)列的回归结果中，EDU 的系数为 4.978，在 1%水平下显著，说明员工学历水平越高，企业的战略类型越偏向进攻型，验证了假设 H1。

表 3 第(2)列的回归结果中，EDU 的系数为 0.073，在 1%水平下显著；表 3 第(3)列的回归结果中，IC 的系数为 1.462，在 1%水平下显著，共同说明内部控制是员工学历水平和企业战略选择之间的中介因子，验证了假设 H2。表 3 第(3)列的回归结果中，EDU 的系数为 4.872，在 1%水平下显著，说明内部控制仅起到部分中介作用。

为了进一步验证中介效应的结论是否可靠，本文采用 Bootstrap 法来检验中介效应 $\gamma_1 \times \varphi_2$ 是否显著。从表 3 最后一行可以看到，BootstrapInd_eff 的检验量在 5%水平下显著为正，说明中介效应确实存在，即员工学历水平可以通过提高内部控制水平使企业战略偏向进攻化。

表3   员工学历水平、内部控制与企业战略

	（1） Strategy	（2） IC	（3） Strategy
EDU	4.978***	0.073***	4.872***
	(8.35)	(3.95)	(8.15)
IC	—	—	1.462***
	—	—	(2.96)
SOE	−0.434*	0.005	−0.442*
	(−1.76)	(0.59)	(−1.79)
EP	0.595***	0.013**	0.575***
	(3.98)	(2.16)	(3.87)
FPG	0.161***	0.00100	0.160***
	(5.24)	(0.90)	(5.21)
Size	0.057	0.023***	0.0230
	(0.52)	(5.32)	(0.21)
Age	−2.410***	−0.005	−2.403***
	(−4.74)	(−0.23)	(−4.75)
Lev	−4.804***	−0.075*	−4.694***
	(−6.09)	(−1.95)	(−5.95)
EC	−0.674	−0.002	−0.671
	(−0.96)	(−0.06)	(−0.96)
DUA	0.321	0.006	0.313
	(1.58)	(0.92)	(1.53)
BodSize	−0.458	−0.02	−0.428
	(−0.70)	(−0.93)	(−0.66)
BodInd	0.591	−0.085	0.715
	(0.33)	(−1.23)	(0.40)
M_age	0.013	0.001	0.012
	(0.41)	(0.98)	(0.36)
RR	0.808***	−0.070***	0.910***
	(5.22)	(−9.02)	(5.78)
EU	1.434***	−0.012***	1.452***
	(14.43)	(−2.75)	(14.68)

	（1） Strategy	（2） IC	（3） Strategy
ZScore	-0.945***	0.059***	-1.031***
	(-8.08)	(8.95)	(-8.66)
SA	-1.966**	0.047	-2.035**
	(-2.39)	(1.26)	(-2.49)
PerGDP	-0.571**	0.012	-0.589**
	(-2.46)	(1.39)	(-2.54)
Constant	21.604***	0.123	21.424***
	(4.49)	(0.59)	(4.45)
Year	Yes	Yes	Yes
Industry	Yes	Yes	Yes
N	4 318	4 318	4 318
Adj_R^2	0.229	0.171	0.232
BootstrapInd_eff	0.127**		

注：括号内为 t 值；***、**、*分别表示 1%、5%和 10%水平下显著，下同。

5.3 调节变量回归结果

表 4 是企业产权性质、前期绩效和内部薪酬差距的调节作用的结果。表 4 第（1）列显示，EDU_SOE 的系数为-3.841，在 1%水平下显著，说明高学历员工促进企业战略进攻化的现象在民营企业中更为突出，验证了假设 H3。表 4 第（2）列中，EDU_EP 的系数为1.544，在 5%水平下显著，说明较好的前期绩效水平会促进高学历员工对企业战略进攻化的影响，验证了假设 H4a。表 4 第（3）列中，EDU_FPG 的系数为 0.401，在 5%水平下显著，说明企业内部薪酬差距越大，越能让高学历员工得到激励，使企业战略偏向进攻型，验证了假设 H5a。

表 4　　　　　　产权性质、前期绩效和内部薪酬差距的调节作用

	（1） Strategy	（2） Strategy	（3） Strategy
EDU	6.473***	4.138***	3.428***
	(8.90)	(5.59)	(4.03)
EDU_SOE	-3.841***	——	——
	(-3.74)	——	——

	（1） Strategy	（2） Strategy	（3） Strategy
EDU_EP	— —	1. 544 ** （1. 98）	— —
EDU_FPG	— —	— —	0. 401 ** （2. 26）
SOE	0. 590 * （1. 66）	−0. 446 * （−1. 82）	−0. 427 * （−1. 74）
EP	0. 601 *** （4. 03）	0. 161 （0. 63）	0. 589 *** （3. 95）
FPG	0. 158 *** （5. 20）	0. 165 *** （5. 36）	0. 081 * （1. 74）
Size	0. 0680 （0. 62）	0. 0550 （0. 51）	0. 0460 （0. 42）
Age	−2. 299 *** （−4. 59）	−2. 430 *** （−4. 75）	−2. 498 *** （−4. 88）
Lev	−4. 938 *** （−6. 24）	−4. 733 *** （−5. 97）	−4. 800 *** （−6. 06）
EC	−0. 364 （−0. 52）	−0. 648 （−0. 92）	−0. 650 （−0. 92）
DUA	0. 296 （1. 46）	0. 327 （1. 61）	0. 315 （1. 55）
BodSize	−0. 461 （−0. 71）	−0. 466 （−0. 72）	−0. 560 （−0. 86）
BodInd	0. 343 （0. 19）	0. 490 （0. 27）	0. 324 （0. 18）
M_age	0. 0170 （0. 54）	0. 0150 （0. 46）	0. 0130 （0. 40）
RR	0. 766 *** （4. 95）	0. 800 *** （5. 14）	0. 813 *** （5. 25）
EU	1. 440 *** （14. 55）	1. 428 *** （14. 41）	1. 439 *** （14. 47）

	（1） Strategy	（2） Strategy	（3） Strategy
ZScore	−0. 929 ***	−0. 930 ***	−0. 941 ***
	（−8. 07）	（−7. 92）	（−8. 04）
SA	−1. 765 **	−1. 969 **	−2. 137 **
	（−2. 18）	（−2. 38）	（−2. 56）
PerGDP	−0. 540 **	−0. 577 **	−0. 567 **
	（−2. 33）	（−2. 49）	（−2. 45）
Constant	20. 927 ***	21. 858 ***	22. 083 ***
	（4. 38）	（4. 54）	（4. 57）
Year	Yes	Yes	Yes
Industry	Yes	Yes	Yes
N	4 318	4 318	4 318
Adj_R^2	0. 237	0. 230	0. 232

6. 内生性与稳健性检验

6.1 内生性问题

本文模型 1 可能存在的内生性问题主要是反向因果问题。企业可能为了执行进攻型战略而雇用高学历员工，那么表 3 显示的结果就无法证明高学历员工对企业战略进攻化的影响。针对这一问题，本文采用工具变量法来缓解内生性。本文以企业注册地所在省份"211 工程"大学数量为工具变量，原因在于"211 工程"大学数量只影响当地企业员工的受教育程度，而与企业执行何种战略并不相关。采用工具变量的两阶段回归结果如表 5 所示。

在第一阶段，采用"211 工程"大学数量（IV）和上文所述的控制变量一起对员工学历水平（EDU）进行回归，并控制了年度、行业固定效应。表 5Panel A 显示，IV 与 EDU 在 1% 水平下显著正相关，F 值为 33. 91，证明企业所在省份的"211 工程"大学数量越多，当地的教育水平越高，企业更容易雇用到高学历员工。在第二阶段，使用根据第一阶段回归得到的员工学历水平的预测值 EDU-IV 及上文所述控制变量一同对企业战略（Strategy）进行回归，并控制年度、行业固定效应。Panel B 显示，EDU-IV 与 Strategy 在 10% 水平下显著正相关，说明在控制了内生性问题后，高学历员工仍然显著促进了企业战略的进攻化。

表 5   工具变量回归结果

Panel A：第一阶段回归			Panel B：第二阶段回归		
变量	EDU		变量	Strategy	
IV	0.004 ***		EDU-IV	8.161 *	
	(4.92)			(1.83)	
控制变量	Yes		控制变量	Yes	
Year	Yes		Year	Yes	
Industry	Yes		Industry	Yes	
N	4 318		N	4 318	
R^2	0.4398		R^2	0.2020	
F 值	33.91 ($p=0.000$)				

6.2　重新界定高学历员工

本文在研究员工学历水平对企业战略选择的影响时，对高学历员工的定义是具有本科及以上学历的员工。在此本文重新界定高学历员工，用硕士和博士员工占全体员工的百分比作为企业员工学历水平的度量方法进行稳健性检验，重新验证员工学历水平对企业战略选择的影响以及对应的中介效应是否仍然存在。

表 6 第(1)列中 EDU 的系数为 12.027，在 1% 水平下显著，说明高学历员工越多，企业战略类型越偏向进攻型。第(2)列和第(3)列则汇报了内部控制作为中介变量的回归结果，发现 EDU 和 IC 在 1% 水平下显著正相关，且 EDU 和 IC 对 Strategy 同时回归时系数均在 1% 水平下显著为正，说明内部控制在员工学历和企业战略选择之间起到了部分中介作用。在更换了高学历员工的度量方法后，对假设 H1 和假设 H2 的预期仍然成立。

表 6   替换变量界定方法回归

变量	(1) Strategy	(2) IC	(3) Strategy	(4) STRA	(5) IC	(6) STRA
EDU	12.027 ***	0.202 ***	11.700 ***	4.783 ***	0.077 ***	4.712 ***
	(5.58)	(4.41)	(5.45)	(7.15)	(2.85)	(6.98)
IC	—	—	1.619 ***	—	—	1.962 ***
	—	—	(3.27)	—	—	(3.20)
SOE	−0.442 *	0.005	−0.449 *	−0.307	−0.001	−0.304
	(−1.82)	(0.52)	(−1.85)	(−1.11)	(−0.09)	(−1.09)

变量	(1) Strategy	(2) IC	(3) Strategy	(4) STRA	(5) IC	(6) STRA
EP	0.609 ***	0.013 **	0.587 ***	0.508 ***	0.017 *	0.491 ***
	(4.03)	(2.16)	(3.91)	(3.10)	(1.74)	(3.01)
FPG	0.125 ***	0	0.124 ***	0.151 ***	0.002 *	0.147 ***
	(4.14)	(0.39)	(4.12)	(4.38)	(1.67)	(4.30)
Size	0.109	0.024 ***	0.070	0.095	0.017 ***	0.069
	(0.98)	(5.43)	(0.63)	(0.73)	(2.61)	(0.53)
Age	-2.479 ***	-0.007	-2.468 ***	-2.456 ***	-0.024	-2.499 ***
	(-4.74)	(-0.29)	(-4.76)	(-3.24)	(-0.81)	(-3.35)
Lev	-4.542 ***	-0.071 *	-4.427 ***	-2.765 **	-0.06	-2.744 **
	(-5.71)	(-1.83)	(-5.57)	(-2.57)	(-1.15)	(-2.57)
EC	-0.753	-0.003	-0.748	-1.276 *	-0.004	-1.251
	(-1.05)	(-0.11)	(-1.05)	(-1.68)	(-0.09)	(-1.61)
DUA	0.331	0.006	0.321	0.230	-0.007	0.243
	(1.59)	(0.94)	(1.54)	(1.05)	(-0.85)	(1.10)
BodSize	-0.320	-0.018	-0.290	-0.374	0.002	-0.372
	(-0.48)	(-0.83)	(-0.44)	(-0.53)	(0.06)	(-0.52)
BodInd	1.840	-0.067	1.948	0.758	0	0.870
	(1.02)	(-0.97)	(1.08)	(0.33)	(-0.00)	(0.37)
M_age	0.012	0.001	0.010	0.016	0.001	0.015
	(0.36)	(0.94)	(0.31)	(0.48)	(0.76)	(0.45)
RR	0.818 ***	-0.070 ***	0.931 ***	0.766 ***	-0.065 ***	0.935 ***
	(5.13)	(-9.02)	(5.77)	(3.39)	(-5.64)	(4.03)
EU	1.438 ***	-0.012 ***	1.458 ***	1.639 ***	-0.0100	1.682 ***
	(14.49)	(-2.75)	(14.77)	(9.66)	(-1.47)	(9.93)
ZScore	-0.909 ***	0.060 ***	-1.006 ***	-0.694 ***	0.055 ***	-0.839 ***
	(-7.67)	(8.96)	(-8.38)	(-4.52)	(5.27)	(-5.15)
SA	-2.072 **	0.0450	-2.144 **	-2.030	0.0270	-2.254 *
	(-2.45)	(1.19)	(-2.56)	(-1.60)	(0.53)	(-1.80)
PerGDP	-0.481 **	0.0130	-0.502 **	-0.496 *	0.023 *	-0.543 **
	(-2.07)	(1.51)	(-2.16)	(-1.84)	(1.73)	(-1.98)

变量	（1） Strategy	（2） IC	（3） Strategy	（4） STRA	（5） IC	（6） STRA
Constant	19.266*** (3.94)	0.0940 (0.44)	19.114*** (3.92)	0.658 (0.11)	0.0320 (0.11)	−0.138 (−0.02)
Year	Yes	Yes	Yes	Yes	Yes	Yes
Industry	Yes	Yes	Yes	Yes	Yes	Yes
N	4 318	4 318	4 318	1 716	1 716	1 716
Adj_R^2	0.211	0.170	0.215	—	0.157	—

6.3 调整企业战略度量方法

根据表 2 可以发现，企业战略得分的均值为 17.920，中位数为 18.000，说明我国多数上市公司更偏向分析型战略。但由于分析型战略的特征不明显，本文参考刘行（2016）的做法，创建虚拟变量 STRA 来代表企业战略的极端情况，若企业战略得分大于 22 分，则 STRA 取 1，表明企业实施进攻型战略；若企业战略得分小于 14 分，则 STRA 取 0，表明企业实施防御型战略。用该虚拟变量代替原本的企业战略（Strategy），删除分析型战略的样本，进行稳健性测试。

表 6 第（4）列中 EDU 的系数为 4.783，在 1% 水平下显著，说明高学历员工越多，企业实施进攻型战略的可能性越大。而第（5）列中 EDU 对 IC 的系数在 1% 水平下显著为正，在第（6）列中 EDU 和 IC 对 STRA 的系数均在 1% 水平下显著为正，说明高学历员工通过提高内部控制水平增大企业实施进攻型战略的可能性。在调整了企业战略的度量方法后，对假设 H1 和假设 H2 的预期仍然成立。

7. 结论与讨论

本文从员工视角考察了员工学历与企业战略选择之间的关系。实证研究结果表明，高学历员工占比越大，企业战略越偏向进攻型，在运用工具变量法控制内生性后，该效应仍然显著存在；企业内部控制水平在员工学历和企业战略选择之间起到了部分中介作用，即高学历员工占比越大，内部控制水平相应越高，促使企业战略进攻化；企业的产权性质、前期绩效和内部薪酬差距在员工学历影响企业战略选择方面具有调节作用，即在非国有、前期绩效高和内部薪酬差距大的企业中，高学历员工使企业战略进攻化的效应更加显著。

本文的研究不仅从企业员工人力资本的视角丰富和拓展了企业战略选择影响因素的相关文献，也为员工素质在企业战略类型选择中发挥的重要作用提供了部分实证证据。员工直接参与了企业的价值创造，是企业战略执行的最大载体，能对战略类型的选择产生反馈性影响。本文对员工学历水平与战略类型匹配关系的研究，能为不同企业制订人才引进与培养计划的实践活动提供部分理论指导。

本文存在以下研究局限：

第一，内部控制质量在员工学历水平和企业战略类型选择之间发挥的中介效应占总效应的比重较小，说明内部控制质量仅发挥部分中介效应。

第二，受公开数据库可获得数据的限制，本文度量员工学历水平采用的是本科及以上学历的员工人数和员工总人数的比值，并未将高管从中分离。但由于企业中普通员工基数较大，高管人数占比较小，不会对本文主要结论产生重大影响。

未来研究可从以下角度展开：

第一，本文仅研究了内部控制水平在员工学历水平和企业战略类型选择之间的中介效应，而员工学历水平是否还能通过其他的路径影响企业战略类型，仍是一项可以通过实证进行检验的研究。

第二，考察员工其他特征对企业战略的影响。除了学历水平，各个岗位员工的年龄、专业能力、工作经历、个性特征等差异化特征对企业战略有何影响，都有待深入研究。

◎ 参考文献

[1]邓学芬,黄功勋,张学英,等.企业人力资本与企业绩效关系的实证研究——以高新技术企业为例[J].宏观经济研究,2012(1).

[2]方红星,张志平.内部控制质量与会计稳健性——来自深市 A 股公司 2007—2010 年年报的经验证据[J].审计与经济研究,2012,27(5).

[3]江轩宇,申丹琳,李颖.会计信息可比性影响企业创新吗[J].南开管理评论,2017,20(5).

[4]孔东民,徐茗丽,孔高文.企业内部薪酬差距与创新[J].经济研究,2017(10).

[5]刘春,孙亮.薪酬差距与企业绩效：来自国企上市公司的经验证据[J].南开管理评论,2010,13(2).

[6]刘行.企业的战略类型会影响盈余特征吗？——会计稳健性视角的考察[J].南开管理评论,2016,19(4).

[7]刘启亮,罗乐,何威风,等.产权性质、制度环境与内部控制[J].会计研究,2012(3).

[8]刘运国,刘雯.我国上市公司的高管任期与 R&D 支出[J].管理世界,2007(1).

[9]刘运国,郑巧,蔡贵龙.非国有股东提高了国有企业的内部控制质量吗？——来自国有上市公司的经验证据[J].会计研究,2016(11).

[10]孟庆斌,李昕宇,张修平.卖空机制、资本市场压力与公司战略选择[J].中国工业经济,2019(8).

[11]秦令华,井润田,王国锋.私营企业主可观察经历、战略导向及其匹配对绩效的影响研究[J].南开管理评论,2012,15(4).

[12]邵帅,周涛,吕长江.产权性质与股权激励设计动机——上海家化案例分析[J].会

计研究，2014(10).

[13]宋铁波，钟熙，陈伟宏，等．研发投入还是广告投入？绩劣企业战略性行为的选择[J]．研究与发展管理，2018，30(1).

[14]孙健，王百强，曹丰，等．公司战略影响盈余管理吗？[J]．管理世界，2016(3).

[15]孙笑明，刘茹玥，王成军，等．学历与首次职位升迁对关键研发者职业生涯上升速度的影响——来自40家中国上市公司的证据[J]．科技进步与对策，2020，37(2).

[16]王化成，高鹏，张修平．企业战略影响超额在职消费吗？[J]．会计研究，2019(3).

[17]王珏，祝继高．劳动保护能促进企业高学历员工的创新吗？——基于A股上市公司的实证研究[J]．管理世界，2018，34(3).

[18]王巍，严伟涛．进口竞争对我国劳动者人力资本投资的影响[J]．江西财经大学学报，2020(2).

[19]温忠麟，张雷，侯杰泰，等．中介效应检验程序及其应用[J]．心理学报，2004，36(5).

[20]夏宁，董艳．高管薪酬、员工薪酬与公司的成长性——基于中国中小上市公司的经验数据[J]．会计研究，2014(09).

[21]赵曙明．员工素质、协作性、积极性与绩效的关系：三种资本整合的视角[J]．管理世界，2012(10).

[22]周中胜，徐红日，陈汉文，等．内部控制质量对公司投资支出与投资机会的敏感性的影响：基于我国上市公司的实证研究[J]．管理评论，2016，28(9).

[23] Altman, E. I. Financial ratios, discriminant analysis and the prediction of corporate bankruptcy[J]. The Journal of Finance, 1968, 23(4).

[24]Bai, C. E., Li, D. D., Tao, Z. G., et al. A multitask theory of state enterprise reform[J]. Journal of Comparative Economics, 2000, 28(4).

[25] Bai, C. E., Lu, J. Y., Tao, Z. G. The multitask theory of state enterprise reform: Empirical evidence from China[J]. American Economic Review, 2006, 96(2).

[26] Bantel K. A., Jackson S. E. Top management and innovations in banking: Does the composition of the top team make a difference? [J]. Strategic Management Journal, 1989, 10.

[27]Bednar, M. K., Boivie, S., Prince, N. R. Burr under the saddle: How media coverage influences strategic change[J]. Organization Science, 2013, 24(3).

[28] Bentley, K. A., Omer, T. C., Sharp, N. Y. Business strategy, financial reporting irregularities and audit effort[J]. Contemporary Accounting Research, 2013, 30(2).

[29]Bourgeois, L. J. On the measurement of organizational slack[J]. Academy of Management Review, 1981, 6(1).

[30]Cadogan, J., Boso, N., Story, N., et al. Strategic orientation and firm performance relationship: An Investigation into its enabling and disenabling boundary conditions[J]. Journal of Business Research, 2016, 69(11).

[31] Call, A. C., Campbell, J. L., Dhaliwal, D. S., et al. Employee quality and financial reporting outcomes[J]. Journal of Accounting and Economics, 2017, 64(1).

[32] Call, A., Kedia, S., Rajgopal, S. Rank and file employees and the discovery of misreporting: The role of stock options[J]. Journal of Accounting and Economics, 2016, 62 (2).

[33] Cowherd, D. M., Levine, D. I. Product quality and pay equity between lower-level employees and top management: An investigation of distributive justice theory [J]. Administrative Science Quarterly, 1992, 37(2).

[34] Dakhli, M., Clercq, D. D. Human capital, social capital, and innovation: a multi-country study[J]. Entrepreneurship & Regional Development, 2004, 16(2).

[35] Desai, V. M. The behavioral theory of the (governed) firm: Corporate board influences on organizations' responses to performance shortfalls[J]. Academy of Management Journal, 2016, 59(3).

[36] Dyck, A., Morse, A., Zingales, L. Who blows the whistle on corporate fraud[J]. Journal of Finance, 2010, 65(6).

[37] Escribá-Esteve, A., Sánchez-Peinado L, Sánchez-Peinado E. The influence of top management teams in the strategic orientation and performance of small and medium-sized enterprises[J]. British Journal of Management, 2009, 20(4).

[38] Firth, M., Fung, P. M., Rui, Y. O. M. Corporate performance and CEO compensation in China[J]. Journal of Corporate Finance, 2006(12).

[39] Glaeser, E. L., Saks, R. E. Corruption in America[J]. Journal of Public Economics, 2006, 90(6-7).

[40] Goldin, C., Katz, L. F. Technology, skill, and the wage structure: Insights from the past[J]. American Economic Review, 1996, 86(2).

[41] Grinblatt, M., Keloharju, M., Linnainmaa, J. IQ and stock market participation[J]. Journal of Finance, 2011, 66(6).

[42] Hadlock, C. J., Pierce, J. R. New evidence on measuring financial constraints: Moving beyond the KZ index[J]. Review of Financial Studies, 2010, 23(5).

[43] Helleloid, D., Simonin, B. Organizational learning and a firm's core competence[J]. Competence-based competition, 1994.

[44] Higgins, D., Omer, T. C., Phillips, J. D. The influence of a firm's business strategy on its tax aggressiveness[J]. Contemporary Accounting Research, 2015, 32(2).

[45] Jensen, M., Zajac, E. J. Corporate elites and corporate strategy: How demographic preferences and structural position shape the scope of the firm[J]. Strategic Management Journal, 2004, 25 (6).

[46] Korsgard, M. A., Schweiger, D. M., SaPienze H. J. Building commitment, attachment and trust in strategic decision making: The role of procedural justice[J]. Academy of

Management Journal, 1995, 38.

[47]Lazear, E. P., Rosen, S. Rank-order tournaments as optimum labor contracts[J]. Journal of Political Economy, 1981, 89(5).

[48]Lee, D. Y. The impact of poor performance on risk-taking attitudes: A longitudinal study with a PLS causal modeling approach[J]. Decision Sciences, 2010, 28(1).

[49]Lin, J., Cai, F., Li, Z. Competition, policy burdens, and state-owned enterprise reform [J]. American Economic Review, 1998, 88(2).

[50] Miles, R. E., Snow, C. C. Organizational Strategy, Structure and Process [M]. New York: McGraw-Hill, 1978.

[51]Miles, R. E., Snow, C. C. Organizational Strategy, Structure and Process[M]. Stanford, CA: Stanford University Press, 2003.

[52]Miller, D. J. Firms' technological resources and the performance effects of diversification: A longitudinal study[J]. Strategic Management Journal, 2004, 25(11).

[53] Rosen, S. Prizes and incentives in elimination tournaments [J]. American Economic Review, 1986, 76(4).

[54]Staw, B. M., Sandelands, L. E., Dutton, J. E. Threat-rigidity effects in organizational behavior: A multilevel analysis[J]. Administrative Science Quarterly, 1981, 26(4).

[55]Westley, F., Mintzberg, H. Visionary leadership and strategic management[J]. Strategic Management Journal, 1989, 10.

[56] Wiersema, M. F., Bantel, K. A. Top management team demography and corporate strategic change[J]. Academy of Management Journal, 1992, 35(1).

[57]Xin, Q., Bao, A., Hu, F. West meets east: Understanding managerial incentives in Chinese SOEs[J]. China Journal of Accounting Research, 2019, 12(2).

Does the Employee's Education Affect the Company's Choice of Strategy

Liu Yingfei[1]   Xu Zimeng[2]

(1, 2 Economics and Management School of Wuhan University, Wuhan, 430072)

Abstract: With the sample of A-share listed companies from 2015 to 2018, based on the classification of corporate strategy types by Miles and Snow (1978, 2003), this study examines the impact of employee education on the choice of corporate strategy types. The study found that with the increase in the number of well-educated employees, the company's strategy is more inclined to prospectors, and the internal control level of the company played a part of the indirect effect between the two. In addition, through further analysis, it is found that in non-state-owned companies, high previous performance and large internal salary gaps, the effect of well-educated employees makes the corporate strategy biased toward prospectors more significant. This study expands the relevant literature on corporate strategic choice from the employee level, and also enriches related research on the role of employee quality, providing a basis for companies to rationally choose strategies based on their own conditions.

Key words: Company's choice of strategy; Employee's education; Internal control

专业主编：陈立敏

数码时代下的产品触觉研究：
新主题和新方向*

● 柳武妹

（兰州大学管理学院　甘肃　兰州　730000）

【摘　要】作为一个新兴研究领域，产品触觉研究在21世纪初涌现。随着过去20年商业实践中触觉技术的更新和各类触觉媒介的出现，消费者面临的触摸决策已不是简单触摸还是不触摸产品，而是触摸哪一媒介（如平板 vs. 鼠标），怎样触摸（如优势手 vs. 非优势手，点击 vs. 滑动），在哪触摸（如纸上 vs. 屏幕上）等。可以说，数码时代下产品触觉领域正在经历翻天覆地的变化。本文先简要剖析产品触觉领域传统研究分支及其局限性，之后阐释基于这些局限性该领域涌现出的五大新研究主题及背后的理论机制，在此基础上提出数码时代下产品触觉领域的研究框架和未来研究方向。

【关键词】数码时代　产品触觉研究　新主题　新方向

中图分类号：F713.5　　　文献标识码：A

1. 引言

产品触觉（sense of product touch，即检验产品时和产品的直接体验，Peck and Childers，2003a）对消费的作用不容小觑。互联网购物未盛行时，消费者需依赖与产品的实际接触来做消费决策。在当前数码时代下，尽管消费者的线下触摸体验日益减少，但其消费决策却愈加依赖和产品的线上虚拟接触及相应体验。相比使用不可触摸的界面（如键盘、鼠标），当消费者使用可触摸的界面（如平板屏幕、手机屏幕）浏览产品时，会进行更多的产品互动模拟（Shen et al.，2016）并体验到更多的积极情感（Chung et al.，2018；Shen et al.，2019）。最终，使用可触摸界面（vs. 不可触摸界面）购物的消费者会更倾向于选择享乐属性丰富的产品（如巧克力蛋糕）而非实用属性丰富的产品（如水果沙拉）（如 Shen et

＊ 基金项目：国家自然科学基金面上项目"触摸还是不触摸？产品触觉在消费者购买过程中的作用及机理研究：动态演进视角"（项目批准号：71972092）；"一带一路"国家消费者的仪式性消费研究：前因、机理和后效（项目批准号：2020jbkytd003）。

通讯作者：柳武妹，E-mail：wumeijiayou@163.com。

al., 2016；Chung et al.，2018；Zhu and Meyer，2017；Shen et al.，2019）；更倾向于对所浏览的产品形成强拥有者身份感知（Brasel and Gips，2014），并做出冲动性的快决策而非延迟决策（黄敏学和王薇，2019）。同时，相比低触摸需求者，高触摸需求者在可触摸界面上评估产品时会感受到更多的决策信心（Hattula et al.，2017）。可见，数码时代下的消费者决策已不单纯依赖能否触摸产品实物，还受如何触摸、触摸什么界面、谁来触摸等复杂因素的影响。

实质上，购物渠道和购物方式的变化让产品触觉领域涌现出了很多新主题。这些新主题背后所依赖的理论也更加多元——不单单局限于动机和需求视角，开始涉及元认知体验和心理模拟等。在此背景下，需要对这些新主题背后依赖的理论基础进行梳理和归纳，以帮助更多学者了解产品触觉领域的当前进展和未来走向。然而，国内外消费者行为领域的已有产品触觉综述（如 Krishna，2012；柳武妹等，2014；钟科等，2016）都相对陈旧，未能触及或系统介绍这些新主题。

本文先简要介绍产品触觉领域传统研究分支及其局限性，在此基础上引出该领域近些年涌现出的新研究主题。之后，详细介绍这些新主题并剖析其背后的理论机制，并得出产品触觉领域的研究框架。文章末尾展望产品触觉领域在未来值得探究的几大研究方向。期望本文能对国内学者了解和探究产品触觉这一领域有所帮助。

2. 产品触觉领域传统研究分支及其局限性

在已有综述文章中（如 Krishna，2012；柳武妹等，2014；钟科等，2016），产品触觉领域的国内外研究大体上被划分为三块：触摸产品对产品购买决策的影响、线上产品不能触摸的弥补策略，以及触摸产品的具身效应。接下来简要介绍这三块研究内容，并剖析它们各自在数码时代的局限性。

2.1 触摸产品对产品购买决策的影响

触摸产品对产品购买决策的影响是产品触觉领域成果相对最多的一类研究。这一类研究关注购前能否触摸产品对消费者情感、态度和决策的影响及其调节机制。2003 年，学者们开始提出购前能否触摸产品影响消费者情感体验（主要是信心和挫折感）和产品判断的研究框架（Peck and Childers，2003a），并开发量表来测量消费者在触摸产品这一需求上的个体差异（如 Peck and Childers，2003a；Citrin et al.，2003）。2003—2013 年，这一类研究主要关注触摸产品对产品购买决策产生的积极促进作用（如 Peck and Childers，2006；Peck and Shu 2009；Peck et al.，2013）和零作用（如 McCabe and Nowlis，2003；Grohmann et al.，2007），以及相应的调节变量（如 Marlow and Jansson-Boyd，2011；Liu et al.，2017）。

2013 年至今，这一类研究依旧活跃，但开始关注触摸产品的坏处（或不触摸产品的好处）。比如，Pozzi（2013）探究了哪一个购物渠道（无法触摸产品的线上渠道 vs. 可以触摸产品的线下渠道）会帮助消费者节省开支。他发现，相比线下渠道，线上渠道购物时消费者会购买大量折扣产品，并节省更多开支。Huyghe 及其合作者进一步关注哪一个购物渠道（线上 vs. 线下）会增加消费者对不健康食物的选择（Huyghe et al.，2015）。该文得出有趣结论：线上购物(vs. 线下购物)会降低不健康食物的选择，因为线上购物时消费者看到的产品图片不生动，消费者对产品的及时满足渴望低。Ert 等 (2016)也发现了消费者与产品和服务有直接接触的坏处——对于正偏态值分布的产品(产品价值低于期待价值的产品，如弗洛伊德的著作)，短暂的产品接触不能帮助消费者全面了解产品，而降低消费者对产品的吸引力感知和产品选择。

尽管上述研究在过去近 20 年的时间中取得了丰硕成果，但其关注线下购物情境下是否触摸产品实物对产品购买决策的影响。在数码时代，多数消费者的购物渠道已经从线下移到线上，浏览产品的方式已不是用手直接触摸产品，而是用手指敲击键盘或点击鼠标，或者用指尖滑动屏幕或点击屏幕上的图片和文字。与用手直接触摸产品实物相比，用触摸屏触摸产品图片时，消费者的产品评估和购买决策是否会发生变化？同时，使用不同界面(如键盘 vs. 鼠标 vs. 触摸屏)购物时，消费者的产品感知、购买决策等是否也会存在差异？上述研究还不能回答这些问题，但对这些问题的回答能帮助营销者更好地在以鼠标和键盘为主的桌面电脑端口和以触摸屏为主的平板、手机等界面开展营销活动。

2.2 线上产品不能触摸的弥补策略

线上购物和线下购物的本质区别之一是，消费者能否在购前实地触摸产品。尽管线上购物具有便捷性、节省成本等优点，但是不允许消费者购前触摸产品。这一劣势会让线上渠道失去依赖产品触觉体验做出产品评估和购买决策的消费群体(Citrin et al., 2003)。鉴于线上购物的上述不足，产品触觉领域的一些学者思考和探究了线上产品不能触摸的弥补策略。这形成了产品触觉领域的第二类研究。在过去近 20 年，学者们提出了一系列弥补策略，包括提供产品触觉信息的文字描述和图片(Peck and Childers, 2003a；McGabe and Nowlis, 2003)、鼓励消费者进行触觉意象(Peck et al., 2013)和拥有者身份意象(Peck and Shu, 2009)、诱发消费者的积极情绪以及使用价格促销等(Yazdanparast and Spears, 2013)、激活消费者的抽象表征(Liu et al., 2017)、增加网购评论中的触觉信息(黄静等，2015)、对触觉属性丰富的产品进行近视觉距离的展示(黄静等，2020)，以及观看他人触摸产品(Liu et al., 2018)。

从上述弥补策略的名称可以看出，缺乏实际产品触摸时，这些策略发挥作用的实质是：要么间接满足消费者对产品触觉信息的输入需求(如提供产品触觉的文字描述、触觉意象和拥有者身份意象、看他人触摸等)，要么将消费者的注意力从触觉输入转向其他方面(如转向视觉图片、产品价格、表征更为抽象的产品信息等)。但这些弥补策略究竟更适用于鼠标和键盘购物，还是更适用于触摸屏购物？这一类研究尚未回答。同时，触摸屏的哪些特征可以弥补消费者实际触摸体验的匮乏？目前仅有少数研究尝试回答这些问题。这些研究发现，相比不提供触觉反馈(如摸起来有力度反馈或振动)的触摸屏，提供触觉反馈的触摸屏更能增加消费者(尤其是享乐型触摸需求者)的品牌信任和品牌兴奋感知(Jin and Phua, 2015)，并提升消费者的任务表现(Hadi and Valenzuela, 2020)。然而，鼠标和键盘的哪些特征以及触摸屏的哪些其他特征还能作为缺乏实际触摸的弥补策略？目前依旧是研究空缺。

2.3　触摸产品的具身效应

触摸产品的具身效应(embodiment effect of product touch)是产品触觉领域的第三类研究。这类研究在 Barsalou 2008 年发表题为 *Grounded Cognition* 的知名文章后被学术界大量关注。在 Barsalou(2008)看来,身体状态构成了人类基础认知(和信息加工视角的高级认知相对)的重要部分,身体状态会影响个体的认知和判断。由于这一认知和判断与身体感受直接相关,也被称为具身认知(Krishna and Schwrtz, 2014)。后续学者检验了物体/产品的触觉属性信息(如轻/重、软/硬、光/粗)是否会影响个体对他人能力和性格的推断(如Ackerman et al., 2010)、对产品男子气或女人味的联想(如 Krishna et al., 2010)、对店铺的评价(如 Meyers-Levy et al., 2010)、对社会排斥所致的消极心理体验的缓解(丁瑛和宫秀双, 2016)、对环境中不确定性威胁的缓冲(Van Horen and Mussweiler, 2014)、对服务失败的容忍(钟科等, 2014)、对遭遇不幸者的关注和同情(Wang et al., 2016)、对所触摸产品的拥有者身份感知以及产品的互动时长(Ruan et al., 2016)。还有研究实证检验了这一具身效应背后的概念激活解释(Zhang and Li, 2012)。

然而,这一类研究关注的是实际触摸产品时产品自身的触觉属性对消费者认知、情绪和行为的影响。当前数码时代下,消费者使用不同触觉属性(如光滑 vs. 粗糙、轻 vs. 重)的键盘、鼠标和触摸屏购物时,是否也会产生与触摸触觉属性不同的产品一样的具身效应?目前,这些问题依旧是研究空白。

3. 数码时代产品触觉领域的新研究主题

正是由于产品触觉领域的上述传统研究在数码时代存在其无法避免的局限性,近年来产品触觉领域涌现出了一些新研究主题。这些新研究主题在本质上都是对上述传统研究局限性的推进。本文将这些新主题归结为五个:触摸屏效应、手写效应、手抓效应、产品特征—手部姿势一致性效应以及先前触摸对随后行为的跨情境影响。

3.1　触摸屏效应

当前数码时代下,互联网及相应技术允许消费者不用实际触摸产品,仅仅通过和移动设备的界面互动就能完成购买。根据电脑设备界面上产品的可触摸程度,目前的电脑设备界面主要分为两类:可直接触摸的界面(如触摸板、触摸屏、可穿戴设备)和不可直接触摸的界面(如键盘、鼠标、遥控器)(Brasel and Gips, 2014;Shen et al., 2016)。作为产品触觉领域的第一篇界面研究,Brasel 和 Gips(2014)探讨了哪一类界面(可直接触摸界面 vs. 不可直接触摸界面)会增加产品估价。他们发现,在可触界面上浏览产品会导致消费者对产品产生更强的拥有者身份感知和更高的估价,并且这一现象受到产品触觉属性重要性和界面拥有者身份感知的调节。围绕 Brasel 和 Gips (2014)的开创性研究,近年来学者们从下述不同视角推进了触摸界面研究。由于这些研究关注了可触摸界面和不可触摸界面在影响结果上的差异,本文将这些研究归类为触摸屏效应研究。

3.1.1 直接触摸—享乐选择效应

当消费者通过触摸屏触摸产品(vs. 通过鼠标点击产品)时,会倾向于做实用选择(选择在认知上具有优越性的选项,如水果沙拉)还是享乐选择(选择在情感上具有优越性的选项,如巧克力蛋糕)呢?Shen 等(2016)的研究给出了回答:触摸屏促进享乐选择,因为直接触摸屏增加了行动准备;但是当触摸屏上产品选择键和产品图片距离远时,这一现象消失。随后学者复制了这一结论,并提供了其他中介和调节解释。比如,Chung 等(2018)报告,相比鼠标购物,触摸屏购物会让消费者对低卷入产品在情感上高卷入,并因此体验到积极情感,选择享乐品。Zhu 和 Meyer(2017)发现,直接触摸界面增加享乐选择的原因在于,直接触摸界面激发了与享乐品偏好相对应的体验式(experiential)思维方式,而不可触摸界面激发了与实用品相对应的理性(rational)思维方式。而 Shen 等(2019)发现,直接触摸界面增加享乐品选择的背后机理是,直接触摸界面激活了消费者的享乐寻求心智。Wang 等(2019)从另一视角推进了上述研究。他们发现,直接触摸界面增加享乐品偏好的现象在圆形触摸屏(vs. 棱形触摸屏)上更为明显,因为圆形触摸屏激发了消费者的愉悦感。

3.1.2 直接触摸—低风险产品购买效应

消费者会在哪个界面上购买低价格、低风险产品?学者们从不同视角对这一问题进行了解答。比如,De Hann 等(2018)报告,对于高风险、高价格产品,消费者倾向于从手机端转向电脑端购买。Hubert 等(2017)也报告,当消费者购买产品时感知到高财务风险、高产品性能风险以及高产品安全风险,他们对手机端购物 APP 的有用性感知降低,接纳程度也相应变低。国内学者黄敏学和王薇(2019)通过二手数据法和实验法也发现类似结果:对于低价格产品,手机端界面比台式电脑端界面会激发更多的体验式思维,进而导致短决策时间(即低延迟选择倾向);而对于高价格产品,手机端比电脑端会激发更多的理性思维,进而导致更长的决策时间。这表明,只有对低价格产品,直接触摸界面才会导致快决策。可见,直接触摸界面适合呈现和出售低价格、低风险的惯性购买产品。

3.1.3 直接触摸—销量增加效应

整体而言,学者们的发现趋于一致:让消费者使用手机端界面购物比让其使用键盘鼠标端界面购物,会促使产品销量的增加(如 Wang et al., 2015;Wang et al., 2019)。例如,Wang 等(2015)对美国一家大型连锁店 2011 年 7 月至 2013 年 6 月的订单数据进行了分析。他们发现,与使用不能触摸产品图片的台式电脑端界面购物的订单相比,使用直接触摸界面(如手机、平板等)购买的订单数量更多、购买频率更高,且订单的产品类型多属于经常购买的惯性产品。类似的,Wang 等(2019)通过比较消费者在手机端和键盘端进行信息搜寻时输入的关键词后发现,手机端搜寻会比键盘端搜寻增加产品的直接销量。

3.1.4 直接触摸—关注可行性效应

当消费者可以通过屏幕直接触摸产品(vs. 通过鼠标点击产品)时,他们会关注产品的哪类属性呢?少数学者对此加以探究。比如,Peng 等(2017)基于解释水平理论提出,与点击鼠标相比,直接触摸屏幕时,消费者由于离产品的空间距离更近,对产品的表征会更为具体(vs. 抽象),这使他们浏览产品时关注产品的可行性属性(如房子的灵活搬入时间)胜过渴望性属性(如房子的大居住空间)。

3.1.5 直接触摸——触感感知效应

通过前文对触觉的具身效应这一传统研究的介绍可以看出，产品或物体自身的触觉属性特征会影响个体的产品推断和情境决策。那么线上购买产品时，消费者和产品的触觉互动方式是否也会引发具身效应呢？一些学者关注了这一问题。比如，Chung 等（2016）发现，对于同一个在触感上具有柔软特征的产品，触摸屏使用者(vs. 鼠标使用者)对产品的坚硬感知更强。无独有偶，Liu 和 Jiang（2020）也有类似发现：对于同一个产品，用触摸屏触摸(vs. 用鼠标等遥控设备点击)会降低消费者对该产品的触感柔软感知和粗糙感知。综上，对于一个以触感属性为核心卖点的产品，放在手机端、平板端 App 上出售会弱化消费者对产品核心卖点的感知。

3.2 手写效应

当前，人们输入书面语言的方式主要有三类：手拿普通笔在纸上写字、手拿智能笔在界面上写字以及键盘敲字。这三类书面语言的输入方式会不会对消费者的认知、偏好和行为产生影响？近年来，学者们探究了这一问题并得出了相对一致的结论：用笔写字要比用键盘敲字会让消费者更有创造力、更富同情心，而且在纸上写字要比在屏幕上写字会促进计划购买（Oviatt et al.，2012；Huang and Yang，2018）。本文将这一研究主题称为手写效应。具体而言，Oviatt 等（2012）对比了被试用键盘敲字和用笔在界面上写字时在形成想法的流畅程度和新颖程度上的差异。他们发现，用笔在界面上写字要比用键盘敲字更有助于创新性科学想法的形成和问题解决，因为前者激活了更多的非语言型沟通的流畅度。类似的，Tassiello 等（2018）也报告了手写的好处。他们通过对比游客在旅游网站上写的评论（包含用智能笔写的评论和用键盘敲的评论）后发现，相比用键盘敲字，用智能笔写评论会增加游客的同情心，最终会减少负面评论和极端评论的出现。此外，Huang 和 Yang（2018）对传统手写的纸质版购物清单和在智能设备上输入的数码购物清单进行了比较。他们发现，纸质版购物清单上产品的享乐特征低、种类更多，而且消费者在纸上手写(vs. 在智能设备上打字)购物清单后，会进行更多的计划内购买和更少的享乐消费；内在机制是消费者在手写时投入的心理资源比打字更多，对目标的承诺程度也相应更高。目前，这一新主题才处于起步阶段，值得学术界深入挖掘。

3.3 手抓效应

用手抓物体的方式会不会影响物体感知和评价呢？近年来少数学者关注了这一话题。本文将这些研究称为手抓效应。对于从口摄入的产品尤其是食物，人们通常有两种进食方式：用手直接抓，或借助餐具。Madzharov（2019）比较了这两种进食方式在影响结果上的差异。他发现，对于高自我控制者，相比借助刀叉等餐具进食，用手直接抓食物会增加这类消费者对食物的感官属性的关注和享乐属性的积极评价，进而增加进食量；而对于低自我控制者，这一手抓效应不存在。由于用刀叉吃食物时，消费者会把更多注意力放在食物上，从而有可能导致高自我控制者看到食物时激活更多节食动机，这也会降低进食量，但 Madzharov（2019）的实验排除了这一备择解释。

此外，有极少数学者关注了消费者和触摸屏互动时手抓触摸屏的动作是否会影响消费者感受。比如，国内学者张计划、陈晓健和谭铭（2020）发现，当用户和触摸屏互动时，相比点击触摸屏，滑动触摸屏可以增加运动流畅性感知，进而增加用户在线沉浸体验。未来研究还可以探究其他触摸动作（如推式动作 vs. 拉式动作，满手触摸 vs. 特定手指触摸等）是否会影响消费者对触摸屏上产品的感知和态度。

3.4　产品特征—手部姿势一致性效应

产品特征和手部特征会不会共同塑造人们对物体的偏好？近年来学者们围绕该问题进行了探讨。这形成了产品特征—手部姿势一致性效应这一新研究方向。这类研究起始于 Tucker 等学者开展的反应时实验。具体而言，Tucker 和 Ellis（1998）发现，当被试看到的目标物体的朝向和自己手部动作一致时（如物体朝向被试右手，而被试的右手也做好了按键或旋转准备），被试在物体识别任务上的反应速度更快。随后，心理学者 Ping 等（2009）进一步拓展了 Tucker 和 Ellis（1998）的研究。他们发现，人们会觉得视觉上朝向自己（vs. 远离自己）的物体更容易抓；这种容易体验促使人们对该类物体自发地产生强烈偏好。尽管 Ping 等（2009）并没有关注物体朝向对物体偏好的影响是否会受到手部特征（如手是否做好准备）的调节，但根据 Tucker 等学者的上述研究，可以推测：当物体视觉朝向和手部特征一致（vs. 不一致）时，人们会潜意识地对物体产生好感和偏爱。

营销学者 Elder、Shen、Eelen 等在产品触觉领域验证了上述推测，并在中介机理和影响结果上进行了拓展。具体而言，Elder 和 Krishna（2012）发现，当食物的勺子和被试未被占用的手的方向一致时，被试头脑中产生了更多的手抓物体的心理模拟，进而对食物的购买意愿更高。类似的，Shen 和 Sengupta（2012）报告，当消费者评估目标产品时，相比非优势手被占用，优势手（即经常拿物体的手，比如右利手者的右手）被占用会降低其对目标产品的评价；这是因为消费者感到自己很难在头脑中进行手抓物体的心理模拟。Eelen 等（2013）进一步探究了产品视觉朝向和产品选择及产品吸引力感知间因果关系的调节变量（如手部灵活性、认知负荷等）。Pecher 和 Dantzig（2016）对上述研究开展了复制实验，尽管没有复制产品视觉朝向和优势手是否被占用会共同影响产品购买意愿这一结论，但 Papies 等（2017）认为被试有没有带着评估任务来看图片可能解决这些研究之间的争议。

需要说明的是，新近发表在 *Journal of Marketing Research* 上的一篇文章对上述研究作了进一步推进，并发现了下述有趣的研究结论：对于很多难以触摸的产品（如挂在墙上的画作）和服务等，通过在这些难以触摸的服务和产品旁放置容易触摸的触觉线索（如带柄的刷子）就能增加消费者对这些服务和产品的购买；这一现象在放置的触觉线索和消费者的优势手在同一侧时存在（Maille et al.，2020）。综上，产品特征—手部姿势一致性效应整体而言还是稳定的，可以被多个研究复制。

3.5　先前触摸对随后行为的跨情境影响

产品触觉领域近几年出现的最后一个新研究方向是先前触摸对随后行为的跨情境影响。这一方向是对产品触摸领域传统研究的延展，缘起于 Streicher 和 Estes（2015）的发现：先前抓（vs. 不抓）一个熟悉品牌的产品（如可口可乐瓶）会促进消费者随后对该品牌的视觉识别、品牌记忆和再认、品牌考虑和选择。但是关于这一现象背后的内在机制，

Streicher 和 Estes（2015）并没有提假设和做验证。Streicher 和 Estes（2016）进一步拓展了他们在 2015 年的研究，并提供了更为明确的机制解释和边界条件的预测。具体而言，Streicher 和 Estes（2016）报告，先前触摸（vs. 不触摸）一个源产品会促进消费者在随后情境中对其他在视觉特征上与该源产品相似的目标产品的选择（但不会增加价格支付意愿）；因为先前触摸促进了消费者对随后遇到的目标产品的视觉流畅性感知；但这一现象仅在随后遇到的目标产品在视觉上排列拥挤（vs. 排列稀疏）时以及在消费者的工具型触摸需求高（vs. 低）时更为明显。除了先前触摸促进视觉相似产品的选择外，国内学者柳武妹等（2018）还检验了先前有无触摸一个在视觉外观上与消费者预期不一致的新产品（如一款视觉极度新奇的鼠标），是否会影响消费者在随后情境中对另一个视觉外观极度不一致的目标新产品（如一款视觉极度新奇的手表）的评价和选择。他们的研究证实了这一现象的存在，并发现近学习迁移和不一致解决是内在机制。需要说明的是，Streicher 和 Estes（2016）关注的先前触摸的源产品和随后评估的目标产品在视觉外观上具有相似性，而柳武妹等（2018）关注的先前触摸的源产品和随后评估的目标产品属于不同品类，因此在视觉外观上完全不具相似性。这就表明，先前触摸促进随后产品识别和选择的效应可以脱离视觉相似性这一限制条件。

在上述先前触摸导致的跨情境研究中，消费者并没有感受到由禁止触摸源产品而引发的心理抗拒体验。当先前禁止触摸诱发了心理抗拒体验时，消费者又会如何应对呢？有少数产品触觉研究对这一问题进行了探究。Otterbring（2016）发表在 *Food Quality and Preference* 上的文章探究了橱柜展示这类禁止触摸的策略对消费者店内产品购买意愿、购买数量和购买金额的影响。他发现，消费者在店铺内浏览产品时被限制触摸（vs. 鼓励触摸）某产品会增加消费者随后对其他产品的购买数量、支付金额以及对更昂贵产品的购买。Ringler 等（2019）也报告了类似发现：当消费者先前不被店员允许触摸（vs. 允许触摸）所浏览的产品时，消费者会感受到强烈的心理抗拒，并产生对随后遇到的其他产品的触摸和花销。

可见，先前触摸的跨情境影响这一新研究主题的目前研究表明，先前触摸（vs. 不触摸）一个源产品会促进（降低）消费者对随后遇到的目标产品的识别、评估和选择；但先前不让触摸（vs. 让触摸）目标产品，反而会增加（降低）消费者对随后遇到的其他产品的触摸和购买。

综上，上述五大研究主题的前四个都关注数码时代下的互动方式（触摸哪个媒介、如何触摸、如何抓取等）对消费者的产品感知、产品态度和产品相关购买行为的影响。最后一个则另辟蹊径，关注先前是否触摸产品实物的跨情境影响。这些新主题均是对传统产品触觉研究的推进。

4. 产品触觉领域新研究主题的理论机制

究竟产品触觉领域近年来涌现的新研究主题背后的理论机制是什么？对这些看似分散的研究主题背后的共通性理论机制的探讨，有助于学者们对产品触觉这一领域建立全局性认识，并做出更多推进。本文认为，这些新研究主题都可以通过下述视角解释：基本需求和动机的驱使、元认知体验（主要是容易体验和流畅体验）、心理模拟以及具身认知 vs. 概念激活。

4.1　基本需求和动机的驱使

4.1.1　追求享乐的动机

解决问题和追求享乐是驱动消费者各类消费背后的最基础动机（Holbrook and Hirschman，1982）。基于这一观点，Peck 和 Childers（2003b）认为，消费者的触摸产品行为在本质上也受到这两类动机的驱使。具体而言，以解决问题为动机的工具型触摸是为了获取产品信息，进而为产品评估和购买提供依据；而以追求愉悦为动机的享乐型触摸和购买目标并无关联，仅为了获得愉悦的感官体验（Peck and Childers，2003a，2003b）。本文认为，产品触觉领域的直接触摸—享乐选择效应可以用享乐型触摸需求得到满足来解释。这是因为，相比使用不可触摸的界面（如键盘、鼠标），当消费者使用可触摸的界面（如平板屏幕、手机屏幕）来浏览产品图片时，会体验到更多的积极情感（Chung et al.，2018；Shen et al.，2019）。因此，使用可触界面（vs. 不可触界面）更能满足消费者的享乐动机及相应的享乐型触摸需求，进而增加其选择和享乐动机相匹配的享乐品，而非和解决问题动机相一致的实用品。

4.1.2　控制环境的动机

控制外在环境是人类行为的基本动机之一（Burger and Cooper，1979）。触摸产品可以帮助消费者对产品施加身体控制（Peck et al.，2013），进而满足消费者对环境的控制感（柳武妹等，2016）。因此，当消费者不被允许购前触摸产品时，会感到自由被剥夺，进而产生心理抗拒和触摸寻求行为。这可以解释为何先前不触摸产品会增加消费者随后对其他产品的购买（Ringler et al.，2019），还可以解释直接触摸—低风险产品购买效应和直接触摸—销量增加效应。具体而言，使用可触摸的界面（vs. 不可触摸的界面）浏览产品图片时，消费者会感到自己对图片中产品的控制感更强。产品高控制感会增加产品的拥有者身份感知（Peck and Shu，2009；Peck et al.，2013），后者会进一步导致产品高支付意愿（Liu et al.，2017；Peck and Shu，2009）。因此，触摸屏满足了消费者的控制环境（尤其是环境中的产品）动机，进而导致产品购买和产品销量的增加。

4.2　元认知体验

元认知体验（meta-cognitive experience），指伴随认知活动而产生的有意识的认知体验与情感体验（Flavell，1979）。它是元认知（即对认知的认知）的一个重要成分（Flavell，1979）。元认知体验包含容易体验和流畅体验（Schwarz，2004）。这两类体验都可以解释产品触觉领域的一些新研究主题。

首先，容易体验构成了直接触摸—享乐选择效应、手抓效应、产品特征—手部姿势一致性效应背后的理论机制。人们喜欢去做容易的事情，也喜欢那些通过身体容易获取的事物（Ping et al.，2009）。而触摸产品或产品图片意味着消费者需要用手来接近产品或图片。遵循这一思考逻辑，在下述两种情况下，消费者会感到自己的身体（主要是手部）容易接近产品，进而会对产品或产品图片自发地产生享乐情感。第一种情况是，产品或产品图片自身离手部近，这就使消费者获取产品比较容易。这可以解释为何触摸屏效应这类研究会发现，相比通过键盘或鼠标点击产品图片，通过触摸屏直接触摸产品图片会增加产品（尤其是享乐品）偏好和选择。也可以解释为何手抓效应这类研究会报告手抓食物比用餐具吃食物会增加高自控者的进食量。第二种情况是，消费者接触产品的身体部位（主要是手部）未被占用，因此获取产品比较容易。这可以解释产品特征—手部姿势一致性效应这类研究的发现（准备抓物体的手被占用会降低产品评价）。

其次，流畅体验也构成了先前触摸的跨情境影响以及手写效应的理论基础。重复暴露会增加流畅性感知（Janiszewski and Meyvis，2001；Shen and Rao，2016）。这就可以解释先前产品触摸的跨情境影响这类研究为何会发现：当消费者先前触摸了一个与目标产品相似的源产品时，消费者在随后碰到目标产品时增加目标产品偏好和选择。此外，用笔在纸上或屏幕上写想法要比用键盘敲打想法更加流畅和不受约束（Oviatt et al.，2012），因此手写效应这类研究会发现用笔写字比用键盘敲字更有助于创新想法形成。另外，滑动要比点击屏幕更具连续性和流畅性（张计划等，2020），因此滑动屏幕比点击屏幕更会增加用户沉浸体验（张计划等，2020）。

4.3　心理模拟

心理模拟（mental simulation），指对一个或一系列事件模仿性的情境表征（Taylor 等，1998）。这种模仿性的情境表征与对一般或抽象概念的语义表征恰好相反，是对一些真实的或假设的事情的细节表征（Szpunar et al.，2014）。人们对物体的心理模拟可以引发人们对物体的认知（Barsalou，2008）。心理模拟可以解释产品触觉领域一些新研究主题所提的观点。比如，产品特征—手部姿势一致性效应这类研究报告，容易用手抓产品的心理模拟中介了手部姿势与产品朝向间的一致性对产品评价的影响（如 Elder and Krishna，2012；Shen and Sengupta，2012）。又比如，通过对触摸屏效应的直接触摸—享乐选择效应的研究发现，直接触摸增加了消费者与产品的互动模拟，进而促进享乐选择（如 Shen et al.，2016）。

4.4　具身认知 vs. 概念激活

人们的认知来源于身体感受，而身体感受自身构成了认知的一部分，这是具身认知说持有的观点（Barslou，2008）。触觉体验作为身体感受的一部分，会对人们的认知和判断产生影响（Krishna，2012）。因此，学者们已经围绕消费者触觉领域中触摸的具身效应研究结论背后的具身认知机制做了梳理和解释（如魏华、段海岑、周宗奎，2018），本文不再赘述。但概念激活说认为，身体感受对认知判断的影响需要通过概念（或语义）网络的激活来实现（如 Landau et al.，2010）。触觉体验影响消费者认知和判断的内在机理，究竟是较为直接的具身认知还是较为间接的概念激活，Zhang 和 Li（2012）进行了实证检验。具体而言，Zhang 和 Li（2012）发现，手提重物并不能直接让被试形成重要性判断，相反需要通过"重—重要性"这一概念网络的激活来实现。这一概念激活说可以解释触摸屏效应这一研究主题为何会发现圆形触摸屏比棱形触摸屏更会增加享乐选择（因为圆形比棱形更能激活圆满和相应的愉悦感这一语义概念）。而心理模拟和元认知体验可以共同解释产品特征—手部姿势一致性效应。

上文论述了产品触觉领域的五大新研究主题背后的理论机制。出于清晰的考虑，我们对每一理论机制如何发挥作用逐一阐释，但这四种机制并非独立作用。相反，它们之间可能会联合发挥作用，共同解释这五大新主题的一些实证发现。比如，直接触摸—享乐选择效应就受到享乐动机、元认知体验、心理模拟的共同作用。

结合前文内容，得出如图 1 所示的产品触觉研究框架。图 1 不仅是对前文各部分的形象概括，也展示了它们之间的逻辑关系。

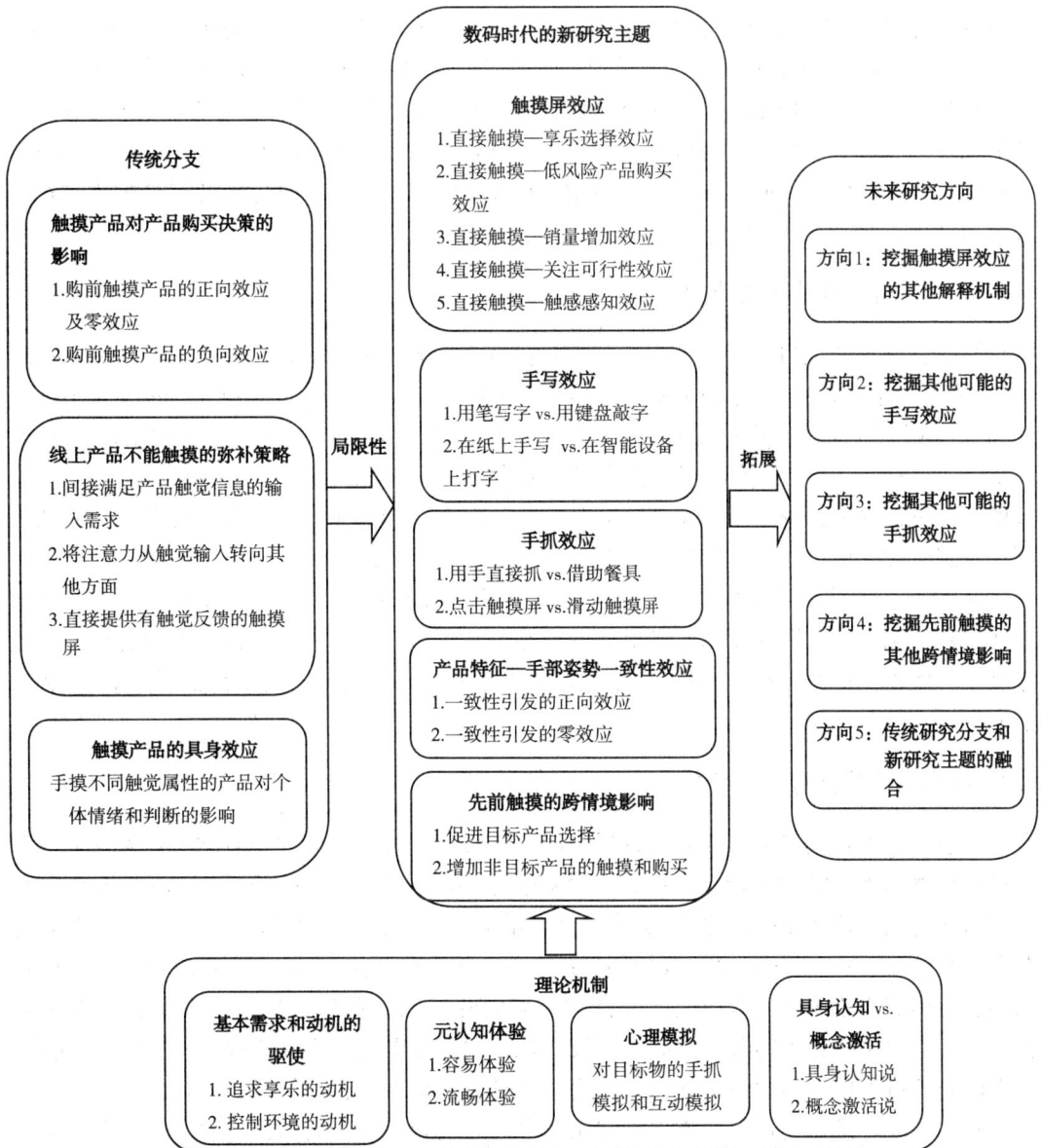

图 1　产品触觉领域的研究框架及其理论机制

5. 产品触觉领域的未来研究展望

根据图 1，本文提出数码时代产品触觉领域有潜力的研究方向如下。

5.1 挖掘触摸屏效应的其他解释机制

触摸屏效应的研究尽管已经相对丰富，但这些研究的理论机制重点聚焦于享乐需求、元认知体验和心理模拟上。未来学者可以探究归属需求是否可能的调节变量和中介机制。研究指出，触摸代表亲密（Thayer，1986），因而人际触摸程度是人际亲密的函数（Monsour，1992）。这意味着，缺乏人际触摸的个体也会缺乏亲密的人际关系，进而会感受到孤独、失落等消极情绪。由于直接触摸—享乐选择效应发现，与通过鼠标或键盘点击产品图片相比，直接触摸触摸屏上的图片会增加愉悦感，进而增加享乐选择（Chung et al.，2018；Wang et al.，2019）。本文推测：缺乏（vs. 拥有）人际触摸的个体更加喜欢用柔软触摸屏（vs. 坚硬触摸屏）购物，满足归属需求是内在机制。

5.2 挖掘其他可能的手写效应

目前，手写效应研究尚处于起步阶段。仅有为数不多的研究报告在屏幕上写字和在纸上写字对个体创造力和计划外购买的影响差异（Oviatt et al.，2012；Huang and Yang，2018）。还有少数研究关注在屏幕上写评论和通过键盘写评论对评论极端性的影响差异（Tassiello et al.，2018）。鉴于目前消费者主要在屏幕、键盘和白纸这三种载体上写字，未来研究还可以继续探究不同写字载体对消费者心理和行为的影响。比如，可以探究在纸上写品牌想法和在屏幕上写品牌想法对品牌态度的影响。Shen 和 Sengupta（2018）发现，说一个品牌名字比写一个品牌名字更会增加消费者的品牌依恋。而 Zhu 和 Meyer（2017）报告在屏幕上浏览产品图片比通过键盘浏览产品图片会激发更多的体验式思维和更少的理性思维。由此本文推测，相比在屏幕上直接写品牌想法，通过键盘写品牌想法会降低品牌依恋。

5.3 挖掘其他可能的手抓效应

目前，手抓效应研究非常有限且近一两年才被学者关注。为数不多的研究探究了用手直接抓食物和借助餐具是否会影响高自我控制者的进食量（Madzharov，2019）。未来研究还可以探究用经常使用的优势手（如右利手者的右手）抓食物和用非优势手（如右利手者的左手）抓食物是否也会影响高自我控制者的进食量和进食愉悦感知。本文推测，当高自我控制者使用非优势手（vs. 优势手）进食时，他们的注意力会从施加自我控制转向抓紧食物，这时会由于注意力的转移而放松自我控制，最终增加进食量和进食愉悦感知。此外，未来研究还可以探究用代表不同饮食文化的餐具进食是否会影响消费者对食物来源地和文化属性的推测。具体而言，西方饮食文化中常用刀叉吃食物，而东方饮食文化中常用筷子吃食物。因此本文推测，当消费者手拿刀叉（vs. 筷子）吃牛排时会觉得牛排产自西方国家（vs. 东方国家），牛排的西方文化特征（vs. 东方文化特征）更明显。但是，当消费者用拿筷子的姿势拿刀叉时，这一效应会消失，因为流畅性元认知体验降低。

5.4 挖掘先前触摸的其他跨情境影响

消费者先前触摸产品是否影响他们在随后另一情境中的消费行为，是一个非常值得挖掘的研究方向。先前触摸产品分为两类情况：先前有无触摸产品；先前是否被允许触摸产品。先前触摸产品和先前没有触摸产品之间的区别在于是否有触觉体验。因此，本文推测相比先前没有触摸产品，先前触摸产品会降低消费者对产品质量的不确定性感知、增加对产品的熟悉度、降低对产品的好奇心（尤其是新颖的产品）。这些心理感知都会影响他们在随后情境中的消费行为。比如，本文推测，先前触摸产品降低了产品不确定性感知，进而会增加消费者在随后情境中的风险寻求行为。针对第二类情况（先前是否被允许触摸产品），本文推测，相比先前被允许触摸产品，先前不被允许触摸产品时，消费者会出于反抗而增加对产品的吸引力感知。

5.5 传统研究分支和新研究主题的融合

上文提出触摸产品对产品购买决策的影响这类传统研究的局限性，以及对触摸屏效应这一新研究主题的梳理，可以看出，这两块研究都无法回答究竟用手直接触摸产品实物和使用触摸屏点击产品图片时，消费者的产品评估和购买决策是否会发生变化这一问题。未来研究可以探究用手直接触摸产品实物、触摸打印出的产品图片和触摸 iPad 等触摸屏上的产品图片之间在影响消费者情感、认知和产品偏好上的差异。这些差异的探讨对产品的广告媒介选择（触摸屏 vs. 纸质版报纸）、零售渠道的选择（线下 vs. 线上）都能提供理论启示。

◎ 参考文献

[1] 丁瑛, 官秀双. 社会排斥对产品触觉信息偏好的影响及其作用机制 [J]. 心理学报, 2016, 48 (10).

[2] 黄静, 郭昱琅, 王诚, 等. "你摸过, 我放心!"在线评论中触觉线索对消费者购买意愿的影响研究 [J]. 营销科学学报, 2015 (1).

[3] 黄静, 刘洪亮, 刘如建. 物质属性产品图片的展示距离对产品评价的影响——虚拟触觉感知视角 [J]. 珞珈管理评论, 2020 (4).

[4] 黄敏学, 王薇. 移动购物更快吗? 决策场景与思维模式的相容性 [J]. 心理学报, 2019, 51 (5).

[5] 柳武妹, 王海忠, 王静一. 消费行为领域的触觉研究: 回顾、应用与展望 [J]. 外国经济与管理, 2014, 36 (4).

[6] 柳武妹, 王静一, 邵建平. 消费者触摸渴望的形成机制解析——基于认知体验视角 [J]. 心理学报, 2016, 48 (4).

[7] 柳武妹, 雷亮, 李志远, 等. 触摸, 还是不触摸? 先前触摸促进新产品接受 [J]. 心理学报, 2018, 50 (7).

[8] 魏华，段海岑，周宗奎. 具身认知视角下的消费者行为[J]. 心理科学进展，2018，26（7）.

[9] 张计划，陈晓健，谭铭. 点击还是滑动？移动端翻页动作对用户在线沉浸感强度的影响研究[J]. 外国经济与管理，2020，42（2）.

[10] 钟科，王海忠，杨晨. 感官营销研究综述与展望[J]. 外国经济与管理，2016，38（5）.

[11] Ackerman, J. M., Nocera, C. C., Bargh, J. A. Incidental haptic sensations influence social judgments and decisions[J]. Science, 2010, 328(5986).

[12] Barsalou, L. W. Grounded cognition[J]. Annual Review of Psychology, 2008, 59(1).

[13] Brasel, S. A., Gips, J. Tablets, touchscreens, and touchpads: How varying touch interfaces trigger psychological ownership and endowment [J]. Journal of Consumer Psychology, 2014, 24(2).

[14] Burger, J. M., Cooper H. M. The desirability of control[J]. Motivation and Emotion, 1979, 3.

[15] Chung, S., Chakravarti, A., Zwick, R. It feels softer than it looked: Contrast-priming effects of touch-screen users in multi-channel shopping[C]//NA-Advances in Consumer Research Volume 44, eds. Page Moreau and Stefano Puntoni, Duluth, MN: Association for Consumer Research, 2016.

[16] Citrin, A. V., Stem, D. E., Spangenberg, E R., et al. Consumer need for tactile input an internet retailing challenge[J]. Journal of Business Research, 2003, 56 (11).

[17] De Haan, E., Kannan, P. K., Verhoef P. C., et al. Device switching in online purchasing: examining the strategic contingencies[J]. Journal of Marketing, 2018, 82(5).

[18] Eelen, J., Dewitte, S., Warlop, L. Situated embodied cognition: Monitoring orientation cues affects product evaluation and choice[J]. Journal of Consumer Psychology, 2013, 23 (4).

[19] Elder, R., Krishna, A. The visual depiction effect: Inducing embodied mental simulation that evokes motor responses[J]. Journal of Consumer Research, 2012, 38(6).

[20] Ert, E., Raz, O., Heiman, A. (Poor) Seeing is believing: When direct experience impairs product promotion [J]. International Journal of Research in Marketing, 2016, 33 (4).

[21] Flavell, J. H. Metacognition and cognitive monitoring: A new area of cognitive-developmental inquiry[J]. American Psychologist, 1979, 34(10).

[22] Grohmann, B., Spangenberg, E. R., Sprott, D. E. The influence of tactile input on the evaluation of retail product offerings[J]. Journal of Retailing, 2007, 83(2).

[23] Guéguen, N. The effect of a woman's incidental tactile contact on men's later behavior[J]. Social Behavior and Personality, 2010, 38 (2).

[24] Hadi, R., Valenzuela, A. Good vibrations: Consumer responses to technology-mediated haptic feedback[J]. Journal of Consumer Research, 2020, 47(2).

[25] Hattula, J., Herzog, W., Dhar, R. When touch interfaces boost consumer confidence: The

role of instrumental need for touch[M]//NA-Advances in Consumer Research, Volume 45, eds. Ayelet Gneezy, Vladas Griskevicius, and Patti Williams, Duluth, MN: Association for Consumer Research, 2017.

[26] Holbrook, M., Hirschman, E. C. The experiential aspects of consumption: Consumer fantasies, feelings, and fun[J]. Journal of Consumer Research, 1982, 9(2).

[27] Huang, Y., Yang, Z. Write or Type? How a paper versus a digital shopping list influences the way consumers plan and shop[J]. Journal of the Association for Consumer Research, 2018, 3(3).

[28] Hubert, M., Blut, M., Brock, C., et al. Acceptance of smartphone-based mobile shopping: Mobile benefits, customer characteristics, perceived risks, and the impact of application context[J]. Psychology & Marketing, 2017, 34(2).

[29] Huyghe, E., Verstraeten, J., Geuens, M., et al. Clicks as a healthy alternative to bricks: How online grocery shopping reduces vice purchases[J]. Journal of Marketing Research, 2015, 54(1).

[30] Janiszewski, C., Meyvis, T. Effects of brand logo complexity, repetition, and spacing on processing fluency and judgment[J]. Journal of Consumer Research, 2001, 28(1).

[31] Jin, S. V., Phua, J. The moderating effect of computer users' autotelic need for touch on brand trust, perceived brand excitement, and brand placement awareness in haptic games and in-game advertising (IGA)[J]. Computers in Human Behavior, 2015, 43.

[32] Krishna, A. An integrative review of sensory marketing: Engaging the senses to affect perception, judgment and behavior[J]. Journal of Consumer Psychology, 2012, 22(3).

[33] Krishna, A., Elder, R. S., Caldara C. Feminine to smell but masculine to touch? Multisensory congruence and its effect on the aesthetic experience[J]. Journal of Consumer Psychology, 2010, 20(4).

[34] Krishna, A., Schwarz, N. Sensory marketing, embodiment, and grounded cognition: A review and introduction[J]. Journal of Consumer Psychology, 2014, 24(2).

[35] Landau, M. J., Brian, P. M., Lucas, A. K. A metaphor-enriched social cognition[J]. Psychological Bulletin, 2010, 13 (6).

[36] Liu, Y., Zang, X., Chen, L., et al. Vicariously touching products through observing others' hand actions increases purchasing intention, and the effect of visual perspective in this process: An fMRI study[J]. Human Brain Mapping, 2018, 39(1).

[37] Liu, Y., Jiang, Z. Harder and smoother on touchscreens? How interaction mode affects consumer product judgment[C]//Proceedings of the 53rd Hawaii International Conference on System Sciences, 2020.

[38] Liu, W., Batra, R., Wang, H. Product touch and consumers' online and offline buying: The role of mental representation[J]. *Journal of Retailing*, 2017, 93(3).

[39] Madzharov A. V. Self-control and touch: When does direct versus indirect touch increase hedonic evaluations and consumption of food[J]. Journal of Retailing, 2019, 95(4).

[40] Maille V., Morrin M., Reynolds-McIlnay R. On the other hand…: Enhancing promotional effectiveness with haptic cues[J]. Journal of Marketing Research, 2020, 57(1).

[41] Marlow, N. & Jansson-Boyd, C. V. To touch or not to touch: that is the question. Should consumers always be encouraged to touch products, and does it always alter product perception? [J]. Psychology & Marketing, 2011, 28(3).

[42] McCabe, D. B., Nowlis, S. M. The effect of examining actual products or product descriptions on consumer preference[J]. Journal of Consumer Psychology, 2003, 13(4).

[43] Meyers-Levy, J., Zhu, J. R., Jiang, L. Context effects from bodily sensations: Examining bodily sensations induced by flooring and the moderating role of product viewing distance [J]. Journal of Consumer Research, 2010, 37(1).

[44] Monsour, M. Meanings of intimacy in cross- and same-sex friendships[J]. Journal of Social and Personal Relationships, 1992, 9.

[45] Otterbring, T. Touch forbidden, consumption allowed: Counter-intuitive effects of touch restrictions on customers' purchase behavior. Food Quality and Preference, 2016, 50.

[46] Oviatt, S., Cohen, A., Miller, A., et al. The impact of interface affordance on human ideation, problem solving and inferential reasoning[J]. ACM Transactions On Computer Human Interaction, 2012, 19(3).

[47] Papies, E. K., Best, M., Gelibter, E., et al. The role of simulations in consumer experiences and behavior: insights from the grounded cognition theory of desire[J]. Journal of the Association for Consumer Research, 2017, 2(4).

[48] Pecher, D., Dantzig, S. V. The role of action simulation on intentions to purchase products [J]. International Journal of Research in Marketing, 2016, 33(4).

[49] Peck, J., Childers, T. L. To have and to hold: The influence of haptic information on product judgments[J]. Journal of Marketing, 2003a, 67(2).

[50] Peck, J., Childers, T. L. Individual differences in haptic information processing: The "Need for touch" Scale[J]. Journal of Consumer Research, 2003b, 30(3).

[51] Peck, J., Childers, T. L. If I touch it I have to have it: Individual and environmental influences on impulse purchasing[J]. Journal of Business Research, 2006, 59(6).

[52] Peck, J., Shu, S. B. The effect of mere touch on perceived ownership[J]. Journal of Consumer Research, 2009, 36 (3).

[53] Peck, J., Barger, V. A., Webb A. In search of a surrogate for touch: The effect of haptic imagery on perceived ownership[J]. Journal of Consumer Psychology, 2013, 23(2).

[54] Peng, X., Wang, X., Teo, H. H. Touch makes you think concretely: The effects of computer interfaces on product evaluation[C]. ICIS 2017 Proceedings, 2017.

[55] Ping, R. M., Dhillon, S., Beilock, S. L. Reach for what you like: The body's role in shaping preferences[J]. Emotion Review, 2009, 1(2).

[56] Pozzi, A. E-commerce as a stockpiling technology: Implications for consumer savings-Science Direct[J]. International Journal of Industrial Organization, 2013, 31 (6).

[57] Ringler, C., Sirianni, N. J., Gustafsson, A., et al. Look but don't touch! The impact of active interpersonal haptic blocking on compensatory touch and purchase behavior[J]. Journal of Retailing, 2019, 95(4).

[58] Ruan, B., Peck, J., Tanner, R., et al. Grip not to slip: how haptic roughness leads to psychological ownership[M]//NA-Advances in Consumer Research Volume 44, eds. Page Moreau and Stefano Puntoni, Duluth, MN: Association for Consumer Research, 2016.

[59] Schwarz, N.. Metacognitive experiences in consumer judgment and decision making[J]. Journal of Consumer Psychology, 2004, 14(4).

[60] Shen, H., Zhang, M., Krishna, A. Computer interfaces and the "direct-touch" Effect: Can ipads increase the choice of hedonic food? [J]. Journal of Marketing Research, 2016, 53(5).

[61] Shen, H., Sengupta, J. If you can't grab it, it won't grab you: The effect of restricting the dominant hand on target evaluations[J]. Journal of Experimental Social Psychology, 2012, 48(2).

[62] Shen, H., Sengupta, J. Word of mouth versus word of mouse: Speaking about a brand connects you to it more than writing does[J]. Journal of consumer research, 2018, 45(3).

[63] Shen, H., Rao, A. Looks good to me: How eye movements influence product evaluation [J]. Journal of Consumer Psychology, 2016, 26 (3).

[64] Shen, L., Wang, L., Zhang, X. Why and when consumers indulge in smartphones: The mental association between smartphones and fun[J]. Cyber Psychology & Behavior, 2019, 22 (6).

[65] Streicher, M. C., Estes, Z. Touch and go: Merely grasping a product facilitates brand perception and choice[J]. Applied Cognitive Psychology, 2015, 29 (3).

[66] Streicher, M. C., Estes, Z. Multisensory interaction in product choice: Grasping a product affects choice of other seen products[J]. Journal of Consumer Psychology, 2016, 26 (4).

[67] Szpunar, K. K., Spreng, R. N., Schacter D. L. A taxonomy of prospection: Introducing an organizational framework for future-oriented cognition[J]. Proceedings of the National Academy of Sciences, 2014, 111 (52).

[68] Tassiello, V., Viglia, G., Mattila, A. S. How handwriting reduces negative online ratings [J]. Annals of Tourism Research, 2018, 73.

[69] Thayer, S. Touch: Frontier of intimacy[J]. Journal of Nonverbal Behavior, 1986, 10 (1).

[70] Tucker, M., Ellis, R. On the relations of seen objects and components of potential actions [J]. Journal of Experimental Psychology: Human Perception and Performance, 1998, 24 (3).

[71] Van, Horen F., Mussweiler, T. Soft assurance: Coping with uncertainty through haptic sensations[J]. Journal of Experimental Social Psychology, 2014, 54.

[72] Wang, R. J., Malthouse, E. C., Krishnamurthia, L. On the go: How mobile shopping affects customer shopping behavior[J]. Journal of Retailing, 2015, 91 (2).

[73] Wang, C., Zhu, R., Handy, T. C. Experiencing haptic roughness promotes empathy [J]. Journal of Consumer Psychology, 2016, 26 (3).

[74] Wang, F., Zuo, L., Yang, Z., et al. Mobile searching versus online searching: Differential effects of paid search keywords on direct and indirect sales [J]. Journal of the Academy of Marketing Science, 2019, 47 (6).

[75] Yazdanparast, A., Spears, N. Can consumers forgo the need to touch products? An investigation of nonhaptic situational factors in an online context [J]. Psychology & Marketing, 2012, 30 (1).

[76] Zhang, M., Li, X. From physical weight to psychological significance: The contribution of semantic activations [J]. Journal of Consumer Research, 2012, 38 (6).

[77] Zhu, Y., Meyer, J. Getting in touch with your thinking style: How touchscreens influence Purchase [J]. Journal of Retailing and Consumer Services, 2017, 38.

Product Touch Research in the Digital Age: New Themes and New Directions

Liu Wumei

(School of Management, Lanzhou University, Lanzhou, 730000)

Abstract: As an emerging research area, product touch research began to emerge in the early 21st century. With the development of haptic technologies in commercial practice and with the emergence of various haptic media over the past 20 years, the decision contexts consumers now face are no longer limited to simply deciding which purchasing channels to choose, but more about which medium to touch (e. g., tablet vs. mouse), how to touch (e. g., dominant hand vs. non-dominant hand; click vs. slide), and where to touch (paper vs. screen), etc. Said differently, the field of product touch has undergone and is undergoing an earth-shaking change in the digital age. This paper is aimed to review product touch research that emerged in the digital age. This first reviews the research limitations of three traditional research branches in the field of product touch, and then introduces five new research topics emerging in this field. Next, this paper elaborates on the theoretical foundations which can explain these five new research topics. This paper is concluded by proposing a theoretical framework of product touch research, and pointing out several valuable new research directions.

Key words: Digital age; Product touch research; New themes; New directions

专业主编：寿志钢

品牌来源国形象对品牌危机溢出效应的影响

——基于消费者归因的视角*

● 王 夏[1] 郭文静[2] 陈立平[3]

（1，2，3 首都经济贸易大学工商管理学院 北京 100070）

【摘 要】品牌危机不仅会对涉事品牌自身造成严重影响，而且还会由于溢出效应对行业内其他竞争品牌产生冲击。本研究旨在从消费者归因的视角出发，系统考查品牌来源国形象作为一种外部线索如何影响品牌危机的溢出效应及其潜在的作用机制。基于三个消费行为实验的研究结果表明，品牌来源国形象通过影响消费者对危机事件进行群体特质问题归因的倾向进而影响品牌危机的溢出效应，而这一机制会受到危机群发性的制约。此外，同行竞争品牌采取价格策略应对溢出效应的有效性同样会受到品牌来源国形象的影响。本文的研究结论不仅有助于拓展有关溢出效应影响因素与产生机制的现有认知，而且也为企业在现实经营中预测及应对品牌危机溢出效应提供了有价值的参考。

【关键词】品牌危机 溢出效应 品牌来源国形象 消费者归因 应对策略

中图分类号：F272.3 文献标识码：A

1. 引言

近年来，随着网络的普及以及社会监督力量的增强，企业在生产经营过程中存在的产品质量缺陷以及责任感与道德缺失等问题相继曝光，并且由于社会舆论的发酵迅速演变为对品牌形象及信誉造成严重损害的品牌危机事件。例如，引起社会公众广泛关注的 2008 年三鹿"毒奶粉"事件，2012 年酒鬼酒塑化剂事件，2014 年福喜"过期肉"事件，2015 年大众汽车在尾气排放测试中造假事件，2016 年三星手机爆炸事件，2017 年迪奥等品牌化妆品被检测出违规添加有害物质事件，2018 年长春长生狂犬病疫苗造假事件，2019 年无印良品矿泉水含致癌物质事件，2020 年宜家所售麦片霉菌超标事件，2021 年特斯拉电动车刹车失灵事件等。这些事件的发生不仅使涉事品牌遭受重挫，而且也对行业内其他品牌

---

* 基金项目：国家自然科学基金青年项目"品牌来源国形象对品牌负面事件溢出效应的影响及其心理作用机制研究"（项目批准号：71902122）。

通讯作者：王夏，E-mail：wangxiapku1@163.com。

乃至整个行业造成不小的冲击。例如，酒鬼酒塑化剂风波使五粮液、茅台等278家国内同行业其他品牌受到牵连，事发当日两市白酒股总市值共蒸发近330亿元。可见，品牌危机具有不可忽视的外部性，正如中国古老谚语所说"城门失火，殃及池鱼"。深入研究品牌危机的溢出效应不仅有助于发掘其产生的原因与规律，而且能为相关企业预测及应对该类事件、避免被动陷入危机提供有价值的参考，具有重要的现实意义。

近年来，品牌危机的溢出效应已成为学术领域探讨的热点话题，然而，以往研究大多集中于探讨危机事件属性、品牌特征以及消费者特征等微观因素对溢出效应的影响，而对于品牌来源国形象优劣等宏观背景因素的潜在影响及其作用机制的探究却相对不足。认知心理学领域的研究表明，为减轻认知负荷，个体总是试图把事物归类以便降低其复杂性，并且通常采用基于直觉的启发式系统对事物做出判断，从而在信息加工时很容易受到外在线索与刻板印象的影响（Kahneman & Frederick，2002）。因此，在网络情境中，尤其是当消费者缺乏动机深入分析危机事件本身以及多个品牌之间的差异时，品牌来源国会成为其进行品牌分类与联想的主要线索（Magnusson et al.，2014；吴剑琳和吕萍，2016）。然而，品牌危机是否仅基于相似性原理向同国其他品牌扩散（Borah & Tellis，2016），还是会受到因品牌联想而激活的来源国形象的影响（韩冰和王良燕，2017；王新刚等，2017），仍有待充分探讨。因此，本研究旨在从消费者认知的视角出发，深入剖析品牌来源国形象这一宏观背景要素会如何影响消费者对危机事件的解读与归因进而影响危机事件的溢出效应。在此基础上，本研究将进一步探讨来源国形象是否还会影响该国竞争品牌应对策略的有效性，从而提供更有针对性的建议，有助于同行竞争品牌在危机事件发酵的特殊时期更好地"对症下药"，化解风险。

2. 文献回顾与研究假设

2.1 品牌危机的溢出效应

品牌危机（brand crisis）通常是指企业经营过程中发生的关于产品、服务或企业整体的负面信息以品牌为识别线索被广泛传播并造成较大破坏性的事件，与之类似的概念还包括品牌丑闻与品牌负面曝光事件（Dahlén & Lange，2006；韩冰和王良燕，2017）。现有研究发现，品牌危机不仅会对涉事品牌造成损害，而且也常对同行品牌造成冲击，导致消费者对类似品牌的态度及购买意愿急剧下跌、信任受损、品牌关系扭曲或断裂等（Dahlén & Lange，2006；Roehm & Tybout，2006；费显政等，2010；汪兴东等，2012；方正等，2013）。这种由于一个主体的某一特征或行为影响到与该主体有一定关系，但本身不具有这一特征或行为的其他主体的现象被称为溢出效应（Ahluwalia et al.，2000）。

现有研究主要提炼出以下三种机制用于解释溢出效应的产生：（1）依据联想网络模型（或称激活扩散模型），当某一品牌出现危机时，消费者会根据品牌间构成的联想网络激活其他与之关联的品牌节点，因此，竞争品牌与涉事品牌之间相似度越高或关联度越强，危机溢出效应也会越强（范宝财等，2014；方正等，2013；Lei et al.，2008；Trump & Newman，2017）。而感知相似性会受到消费者自我建构和思维方式等因素的影响（Lee et al.，2011；Wu et al.，2020）。（2）依据可接近—可诊断模型，溢出效应的产生依赖于两个条件：一是信息的可接近性，这一点与联想网络模型类似；二是信息的可诊断性，即某一品牌危机事件信息能用于判断其他品牌行为的有效程度（Feldman & Lynch，1988）。信息的可诊断性会受到危机事件属性、品牌特征以及消费者特征等三方面因素的影响（Siomkos et al.，2010；汪兴东等，2012；王军等，2015；曾伏娥等，2019）。（3）依据同化—对比效应模型，如果竞争品牌与危机品牌的共同点较多、相似度较高，消费者基于相似性检验会导致同化倾向，从而引发传染型溢出效应；反之，如果两者共同点很少、差异较大，消费者基于相异性检验会导致对比倾向，从而引发对比型溢出效应（Dahlén & Lange，2006；王海忠等，2010）。

总体而言，以往研究对于溢出效应的探讨普遍关注的是微观层面各类因素的作用，较少考虑品牌间国别差异可能造成的影响，因此较难解释为何发展中国家品牌危机频繁波及本国同行品牌，而发达国家品牌危机却很少向该国同行品牌溢出的现象。尽管近年来已有学者意识到此类研究的缺失并对此展开探讨（韩冰和王良燕，2017；王新刚等，2017），但在理论建构（尤其是影响机制、边界条件等方面）以及实证检验方面仍存在很大的探索空间。故此，本研究旨在深入探讨并检验品牌来源国形象这一宏观背景要素对品牌危机溢出效应的影响及其潜在的心理作用机制。

2.2 品牌来源国形象、消费者归因与溢出效应

品牌来源国形象可界定为消费者对来自某特定国家的产品所形成的总体认知，这种认知是消费者在长期经验与知识积累基础上形成的对一国的整体印象（Martin & Eroglu，1993；吴坚和符国群，2007）。由于产品质量的不确定性广泛存在，人们往往倾向于依据外部线索对未知事物进行判断，因此，品牌来源国形象所造成的"晕轮现象"普遍存在，深刻影响着消费者对产品质量的推断以及对品牌的原始态度与购买意愿等（Verlegh & Steenkamp，1998；汪涛等，2012）。在此过程中来源国形象也不断强化，从而成为一种根深蒂固的刻板印象乃至个人信念。关注刻板印象及其作用的大量研究表明，刻板印象的激活是一种自动化加工，即只要呈现某个群体成员的相关线索，与之关联的刻板印象就会自动地、不可避免地激活（Clow & Esses，2007；杨亚平等，2015）。据此，面对突发的品牌危机，品牌来源国这一简明、凸显的外部线索会成为消费者展开品牌联想与归类的依据，品牌来源国形象也会随之激活进而影响消费者对危机事件的解读与归因。然而，以往研究尚未较好地阐释品牌来源国形象这一刻板印象在品牌危机事件情境中是否仍然能发挥作用、促使消费者在接收危机事件信息后仍然维持抑或调整对非涉事品牌的初始态度（韩冰和王良燕，2017）。同时，仅依据刻板印象相关理论也不足以解释消费者如何以及为何调整品牌态度，故此，本研究将结合归因理论深入剖析品牌来源国形象对危机溢出效应的潜在影响及其作用机制。

依据归因理论，当重大或特别（尤其是与自身有关联）的事件发生时，消费者最基本的反应是寻求一定的原因对事件进行解释，而归因将直接导致个体态度与行为的改变（Coombs，2007）。面对品牌危机事件，消费者会对事件责任进行分析从而决定如何对待被曝光的品牌。此外，由于感知风险提升，消费者还需判断其他未被曝光的品牌是否也存

在类似问题，从而决定如何实施品牌转换或品类转换行为（Zhao et al.，2011）。归因的过程会受到个人动机、信念、所得到的信息以及个体所拥有的大众思维理论（lay theory）的影响（Folkes，1988；Klein & Dawar，2004）。正如大众思维理论通常将"好人做坏事"归因为情境问题，而将"坏人做坏事"归因为特质问题或类属性问题（黎岳庭等，2013），本研究推断，当品牌来源国刻板印象自动激活后，消费者对"好"品牌做坏事和"坏"品牌做坏事也会有不同的理解与归因。具体而言，当品牌来源国形象较为消极时，危机事件的发生会强化消费者对来源国的负面刻板印象，使其更倾向于依据类属性思维对危机事件进行群体特质问题归因（闫秀梅等，2010），即将其归因为这个群体共有的特质性因素（例如，某国技术落后、法律不完善、缺乏商业伦理导向、自然环境污染等）而非情境化或偶然的因素，从而促使危机事件对该国同行品牌产生溢出效应。相反，当品牌来源国形象良好时，品牌危机事件会与之形成认知冲突，刻板印象的自动激活能抑制冲突信息加工（Wilder et al.，1996；杨亚平等，2015），或通过影响个体对冲突信息的归因以弱化此类信息的影响（刘晅和佐斌，2006），甚至怀疑信息的真实性（Lyons & Kashima，2003）。因此，消费者在这种情况下倾向于对单一的、偶发的品牌危机进行个体问题归因（例如，企业本身的错误、失误或由情境因素引起的意外等）以维持对来源国形象的固有认知，并减轻效价不一致信息引起的认知失调与紧张感。换言之，良好的来源国形象有助于抑制消费者对危机事件进行群体特质问题归因的倾向，从而有助于削弱危机事件对该国品牌的溢出效应。据此提出以下假设：

H1：品牌来源国形象会负向影响品牌危机对同国别同行品牌的溢出效应，品牌来源国形象越消极，品牌危机对该国同行品牌产生的溢出效应越强。

H2：品牌来源国形象通过消费者（对危机事件进行群体特质问题）归因的中介作用对品牌危机溢出效应产生影响。

2.3 品牌危机群发属性的调节作用

依据事件属性，品牌危机可以进一步区分为单个品牌发生的（即单发型）危机与多个品牌同时发生的（即群发型）危机两种不同的类型。现有研究指出，相对于单发型品牌危机，群发型品牌危机对行业内其他品牌的负面溢出效应更大（汪兴东等，2012；景奉杰等，2012）。而本研究对于群发属性的探讨聚焦于单个品牌危机和多个相同国别品牌同时发生危机这两种不同的类别。对于单个品牌发生的危机事件，如前所述，消费者很容易受到品牌来源国形象这一背景要素的影响从而对引发危机事件的根源问题做出不同的归因，此时，品牌来源国形象将对溢出效应产生较强的影响，表现为良好的（vs. 消极的）来源国形象有助于抑制品牌危机的溢出效应。对于某国多个品牌爆发的群发型危机，由于相同的品牌国别具有明确的指向性，即使原本拥有良好的品牌来源国形象，但群发型危机事件中大量的反刻板印象信息会抑制刻板印象的作用甚至逆转刻板印象（Wilder et al.，1996），因此，不论品牌来源国形象如何，消费者均会倾向于将该国群发型危机事件解读为群体特质问题而非偶发的个体问题；此时，品牌来源国形象对危机归因的影响作用受到抑制进而对危机溢出效应的影响减弱甚至消失。据此提出以下假设：

H3：品牌危机群发属性能调节品牌来源国形象对危机溢出效应的影响；对于单发型（vs. 群发型）品牌危机，品牌来源国形象对危机溢出效应具有更强的影响。

2.4　来源国形象对溢出效应应对策略有效性的影响

现有关于溢出效应应对策略的研究主要涉及沟通应对策略与营销应对策略两个方面（韩冰和王良燕，2017）。作为营销应对策略的一种具体形式，竞争品牌采取的价格（调整）策略通常被认为是一种见效迅速且富有"攻击性"的应对方式。现有研究发现，竞争品牌在外部危机事件发生时主动采取降价策略不仅有助于提升消费者的品类购买水平，进而降低危机事件对行业的负面冲击，而且还能产生"狙击"竞争对手、扩大自身市场份额的效果，从而将危机事件的负面影响逆转为对自身有利的对比效应（Cleeren et al.，2013；Heerde et al.，2007）。但价格策略的有效性会受到情境因素的制约，例如，当涉事品牌并未公开承认事件责任时，竞争品牌的降价策略会失效，此时采取维持原价策略则是更优的选择（Cleeren et al.，2013）。而本研究推断消费者对不同国别品牌发生的危机事件有不同的归因倾向，因此，不同国别的品牌采取同种应对策略时可能产生不同的效果。具体而言，当来源国形象较为消极时，消费者倾向于将危机事件归结为群体层面的问题，从而对该国同类品牌均产生怀疑，此时，如果同行竞争品牌贸然采取降价策略，很可能导致消费者在来源国负面刻板印象作用下消极揣测降价的原因，从而会增强危机溢出效应；反之，如果该国同行品牌采取提价策略，则有助于通过释放积极的产品品质信号以减轻消费者疑虑。然而，当来源国形象良好时，消费者更容易将危机事件归因为个体或情境因素，很少牵连同行品牌，此时该国同行品牌如果采取降价策略，则有可能由于竞争与促销效应吸引更多消费者的关注、提升其购买意愿；相反，如果选择提价策略，虽然能传递积极的产品品质信号，但此时消费者关注的焦点更有可能是同行品牌采取提价策略是否合理与道德，一旦其认为竞争品牌是由于市场需求提升而"趁火打劫"，则很容易对此行为产生反感。据此提出以下假设：

H4：品牌来源国形象与竞争品牌价格策略之间的交互作用会对危机溢出效应产生影响：来源国形象良好的品牌发生危机时，该国同行竞争品牌采取降价（vs. 提价/保持原价）策略更有助于削弱溢出效应；反之，该国同行竞争品牌采取提价（vs. 降价/保持原价）策略更有助于削弱溢出效应。

本文的研究模型见图1。

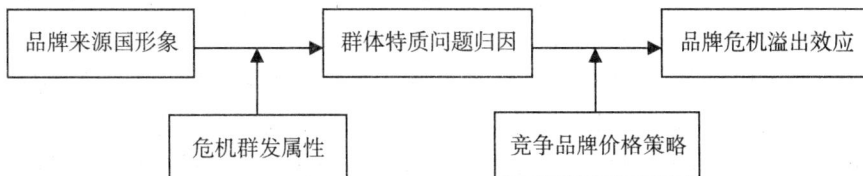

图1　本文研究框架

3. 实证研究

3.1 研究一：来源国形象对品牌危机溢出效应的影响

(1)研究设计。研究一的主要目的是通过消费行为实验法严谨检验品牌来源国形象优劣是否会影响品牌危机的溢出效应，并基于消费者归因的视角挖掘潜在的作用机制。研究采用单因素(品牌来源国形象：良好 vs. 欠佳)组间因子设计，同时采用虚拟国家情境操控来源国形象优劣以避免其他因素可能造成的干扰(王新刚等，2017)。参考 Parameswaran 和 Pisharodi(1994)、吴剑琳和吕萍(2016)等的研究，品牌来源国形象的测量一共由 6 个问题构成，主要包含对国家经济与技术发展水平以及国家产品质量与声誉这两个方面的评价(Cronbach'α = 0.81)。由 43 名大学生被试参与的预测试结果表明，A 国品牌的来源国形象显著优于 B 国品牌的来源国形象(M_A = 5.50 vs. M_B = 4.17，$F(1, 41)$ = 17.91，$p <$ 0.001)。正式实验通过滚雪球的方式在北京市内招募到参与者共 87 人，其中，32.18%的被试为男性，87.36%的被试年龄在 20~29 岁(其余 11.49%在 30~39 岁，1.15%在 40~49 岁)，86.20%的被试月可支配收入水平在 1 万元以内(其余 8.05%在 1 万~2 万元，5.75%在 2 万元以上)。实验采用的刺激物是酸奶这一常见的高频消费品，参与实验的被试均表示曾购买过这类产品。

在此项实验中，被试通过随机分配进入不同的实验组。首先，实验通过不同的描述材料(A 国 vs. B 国)促使被试形成特定的来源国印象，并完成操控检验。其次，被试会看到 A 国(vs. B 国)某品牌酸奶的信息，并对其做出评价。然后，被试读到该国另一个具有代表性(知名度高，市场份额为 25%)的乳制品品牌被曝光的危机事件，主要信息是该品牌酸奶在抽检过程中被发现霉菌严重超标，若食用易对人体肝脏、肾脏及大脑神经系统造成不可逆的损害，若长期食用还易导致慢性中毒和癌症；事件涉及该品牌 12 批次酸奶，总量约 5 万瓶，被监管部门责令全部召回并销毁。危机事件材料改编自真实事件，并经过预测试检验。在阅读危机事件后，被试需要对事件可信度、严重性、影响广度以及与自己的关联度等多个方面做出评价。其后，被试需要再次对非涉事品牌酸奶做出评价。最后，被试填写有关危机事件归因的量表以及人口统计相关信息，并在实验结束后领取到相应的报酬。

参考现有研究常用的方法(Roehm & Tybout，2006；方正等，2013)，通过重复测量被试对非涉事品牌的态度，用阅读危机事件前后两次测量值的差距作为对溢出效应的刻画(若该值为正/负，表明消费者对非涉事品牌的态度下降/提升，出现传染型/对比型溢出效应)；其中，对于品牌态度的测量包含"不喜欢/喜欢""不吸引/吸引"等四个条目(Cronbach'α = 0.83)。对于品牌来源国形象的测量与预实验采用的量表一致(Cronbach'α = 0.84)。此外，采用改编自 Laufer 等(2009)的量表测量被试对于危机事件进行群体特质问题归因的倾向，包含"我认为此次事件是由于该国品牌普遍存在的问题导致的"等四个题项(Cronbach'α = 0.78)。实验变量的测量均采用七点式李克特量表。

(2)研究结果。总体而言，被试认为实验材料呈现的品牌危机事件较为真实可信($M =$

5.47，SD = 1.10)，性质较为严重($M = 6.09$，SD = 0.81)，影响较广($M = 5.90$，SD = 1.02)，并且与自己关联度较高($M = 5.05$，SD = 1.42)；被试对危机事件的各项评价不存在显著的组间差异。操控检验结果表明，被试认为 A 国(vs. B 国)品牌来源国形象显著更优($M_A = 5.52$ vs. $M_B = 4.21$，$F_{(1, 85)} = 37.96$，$p < 0.001$)，与预实验结果一致。

方差分析(ANOVA)结果表明，在充分考虑危机事件严重性($F_{(1, 81)} = 2.99$，$p = 0.08$)、影响广度($F_{(1, 81)} = 7.28$，$p = 0.008$)、与消费者关联度($F_{(1, 81)} = 0.20$，$p = 0.66$)以及危机品牌典型性($F_{(1, 81)} = 2.61$，$p = 0.11$)等因素的影响(即将其作为方差分析模型协变量)后，品牌来源国形象对危机事件溢出效应仍然具有显著影响($M_A = 0.44$ vs. $M_B = 1.16$，$F_{(1, 81)} = 10.90$，$p = 0.001$)。因此，H1 得到支持。此外，当品牌来源国形象欠佳(vs. 良好)时，被试更倾向于对危机事件进行群体特质问题归因($M_A = 3.75$ vs. $M_B = 4.54$，$F_{(1, 85)} = 15.88$，$p < 0.001$)。在此基础上，采用 Bootstrapping 方法进行中介效应检验(Hayes, 2013)，选择模型 4，基于 5 000 样本量的重复测试结果表明，消费者归因的间接效应大小为 -0.58(SE = 0.16)，95% 置信区间为(-0.91，-0.29)，该区间不包含 0，表示中介效应显著，即来源国形象通过影响消费者对危机事件的归因进而对危机溢出效应产生影响。故此，H2 也得到支持。

(3)讨论。研究一的结果表明，品牌危机易对相同来源国的同行竞争品牌产生溢出效应，并且溢出效应的强度受到品牌来源国形象的影响。究其原因，主要在于品牌来源国形象越消极，消费者越倾向于将该国品牌发生的危机事件归因为这一群体共同存在的问题，进而导致危机事件对该国同行品牌产生越强的传染效应。

3.2　研究二：来源国形象影响危机溢出效应的边界条件

(1)研究设计。研究二的主要目的在于进一步探索品牌来源国形象作用于危机事件溢出效应的边界条件，即危机事件群发属性潜在的调节作用。研究采用 2(品牌来源国形象：良好 vs. 欠佳)×2(危机群发属性：单发型 vs. 群发型)的组间因子设计，其中，仍然采用虚拟国家情境作为对品牌来源国形象的操控。

实验采用的刺激物是手机，参与实验的所有被试均表示曾经购买过这类产品。126 名来自北京某财经类高校并且具有全职工作的 MBA 被试参与了本次实验，其中约 54% 的被试是男性，平均年龄是 28.8 岁。实验程序与研究一类似，在此项实验中被试读到的危机事件信息是关于 A 国(vs. B 国)某品牌手机被媒体曝光在充电时容易产生高温发烫甚至漏电的现象，已导致多名消费者不同程度受伤；同时，单发型危机组被试读到的是仅上述一家品牌手机出现问题的信息，而群发型危机组被试读到的是除了上述这家品牌外，还有同国别的其他两个品牌的手机也被曝光存在同样的问题。实验中对于品牌来源国形象、危机事件溢出效应等变量的测量与研究一保持一致。

(2)研究结果。总体而言，被试认为实验材料呈现的品牌危机事件较为真实可信($M = 5.02$，SD = 1.19)，并且性质较为严重($M = 5.16$，SD = 1.16)。操控检验结果表明，被试认为 A 国品牌的来源国形象显著优于 B 国品牌的来源国形象($M_A = 5.39$ vs. $M_B = 4.71$，$F_{(1, 124)} = 11.93$，$p < 0.001$)。

方差分析结果表明，充分考虑危机事件严重性($F_{(1, 120)} = 3.82$，$p = 0.05$)以及产品属性相似性($F(1,120)=2.43$，$p=0.12$)对溢出效应的影响后，品牌来源国形象对危机溢出效应仍然具有显著影响($M_A=0.98$ vs. $M_B=1.28$，$F(1,120)=8.89$，$p=0.003$)；H1再次得到支持。同时，危机事件群发属性($M_{单发型}=0.86$ vs. $M_{群发型}=1.40$，$F(1,120)=15.36$，$p<0.001$)及其与品牌来源国形象的交互作用($F(1,120)=4.33$，$p=0.04$)均对危机溢出效应具有显著影响。具体而言(如图2所示)，对于单发型品牌危机，来源国形象越消极，被试越倾向于对危机事件进行群体特质问题归因($M_A=4.00$ vs. $M_B=5.38$，$F(1,62)=18.01$，$p<0.001$)，危机事件的溢出效应越强($M_A=0.57$ vs. $M_B=1.15$，$F(1,62)=9.68$，$p=0.003$)。采用 Bootstrapping 方法进行中介效应检验，选择模型4，基于5 000样本量的重复测试结果表明，消费者归因的间接效应大小为-0.52($SE=0.18$)，95%置信区间为(-0.92，-0.23)，该区间不包含0，表示中介效应显著；H2再次得到支持。然而，对于群发型品牌危机，不管来源国形象如何，消费者均易展开群体特质问题归因($M_A=5.12$ vs. $M_B=5.48$，$F(1,60)=1.84$，$p=0.18$)，此时，来源国形象对危机事件溢出效应的影响不再显著($M_A=1.38$ vs. $M_B=1.42$，$F(1,60)=0.05$，$p=0.82$)。综上所述，H3得到支持。采用 Bootstrapping 方法进一步检验有调节的中介效应，选择模型7，基于5 000样本量的重复测试结果表明，消费者归因的间接效应大小为0.35($SE=0.18$)，95%置信区间为(0.03，0.76)，该区间不包含0，表明中介效应显著，即品牌来源国形象与危机群发属性的交互效应仍然通过消费者归因这一中介机制作用于危机溢出效应。

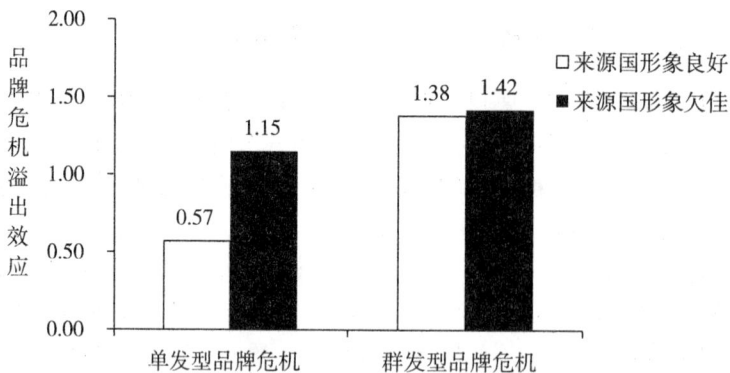

图2　来源国形象与危机群发属性对危机溢出效应的影响

（3）讨论。研究二的结果表明，当来源国形象欠佳时，消费者更容易在消极刻板印象的影响下将单个品牌的危机事件解读为整个群体特质问题的表现，此时，单发型品牌危机也会呈现出类似群发型品牌危机的破坏力($M_{单发型}=1.15$ vs. $M_{群发型}=1.42$，$F(1,60)=2.29$，$p=0.14$)，造成"一损俱损"的局面。反之，当来源国形象良好时，消费者在积极刻板印象的"晕轮效应"下更倾向于将单个品牌的危机事件解读为偶发的个体问题而非群体特质问题，故此，危机事件的溢出效应较弱。只有当危机事件呈现出群发特征、阻断消费者进行个体问题归因的惯性时，良好来源国形象对危机事件溢出效应的抑制作用才会消失($M_{单发型}=0.57$ vs. $M_{群发型}=1.38$，$F(1,62)=18.36$，$p<0.001$)。此项研究结果同时也

有助于拓展现有对危机事件群发属性这一因素影响作用的认知，群发型(vs. 单发型)危机事件不仅如以往研究所言具有更强的溢出效应(汪兴东等，2012；景奉杰等，2012)，而且还会抑制品牌来源国形象对危机溢出效应的影响。

3.3 研究三：来源国形象对竞争品牌价格策略有效性的影响

(1)研究设计。研究三的主要目的是检验品牌来源国形象是否会影响竞争品牌采用特定价格策略应对危机溢出效应的有效性。本研究通过真实的双国家情境启动来源国形象，以使实验情境与现实情况更加接近；预实验结果表明，相对于泰国品牌，德国品牌具有更良好的来源国形象($M_{泰国}$ = 4.84 vs. $M_{德国}$ = 5.63，$F(1, 58)$ = 10.45，p = 0.002)。故此，正式实验采用2(品牌来源国：德国 vs. 泰国)× 4(竞争品牌价格策略：降价 vs. 提价 vs. 保持原价 vs. 控制组)的组间因子设计。本次实验以北京某高校正在实习的大四学生为联络中心、以其单位同事及亲朋好友为扩展对象，通过滚雪球的方式共招募到对本次实验刺激物即护肤品比较熟悉的消费者(至少购买过一次该产品)共246人，其中30.89%为男性，62.20%的被试年龄在20～29岁(其余19.51%在30～39岁、18.29%在40～49岁)，34.55%的被试月收入水平在5 000～1万元(其余24.80%在5 000元以下，40.65%在1万元以上)。

在正式实验中，除控制组外的被试读到的危机事件仍然改编自真实事件，主要信息是关于德国(vs. 泰国)A品牌护肤乳被媒体曝光抽检结果显示重金属汞含量严重超标，长期使用不仅易诱发皮炎、皮疹以及皮肤癌，还会损害肝脏与肾脏健康。在阅读A品牌危机事件并对其做出评价后，被试会了解到作为竞争对手的同国同行业B品牌对于此次事件的反应。其中，提价(vs. 降价 vs. 保持原价)组被试得到的信息是B品牌随即对与A品牌类似的一款产品进行调价，将其价格从200元提高到240元(vs. 降低到160元 vs. 不做调整)；之后，被试需要对B品牌做出评价。作为参照，控制组被试是在没有接触A品牌危机事件的情境中对B品牌做出评价。研究三对于主要变量的测量与前两项研究一致，但采用不同的方法衡量溢出效应以避免需求效应的潜在干扰。预测试结果表明，重复测试危机事件发生前后消费者品牌态度变化的方法与组间比较危机事件接触组和非接触组之间消费者品牌态度差异的方法在对溢出效应的刻画上有相似的表现($M_{重复测量差值}$ = 0.89 vs. $M_{组间比较差值}$ = 0.71，$F(1, 38)$ = 0.45，$p > 0.10$)，但后者能更有效地避免被试猜测到研究目的(重复测量差值组：34% vs. 组间比较差值组：5%，z = 5.64，$p < 0.01$)。故此，研究三选用后一种方法衡量危机溢出效应。

(2)研究结果。操控检验结果表明，被试对德国(vs. 泰国)品牌的来源国形象评价显著更高($M_{德国}$ = 5.55 vs. $M_{泰国}$ = 4.80，$F(1, 244)$ = 34.67，$p < 0.001$)。在不同国家组别中，危机事件可信度、事件严重性、产品—国家典型性等变量没有表现出显著差异。方差分析结果表明，品牌来源国形象对危机溢出效应的影响作用显著($M_{德国}$ = 0.43 vs. $M_{泰国}$ = 1.28，$F(1, 182)$ = 49.35，$p < 0.001$)，H1再次得到支持；尽管竞争品牌价格策略类型的主效应影响不显著($F(2, 182)$ = 0.47，p = 0.62)，但其与来源国形象之间的交互作用对危机溢出效应具有显著影响($F(2, 182)$ = 18.92，$p < 0.001$)。事后多重检验结果表明(如图3所示)，当来源国形象欠佳时，不同类型价格策略对危机溢出效应的抑制作用具

有显著差异($F(2,91)=8.92$，$p<0.001$)，其中提价策略的效果最佳，其次是保持原价策略($M_{提价}=0.83$ vs. $M_{保持原价}=1.27$，$p=0.05$)，最次是降价策略($M_{保持原价}=1.27$ vs. $M_{降价}=1.73$，$p=0.03$)；然而，当来源国形象良好时，尽管价格策略的有效性仍然存在显著差异($F(2,91)=10.71$，$p<0.001$)，但却是降价策略的效果最佳，显著优于保持原价策略($M_{降价}=-0.17$ vs. $M_{保持原价}=0.50$，$p=0.001$)与提价策略($M_{降价}=-0.17$ vs. $M_{提价}=0.67$，$p<0.001$)，而后两种策略的效果没有显著差异($M_{保持原价}=0.50$ vs. $M_{提价}=0.67$，$p=0.37$)。因此，H4得到支持。在此基础上，采用Bootstrapping方法检验中介的调节效应，选择模型14，基于5 000样本量的重复测试结果表明，消费者归因的间接效应大小为0.18(SE=0.06)，95%置信区间为(0.09，0.31)，该区间不包含0，表明中介效应显著，即来源国形象通过消费者归因的中介作用对危机溢出效应产生影响，而这一影响路径会进一步受到竞争品牌价格策略的调节。

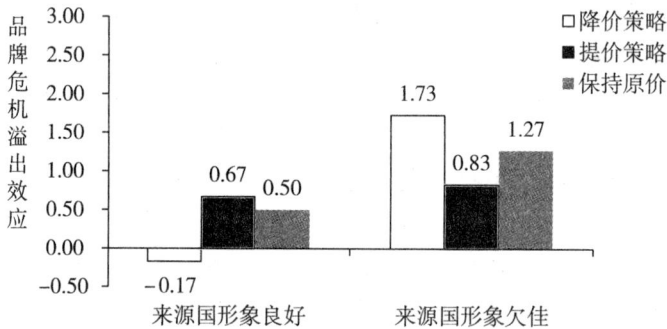

图3　来源国形象与竞争品牌价格策略对危机溢出效应的影响

（3）讨论。研究三的结果表明，同行品牌危机事件曝光时，竞争品牌及时采取价格策略能对危机事件溢出效应产生较大影响，但价格策略的效果会受到品牌来源国形象的制约。当来源国形象欠佳时，为扭转消费者偏见，该国竞争品牌更适宜采取提价策略，通过释放积极的产品品质信号以提升消费者信心，进而削弱危机溢出效应；相反，贸然采取降价策略则可能强化消费者的负面推理，从而增强危机溢出效应。然而，当品牌已具有良好的来源国形象并因此抑制消费者对危机事件进行群体特质问题归因时，就更适宜采取降价策略，将外部危机事件的负面影响彻底逆转为惠及自身的对比型溢出效应。

4. 结论与讨论

4.1　研究结论

随着网络的普及以及社会监督力量的增强，品牌危机事件的曝光及其对同行业其他品牌的溢出已成为一种较常见的现象。在前人研究的基础上，本研究深入考查了品牌来源国形象这一宏观背景要素对于品牌危机溢出效应的影响，并通过三项消费行为实验对相关假设进行检验。研究结果表明，品牌来源国形象会对危机溢出效应产生显著影响；其主要原因在于品牌危机发生时，品牌来源国形象越消极，消费者越倾向于对危机事件进行群体特质问题归因，从而导致危机事件对该国同行竞争品牌产生的溢出效应越强。同时，上述影响会受到危机事件群发属性的制约。相对于单发型品牌危机，多个相同国别的品牌同时发生危机事件时会产生明确的指向性，因此，不论品牌来源国原本形象如何，消费者均倾向于进行群体特质问题归因，此时来源国形象不再对品牌危机溢出效应产生显著影响。

另外，本研究进一步考查了品牌来源国形象对溢出效应应对策略有效性的潜在影响。以价格策略为例，分析比较结果表明，当同行品牌危机事件曝光时，来源国形象欠佳的品牌及时采取提价策略能最有效地削弱危机事件溢出效应，而贸然采取降价策略则可能强化消极刻板印象的影响进而增强危机溢出效应；反之，来源国形象良好的品牌采取降价策略则能达到最佳的效果，甚至有可能将原本不利的传染型溢出效应逆转为对自身有益的对比型溢出效应。

4.2 理论意义和管理启示

本研究的理论意义与价值主要体现在以下三个方面：

首先，从溢出效应影响因素来看，本研究不仅严谨检验并支持了品牌来源国形象对品牌危机溢出效应的影响作用，还通过对其影响作用边界条件的探索揭示了其与危机群发属性、竞争品牌应对策略之间的交互效应，相关结论有助于构建一个更具解释力的理论模型，更精准地揭示品牌危机溢出效应的特点与规律。

其次，从溢出效应产生机制来看，本研究基于归因理论阐释了同样发生品牌危机事件，为什么消费者对"好"品牌（来源国形象良好的竞争品牌）的态度不轻易发生改变，而对"差"品牌（来源国形象相对消极的竞争品牌）的态度却很容易发生显著的变化——变得更差，群体特质问题归因这一心理作用机制不仅能有效解释在品牌危机情境中品牌来源国形象这一宏观背景因素作用于微观个体消费者品牌态度转变的机理，而且提供了有别于联想网络模型与相似性原理的视角，有助于理解品牌危机对同国别其他品牌的溢出效应，从而对现有研究结论形成有益补充。

最后，从溢出效应应对策略来看，本研究结果表明竞争品牌采取价格策略应对溢出效应的有效性不能一概而论，而是会受到品牌来源国形象的制约，这一结论不仅有助于丰富现有关于溢出效应应对策略有效性的研究结果，并且为后续研究基于情境建构视角探索各类品牌适宜采取的溢出效应应对策略提供了新的启示。

本文的研究结论对于企业管理者而言也具有一定的参考价值：

首先，本研究为企业提供了一个易于辨识与操作的视角，即通过品牌来源国形象、危机事件群发属性等简明的因素初步判定是否容易受到同国别品牌危机事件的波及，构建有效的溢出效应预警机制。当品牌来源国形象较为消极时，不管是单个还是多个品牌发生的危机事件均易引发传染效应，因此，同国别竞争品牌应保持高度警惕，及时采取适宜的应对策略化解潜在风险。反之，良好的品牌来源国形象则有助于抑制危机事件溢出效应，只有在群发型危机事件情境中，这种作用才会消失，因此，该国竞争品牌更需要警惕群发型危机事件。

其次，竞争品牌主动采用适宜的价格策略将有助于削弱乃至逆转危机事件传染效应。

具体而言，当品牌来源国形象相对消极时，竞争品牌适宜采用传递积极品质信号的提价策略，以扭转消费者受消极刻板印象影响形成的归因偏见，从而减弱危机负面影响；然而，当品牌具有良好的来源国形象并因此抑制消费者对危机进行群体特质问题归因时，竞争品牌则适宜采取降价策略从而将危机事件的影响逆转为对自身有利的对比效应。

此外，对于政府相关部门而言，也需要采取积极的措施，通过国家品牌计划培育并宣传本国优质品牌、创造良好的制度环境等方式与企业层面品牌发展战略形成联动，为本国企业打造优质品牌提供助力，逐步提升品牌来源国整体形象，从而为本国品牌提供更有力的保护，助其在外部突发性危机事件情境中化险为夷、转危为"机"。

4.3 研究局限与未来研究方向

虽然本研究提出的假设大部分得到支持，但仍然存在一些局限需要在未来的研究中加以改进和完善：

首先，本研究对品牌来源国形象的探讨只涉及了形象优劣这个比较维度，后续研究可依据刻板印象内容模型(Aaker et al.，2012)进一步区分品牌来源国形象类型，进而探讨能力型(vs. 温暖型)来源国刻板印象是否更有助于抑制产品缺陷型(vs. 道德问题型)危机事件的溢出效应。此外，也有研究认为品牌来源国形象并非一成不变，典型品牌严重的犯错事件也会对整体国家形象产生溢出效应(Magnusson et al.，2014)。因此，后续研究可进一步结合品牌典型性、危机严重性等因素，更全面地探讨品牌来源国形象与品牌危机溢出效应之间可能存在的双向动态作用机制。

其次，为了排除其他因素的干扰，本研究在实验设计中只采用了虚拟品牌，而在现实情境中，一旦某个真实品牌发生危机事件，消费者不仅会参考品牌来源国形象，还会同时考虑以往研究中提及的品牌典型性、地位、声誉等因素。后续研究可逐步拓展并考察这些品牌特征因素、危机事件因素以及情境因素(如消费者介入度)与品牌来源国形象之间潜在的交互作用，从而构建更精准的溢出效应预警机制。在研究方法上，后续研究可采用网络志研究法，基于真实的品牌危机情境及其溢出路径进一步检验行为实验结果的外部效度。

最后，本研究在考查竞争品牌价格策略时，在实验情境中只设置了提价或降价 20% 这一个水平，后续研究可继续探讨提价或降低的幅度可能构成的约束作用。此外，除了本研究重点探讨的价格策略，竞争品牌应对危机溢出效应可采取的策略还包括危机前的预防策略(曾伏娥等，2019)以及危机后的沟通策略与广告策略等(Cleeren et al.，2013)，后续研究在继续探寻其他可行的应对策略的同时，可进一步探索来源国形象等背景因素及情境因素对各类应对策略有效性的影响，从而为竞争品牌制定行之有效的溢出效应应对方案提供全方位的参考。

◎ **参考文献**

[1]范宝财，杨洋，李蔚．产品伤害危机属性对横向溢出效应的影响研究——产品相似性和企业声誉的调节作用[J]．商业经济与管理，2014(11)．

[2]方正，杨洋，李蔚，等．产品伤害危机溢出效应的发生条件和应对策略研究——预判和应对其他品牌引发的产品伤害危机[J]．南开管理评论，2013，16(6)．

[3]费显政，李陈微，周舒华．一损俱损还是因祸得福？——企业社会责任声誉溢出效应研究[J]．管理世界，2010(4)．

[4]韩冰，王良燕．品牌负面事件的溢出效应及影响因素述评[J]．心理科学，2017，40(1)．

[5]景奉杰，崔聪，涂铭．产品伤害危机群发属性负面溢出效应研究[J]．珞珈管理评论，2012，2．

[6]黎岳庭，L. Jussim，C. R. Mccauley．具有类属知识性的思维：群体区别判断过程中的复杂性、有效性、有用性和实质性[J]．心理科学进展，2013，21(1)．

[7]刘晅，佐斌．性别刻板印象维护的心理机制[J]．心理科学进展，2006，14(3)．

[8]汪涛，周玲，周南，等．来源国形象是如何形成的？——基于美、印消费者评价和合理性理论视角的扎根研究[J]．管理世界，2012(3)．

[9]汪兴东，景奉杰，涂铭．单(群)发性产品伤害危机的行业溢出效应研究[J]．中国科技论坛，2012(11)．

[10]王海忠，田阳，胡俊华．品牌联合中的负面溢出效应——基于选择通达机制视角[J]．营销科学学报，2010(2)．

[11]王军，青平，李慧超．产品伤害危机背景下竞争品牌间负面溢出的非对称效应研究[J]．软科学，2015，29(2)．

[12]王新刚，周玲，周南．品牌丑闻跨国非对称溢出效应研究——国家形象构成要素视角[J]．经济管理，2017，39(4)．

[13]吴坚，符国群．品牌来源国和产品制造国对消费者购买行为的影响[J]．管理学报，2007(5)．

[14]吴剑琳，吕萍．网络情境下产品伤害危机负面溢出效应研究——基于信息加工的视角[J]．技术经济与管理研究，2016(8)．

[15]闫秀梅，王美芳，张庆，等．自发特质推理中的社会刻板效应[J]．心理科学进展，2010(02)．

[16]杨亚平，王沛，尹志慧，等．刻板印象激活的无意图性及其大脑神经活动特征[J]．心理学报，2015，47(4)．

[17]曾伏娥，李文杰，叶青．可辩解型产品伤害危机的溢出效应研究[J]．经济管理，2019，41(5)．

[18]Aaker, J. L., Garbinsky, E. N., Vohs, K. D. Cultivating admiration in brands: Warmth, competence, and landing in the "golden quadrant"[J]. Journal of Consumer Psychology, 2012, 22(2).

[19]Ahluwalia, R., Burnkrant, R. E., Unnava, H. R., et al. Consumer response to negative publicity: The moderating role of commitment[J]. Journal of Marketing Research, 2000, 37(2).

[20]Borah, A., Tellis, G. J. Halo (spillover) effects in social media: Do product recalls of one

brand hurt or help rival brands? [J]. Journal of Marketing Research, 2016, 53(2).

[21]Cleeren, K., Heerde, H. V., Dekimpe, M. G. Rising from the ashes: How brands and categories can overcome product-harm crises[J]. Journal of Marketing, 2013, 77(2).

[22]Clow, K. A., Esses, V. M. Expectancy effects in social stereotyping: Automatic and controlled processing in the neely paradigm[J]. Canadian Journal of Behavioural Science, 2007, 39(3).

[23]Coombs, W. T. Attribution theory as a guide for post-crisis communication research[J]. Public Relations Review, 2007, 33(2).

[24]Dahlén, M., Lange, F. A disaster is contagious: How a brand in crisis affects other brands [J]. Journal of Advertising Research, 2006, 46(4).

[25]Feldman, J. M., Lynch, J. G. Self-generated validity and other effects of measurement on belief, attitude, intention and behavior[J]. Journal of Applied Psychology, 1988, 73(3).

[26]Folkes, V. S. Recent attribution research in consumer behavior: A review and new directions[J]. Journal of Consumer Research, 1988, 14(4).

[27]Hayes, Andrew, F. Introduction to mediation, moderation, and conditional process analysis: A regression-based approach[M]. New York: The Guillford Press, 2013.

[28]Heerde, H. V., Helsen, K., Dekimpe, H. M. G. The impact of a product-harm crisis on marketing effectiveness[J]. Marketing Science, 2007, 26(2).

[29]Kahneman, D., Frederick, S. Representativeness revisited: Attribute substitution in intuitive judgment[M]. Cambridge: New York and Melbourne, 2002.

[30]Klein, J., Dawar, N. Corporate social responsibility and consumers' attributions and brand evaluations in a product – harm crisis[J]. International Journal of Research in Marketing, 2004, 21(3).

[31]Laufer, D., Gillespie, K. Silvera, D. H. The role of country of manufacture in consumers' attributions of blame in an ambiguous product-harm crisis [J]. Journal of International Consumer Marketing, 2009, 21(3).

[32]Lee, Y., Youn, N., Nayakankuppam, D. The content of a brand scandal moderating the effect of thinking style on the scandal's spillover[J]. Advances in Consumer Research, 2011, 39(10).

[33]Lei, J., Dawar, N., Lemmink, J. Negative spillover in brand portfolios: Exploring the antecedents of asymmetric effects[J]. Journal of Marketing, 2008, 72(3).

[34]Lyons, A., Kashima, Y. How are stereotypes maintained through communication? The influence of stereotype sharedness[J]. Journal of Personality & Social Psychology, 2003, 85 (6).

[35]Magnusson, P., Krishnan, V., Westjohn, S. A., et, al. The spillover effects of prototype brand transgressions on country image and related brands [J]. Journal of International Marketing, 2014, 22(1).

[36]Martin, I. M., Eroglu, S. Measuring a multi-dimensional construct: Country image[J].

Journal of Business Research, 1993, 28 (3).

[37] Parameswaran, R., Pisharodi, R. M. Facets of country of origin image: An empirical assessment[J]. Journal of Advertising, 1994, 23(1).

[38] Roehm, M. L., Tybout, A. M. When will a brand scandal spill over, and how should competitors respond? [J]. Journal of Marketing Research, 2006, 43(3).

[39] Siomkos, G., Triantafillidou, A., Vassilikopoulou, A., et al. Opportunities and threats for competitors in product-harm crises[J]. Marketing Intelligence and Planning, 2010, 28(6).

[40] Trump, R., Newman, K. When do unethical brand perceptions spill over to competitors? [J]. Marketing Letters, 2017, 28(2).

[41] Verlegh, P. W., Steenkamp, J. B. E. A review and meta-analysis of country-of-origin research[J]. Journal of Economic Psychology, 1998, 20(5).

[42] Wilder, D. A., Simon, A. F., Faith, M., et al. Enhancing the impact of counterstereotypic information: Dispositional attributions for deviance [J]. Journal of Personality and Social Psychology, 1996, 71(2).

[43] Wu, X. X., Choi, W. J. Park, J. H. 'I' see Samsung, but 'we' see Samsung and Lg: The moderating role of consumers' self-construals and perceived similarity in spillover effect of product-harm crisis[J]. International Journal of Market Research, 2020, 62(1).

[44] Zhao, Y., Zhao, Y., Helsen, K. Consumer learning in a turbulent market environment: modeling consumer choice dynamics after a product-harm crisis[J]. Journal of Marketing Research, 2011, 48(2).

The Impact of Country-of-Origin Image on the Spillover Effect of Brand Crisis
—The Perspective of Consumer Attribution

Wang Xia[1]   Guo Wenjing[2]   Chen Liping[3]

(1,2,3 College of Business Administration, Capital University of Economics and Business, Beijing, 100070)

Abstract: Brand crisis not only causes severe damages to the exposed brands, but also exerts spillover effect on other brands in the industry. From consumers' perspective, this research aims to systematically examine whether and how the country-of-origin (COO) image influences the spillover effect of brand crisis, as well as identify the underlying psychological mechanism and potential boundary condition. The results of three experiments show that the COO image has significantly negative impact on the spillover effect of brand crisis. Specifically, the crisis of brands with negative (vs. positive) COO image exerts stronger spillover effect on other brands from the same country. The mechanism underlying the effect is that consumers are more inclined to attribute the crisis of brands with negative (vs. positive) COO image to the group-trait problem, and the degree of group-trait attribution subsequently intensifies the spillover effect of the brand crisis to other members (i. e., brands) in the same group. Compared with the cluster brand crisis, the COO image has stronger impact on the spillover effect of the solitary brand crisis. In addition, this research finds that the effectiveness of the price strategy adopted by the competing brands for inhibiting the spillover effect is moderated by the COO image of the brand. Specifically, for brands with negative (vs. positive) COO image, the price increase strategy (vs. price reduction/keeping strategy) are more effective in inhibiting the spillover effect of external crisis. The results of the research will not only enrich the cognition and theoretical explanation for the spillover effect of brand crisis, but also provide valuable implications for firms to respond to the spillover effect.

Key words: Band crisis; Spillover effect; Country-of-origin image; Consumers' attribution; Coping strategy

专业主编：寿志钢

直播带货中冲动购买意愿的唤醒

——基于整体社会临场感的有调节的中介模型*

● 郑　军[1]　刘丽云[2]　张初兵[3]

（1，2　延边大学经济管理学院　吉林　133000；3　天津财经大学商学院　天津　300071）

【摘　要】虽已有研究表明网络营销影响消费者的购买意愿，但其大多未考虑网络中"社会情境"的影响。此外，由于直播带货形式较为新颖，现有研究主要基于社会临场感的多个维度解释直播带货的作用机制，暂未深入探究社会临场感究竟如何影响消费者行为。文章基于社会临场感理论，以"S-O-R"模型为基础，探讨直播带货情境中由意识、情感以及认知三个维度构建的整体的社会临场感对冲动购买意愿的影响机制及其边界条件。通过实证分析发现：此情境中，整体的社会临场感直接正向影响冲动购买意愿，并以体验价值为中介间接正向影响冲动购买意愿；当消费者感知产品稀缺性较高时，高水平的社会临场感能引发其更高的体验价值，进而增强冲动购买意愿；与卷入度水平高的产品相比，消费者对卷入度水平低的产品有更强的冲动购买意愿。

【关键词】社会临场感　冲动购买意愿　产品稀缺诉求　产品卷入度　体验价值　直播带货

中图分类号：C934　　　文献标识码：A

1. 引言

关于冲动购买的研究自 20 世纪 60 年代开始便持续受到关注。冲动购买不仅在现实生活中普遍存在，而且激发消费者的冲动购买意愿和引导消费者的冲动购买行为始终是企业制定营销策略的重要关注点（常亚平等，2012）。与线下购物情境相比，消费者在没有时空限制且存在大量营销刺激信息的线上购物情境中更容易产生冲动购买意愿（Eroglu et al.，2001）。随着移动互联网的发展，直播营销在中国呈现爆发式的增长（谢莹等，2019），并

＊　基金项目：国家自然科学基金地区基金项目"虚位情境线索的消费者购买决策行为研究：基于虚位诱导效应启动策略模型"（项目批准号：71862033）；教育部人文社会科学研究项目"在线品牌社区社会惰化的形成机制研究"（项目批准号：16YJC630166）。

通讯作者：郑军，E-mail：7790246@ qq. com。

成为 2020 年疫情下最安全、最便利、最高效的营销方式。在直播带货情境中，主播可以通过对产品进行描述、展示、试用等方式全方面地向消费者展现产品特色，商家也可以通过网络技术设置点赞打榜等宣传活动以及限时限量等优惠活动，鼓励消费者购买（冯俊和路梅，2020）。此外，直播带货情境中的各种信息共享与互动活动有利于创造"有他人虚拟在场"的购物情境，弥补传统线上购物无法近距离感知产品的遗憾，进而拉近消费者与产品的距离（谢莹等，2019）。鉴于直播带货具有较高营销价值以及理论研究价值，近年来研究者逐渐引入通信领域的概念——社会临场感（Social Presence，SP）对其进行研究。社会临场感可以很好地解释直播带货中方便快捷的沟通方式、好似"身临其境"的真实购物体验等因素给消费者带来的综合感受（周永生等，2020；龚潇潇等，2019；谢莹等，2019）。但以往研究主要基于消费者"个体情境"，局限于规范治理和版权保护等领域（龚潇潇等，2019），较少考虑消费者通过观看直播带货进行购物时所遇到的"社会情境"的影响（谢莹等，2019）。除此之外，由于直播带货形式较为新颖，现有研究主要基于社会临场感理论的多个维度解释直播带货的作用机制，鲜少探究直播带货情境所产生的社会临场感对消费者行为的影响机制，特别是对消费者冲动购买意愿的影响。例如，以往相关研究多将社会临场感作为中介变量，以社会临场感的多个维度解释直播带货对消费者行为产生影响的作用机制。考虑到社会临场感的维度息息相关以及现有关于直播带货情境中的社会临场感和冲动购买等研究相对分散独立等现状，本文基于社会临场感理论，引入产品稀缺诉求视角对直播带货情境中整体的社会临场感影响冲动购买意愿的机制与条件开展研究。本文构建了直播带货情境中整体社会临场感通过体验价值影响冲动购买意愿的中介机制，并将产品稀缺诉求和产品卷入度引入研究框架，进一步确定了社会临场感在此情境中发挥作用的边界条件。

2. 文献综述

2.1 社会临场感

临场感用于描述他人在互动中的显著性程度以及随之而来的人际关系的显著程度（Short et al.，1976）。从心理学分析的视角，临场感被分为空间临场感（physical presence）和社会临场感（social presence）（Ijsselsteijn，2000）：前者描述由于媒介而产生的"身临其境"的感觉，后者主要反映"与其他人在一起或者交流"的感觉。随着新兴媒介技术（如家庭影院、视频会议以及 3D 技术）的发展，研究者发现临场感可以弱化个体对于媒介作用的感知，加强媒介"较为真实"的感知。因此，临场感被认为与虚拟现实相关联，且被视为虚拟环境中的重要影响因素（Biocca，1992）。

随着互联网技术的发展，营销领域越来越关注网站设计、网站购物以及电子商务等。因此，作为技术与社会研究领域的重要理论之一，社会临场感理论也逐渐被引入营销领域：已有研究表明 B2C 网站中的图片和虚拟人物形象可提高社会临场感，从而有助于消费者产生积极态度（Wang et al.，2014）；在线互动可以通过空间临场感以及社会临场感增强消费者对 B2C 网点的诚信性和善意性信任（赵宏霞等，2015）；在电商直播平台，社会临场感可以对感知信任产生正向影响，进而影响消费者的购买意愿（周永生等，2020）。此外，社会临场感在营销领域常被分为意识、认知以及情感三个维度（Shen & Khalifa，2008；吕洪兵，2012）：意识临场感是指用户相信其他社会行为者存在并能对用户做出反应的程度（Heeter，1992）；认知临场感是指用户能构建以及确认自己与其他用户之间关系的程度；情感临场感是指用户与其他人在虚拟社交互动中所产生的情感联系的程度（Shen & Khalifa，2008）。

综上，自社会临场感被引入营销领域以来，其被主要应用于购物网站设计和广告信息呈现等研究，但如今逐渐被应用于网络直播等新型营销方式的相关研究。社会临场感多用于阐释消费者在营销环境中的感知，进而为消费者购买意愿以及行为等相关研究提供更多更可靠的依据。因此，社会临场感与本研究关注的直播带货情境密切相关。进一步探究此情境中的社会临场感对消费者冲动购买意愿的影响机制可以丰富直播营销相关的研究，也有助于更深入地探索社会临场感在营销领域的应用。

2.2　冲动购买意愿

冲动购买意愿起初被认为是一种超出预期的非计划性购买的意愿（Clover & Vernon，1950）。后来，由于消费者的情绪和外界的环境刺激受到关注，其被认为是一种具有自发性、强大且持久的渴望购买产品的心理倾向（Khachatryan et al.，2018）。虽然非计划性购买意愿包含冲动购买意愿，但是后者包含强烈的情绪驱动（张伟，2018）。网络环境中没有时空限制且存在大量的营销刺激信息，因此与线下购物情境相比，消费者在线上购物情境中更容易产生冲动购买意愿（Eroglu et al.，2001）。直播带货情境不仅存在与传统线上购物情境相似的营销刺激，而且具有互动性、可视性、娱乐性等特征（翁文静等，2020；周永生等，2020）。无论消费者是否拥有购买目标，他们在观看直播的过程中均会持续受到直播间图片、文字、其他消费者的分享评价、优惠券、主播介绍等视觉、听觉以及营销刺激的影响，进而产生心理反应，并对原本不打算购买的商品产生购买意愿（张伟，2018）。鉴于直播带货的蓬勃发展，关注此情境中消费者冲动购买意愿的产生机制有利于丰富相关领域的研究。

2.3　体验价值

体验价值源于顾客价值理论。在互联网迅速发展的时代，消费体验与体验价值等日益成为当前营销领域的热点研究问题，并被广泛应用于网络购物情境、交互性营销环境、用户购买意愿以及网络虚拟体验等研究。Schmitt 从心理学的角度将体验价值分为消费者投资回报（Consumer Return on Investment，CROI）、服务卓越（service excellence）、审美（aesthetics response）和趣味（perceived play）（Mathwick et al.，2002；郭国庆和李光明，2012）。而 Charla Mathwick 在前人研究的基础上将体验价值界定为一种对产品属性或属性性能感知的相对偏好，其产生于消费环境中的相互作用，并可以促进或阻碍消费者目标的实现（Mathwick et al.，2002）。如今，逐渐有学者更全面地指出用户感受到的体验价值不仅来自于产品的物理属性和实用属性，而且也来自于与社会群体在特定情境或环境中因互动联结而获得的社会、情感、功能以及知识等多方面的感知（Sheth et al.，1991）。考虑到价值的多样性以及实证研究中变量的可测量性，现有关于网络购物和体验价值的研究通常将体验价值划分为功能性、情感性和社会性三个维度：功能体验价值指由产品或服务等自身属性带来的价值。情感体验价值指为个体带来情绪和情感变化等主观感受方面的价值。社会体验价值强调有助于个体获得尊重感和归属感(蒋婷等,2021;申光龙等,2016)。在直播带货情境中,体验价值可以理解为用户在观看直播的过程中所感受到的产品和服务的相对价值(蒋婷等,2021),其主要来源于产品本身以及产品购买的情境(董大海和杨毅,2008)。因此,有研究指出未来的企业竞争将更多地依赖移动社会网络中用户所感受到的体验价值。研究直播带货情境中的体验价值有助于企业构建基于用户的竞争优势,也有助于提高预测用户消费行为的能力(Jagdish et al.,1991)。

2.4 S-O-R 模型

"S-O-R"模型来自 Watson 提出的"S-R"模型,其中 S 代表刺激(Stimulus),R 代表反应(Response),其认为人的行为是受到外界刺激后产生的反应。这一模型没有考虑个体真实的内心活动的影响(Zhang,2019;Zhang,2018)。随着研究的深入,Belk 加入变量有机体(Organism),并将其作为刺激与反应的中介变量,由此形成"S-O-R"模型。这一模型认为环境刺激(S)通过引起个体情绪和认知状况的变化(O)影响个体的行为(R)(Belk & Russell,1975)。如今,"S-O-R"模型被广泛应用于市场营销领域研究,且被视为消费者购买决策的一般模式。当消费者通过观看直播带货进行购物时,产品的颜色、图形样式等视觉元素,背景音乐、主播语音讲解等听觉元素,价格优惠、限时限量抢购等营销元素的综合作用会使他们产生享受、愉悦、兴奋以及感知价值等积极的个体反应(O),进而产生冲动购买意愿(R)。但以往的大多相关研究却忽视这种复杂环境因素的综合作用对消费者行为的影响(张伟,2018)。

3. 研究假设

基于以上文献回顾,本文认为直播带货情境中,关于消费者冲动购买意愿的研究尚不充分。本文基于 S-O-R 理论,采用定量研究的方法对直播带货情境中整体社会临场感影响冲动购买意愿的内在机制与条件展开研究。本研究构建了体验价值影响冲动购买意愿的中介机制,并且将产品稀缺诉求和产品卷入度引入研究框架,以确定直播带货情境中社会临场感发挥作用的边界条件。

在直播带货情境中,用户不仅可以看到直播间实时用户人数、正在购买商品的用户人数以及其他用户的评论等,而且也可以通过留言、昵称等方式展示自我,这些行为可以增强意识临场感。临场感与对音乐的情绪反应高度相关(Shen & Khalifa,2008),因此,直播间洋溢着各种背景音乐以及主播的音容笑貌等可以引发情感反应。直播间的主播会不断与用户交流以传递充分的产品信息,用户也会对主播的介绍依据想象等进行理解加工。已有研究表明个体间的交流有助于对信息进行富有想象力的扩展,增强对信息的理解,因此交流对认知临场感具有重要意义(Shen & Khalifa,2008)。鉴于此,直播带货中的主播和用户所形成良好交流可以增强认知临场感。因此由意识、情感和认知三个维度构建的社会临场感可用于描述直播带货情境中由多样的营销刺激、主播和用户因素等形成的综合外部刺激。已有研究基于刺激视角提出营销策略和其他外部环境等形成的刺激会首先影响消费者的意识(张伟,2018)。此外,产品的摆设布置以及折扣促销等带来的环境刺激可以影响消

费者的冲动购买意愿(熊素红,2009)。因此,本文结合"S-O-R"模型以及相关文献提出以下假设:

H1：在直播带货情境中,由意识临场感、情感临场感以及认知临场感三个维度构成的整体的社会临场感正向影响消费者的冲动购买意愿。

基于以往的文献研究以及孙小丽(2018)对网购体验价值三个维度的理解,本文将直播带货情境中的体验价值的三个维度分别表述为：功能体验价值指消费者在观看电商直播时获得的产品信息以及需求的满足；情感体验价值指消费者通过观看直播带货而得到的愉快感与兴奋感；社会体验价值指消费者在观看直播带货时,通过与主播以及其他用户的在线互动,认识更多的朋友、发展更多的网络关系,形成良好的社交氛围(孙小丽,2018)。一方面,直播营销可以通过设计良好的交互式用户界面与主播讲解为消费者带来更高的功能体验价值。另一方面,消费者可以感受"面对面互动"等丰富的感官刺激,并通过互动交流等获得更多的情感与社会体验价值(郭国庆和李光明,2012)。因此,在信息可实时传递的直播带货中,由意识临场感、认知临场感以及情感临场感形成的整体的社会临场感可影响消费者对商品或服务的体验价值。由此,本文提出以下假设:

H2：在直播带货情境中,由意识临场感、情感临场感以及认知临场感三个维度构成的整体的社会临场感正向影响消费者所感受到的体验价值。

此外,在网络环境下,消费者不仅会注重购买结果带来的心理满足感,而且还会注重购买过程带来的愉悦感和享受感(董大海和杨毅,2008)。虽然消费者最初并没有明确的购买打算,或者他们有时并没有买到称心如意的商品,但是正如 Schmitt 对体验价值的定义所言,有时购物对于消费者而言并不是任务,而是一种休闲娱乐以及心情上的放松。虽然冲动购买并不等同于非理性购买(Verplanken & Herabadi,2001),但消费者会在感受、思考、评价之后产生冲动购买意愿或做出冲动购买决定(Rook & Fisher,1995；周元元,2017)。因此,情感反应是刺激因素与冲动购买意愿之间的中介变量(常亚平,2012；Rook & Fisher,1995)。通过观看电商直播进行购物时,温馨的直播环境、互动化的沟通和定制化的服务不仅可以为消费者提供相对个性化与自由的购物环境,而且还可以让消费者在购物过程中得到美感、新鲜感和愉悦感,从而促使其体验到一种没有压力、心情放松的消费方式(董大海和杨毅,2008)。此外,已有实证研究发现消费者在进行网购时,网页、商品以及店铺形象等正向影响虚拟体验,且其是冲动购买的重要原因之一(姜参和赵宏霞,2013)。由此可见,良好的体验可以唤醒积极的情感反应,进而增强冲动购买的情感本质(Parboteeah et al.,2009)。综上,社会临场感、体验价值以及冲动购买意愿三者之间存在联系。据此本文提出以下假设:

H3：在直播带货情境中,消费者感受到的体验价值在整体的社会临场感与消费者冲动购买意愿之间起中介作用。

产品稀缺诉求指厂商向消费者传递产品供给不足或获取时间有限而导致产品难以得到的信息。其可被分为限时和限量产品稀缺诉求(Lynn,1991)。与产品本身的稀缺程度相比,产品稀缺的相关信息对消费者的影响更大(刘建新,2017)。如今,产品稀缺诉求已成为许多厂商普遍使用的促销方法甚至营销策略(刘建新,2017)。例如,在直播带货情境中,主播经常会提醒用户："倒计时 10 秒开始抢购,现货只有 200 件,请大家赶快下单,每人限购 1 件"——限量产品稀缺诉求；"这件产品只给大家争取到两分钟的抢购时间,两分钟之后商品会恢复原价，请大家尽快下单"——限时产品稀缺诉求。但不同的消费者对同一产品稀缺诉求会产生不同的感知。一方面，当消费者感知到强烈的产品稀缺时，产品稀缺营销刺激的影响会增强，进而增强各种因素的综合作用。另一方面，感知稀缺性会让消费者产生更高的感知价值，提高对产品的评价（Wu et al., 2012；汪涛等，2016），从而影响消费者的感知竞争性以及冲动购买行动、交易意愿等（Oruc & Nürnberg, 2015）。因此，本文提出以下假设：

H4：在直播带货情境中，由意识临场感、情感临场感以及认知临场感三个维度构成的整体的社会临场感对消费者感受到的体验价值的影响受感知产品稀缺性的调节。

如今产品卷入度对消费者冲动购买意愿的影响不容忽视。相关研究通常从个体主观唤醒的程度、信息搜寻过程所花费时间的长短和努力程度以及产品的潜在价值等角度区分卷入度的高低程度（Zaichkowsky, 1994）：价格昂贵、社会价值较高、决策成本较高和自我表现的产品通常被视为高卷入度产品，其伴随更高的感知风险。因此消费者会积极地进行信息加工，而非"启发式"的信息加工（Celsi & Olson, 1988）。虽然在外部营销刺激的作用下，消费者会产生认知和情绪变化，进而产生冲动购买意愿（Rook, 1987），但是面对高卷入度产品，消费者会变得理智且更多地分析产品的细节，从而抑制冲动购买意愿。在直播带货情境的综合刺激影响下，虽然消费者感知到较高的体验价值，但是与价格低廉的低卷入度产品相比，价格较高且购买风险较大的高卷入度产品会增加他们的感知风险，进而促使其冷静思考，降低冲动购买意愿。据此本文提出以下假设：

H5：在直播带货情境中，产品卷入度调节消费者感受到的体验价值对冲动购买意愿的影响。

综上所述，本研究的概念模型如图1所示。

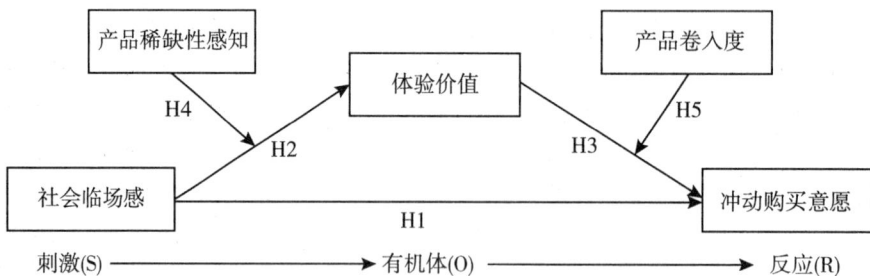

图1　直播带货情境中社会临场感对消费者冲动购买意愿影响的理论模型

4. 研究方法

4.1　样本构成

考虑到年轻群体是当前直播营销的主要受众，本文选择以18～40岁且观看过直播带货视频的用户为主要调查对象。本研究使用问卷星平台企业版发放430份问卷。通过问卷星官方的问卷质量控制服务、反向题目设计以及注意力检测题对问卷整体质量进行把控，最终得到有效问卷 398 份，回收率为 92.56%。如表 1 所示，男性 182 人，占比 45.70%；女性 216 人，占比 54.30%。年龄主要集中在 18~27 岁，占比 60%；其次是 28~40 岁，占比 40%。在样本人群中，观看过电商直播带货视频的被试高达 100%；观看电商直播带货视频的频率集中在每月 1~2 次（30.90%）；86.70% 的被试曾通过观看电商直播带货视频进行购物。总体来说，女性样本略高于男性，但大体较为均匀；样本年龄分布较为年轻化；整体文化水平足以完全理解问卷内容；观看直播带货视频的频率以及通过这一方式进行购物的频率适中。综上，被试能较好地代表通过观看直播带货购物的消费群体，这可为后续的研究与分析奠定较好的基础。

表 1   样本信息（N=398）

基本特征	分类	样本数（个）	百分比	基本特征	分类	样本数（个）	百分比
性别	男	182	45.70%	是否看过电商直播带货	是	398	100%
	女	216	54.30%		否	0	0%
年龄	18~22 岁	116	29.10%	观看电商直播带货视频的频率	1 天 1~2 次	73	18.30%
	23~27 岁	123	30.90%		1 周 1~2 次	68	17.10%
	28~32 岁	82	20.60%		1 月 1~2 次	123	30.90%
	32~40 岁	77	19.30%		1 年不超 10 次	82	20.60%
最高学历	高中及以下	46	11.60%		截至目前，总观看次数只有几次	52	13.10%
	专科	49	12.30%	通过观看电商直播带货视频进行购物的频率	总是：近期几乎都是通过观看直播购买产品	46	11.60%
	本科	250	62.80%				
	硕士及以上	53	13.30%				
月可支配收入	1000 元以下	27	6.80%		经常：通过直播购买产品的经历较多	62	15.60%
	1001~2000 元	165	41.50%		有时：通过直播购买产品的情况时有发生	142	35.70%
	2001~3000 元	83	20.90%				
	3001~4000 元	57	14.30%		偶然：通过直播购买产品的经历很少	95	23.90%
	4000 元以上	66	16.60%		从不：至今没有通过直播购买产品的经历	53	13.30%

4.2 变量测量

本研究中所有构念的测量均借鉴以往研究中成熟的测量量表。除产品卷入度的测量之外，其他所有变量量表均采用李克特 7 点计分，1 代表"完全不同意"，7 代表"完全同意"。

自变量社会临场感的测量借鉴以往的研究范式（吕洪兵，2012；Shen & Khalifa，2008）。社会临场感被分为意识临场感、情感临场感、认知临场感三个维度。每个维度包含 3 个题项，得分越高代表被试感知到相应的社会临场感越强。此外，本文进一步将社会临场感作为潜变量，将意识临场感、认知临场感以及情感临场感作为观测指标，考察整体社会临场感的结构效度。验证性因素分析结果显示整体的社会临场感结构效度良好（$X^2/df = 2.517$，GFI = 0.966，NFI = 0.955，CFI = 0.972，IFI = 0.972，TLI = 0.958，AGFI = 0.936，RMSEA = 0.062）。

中介变量体验价值的测量借鉴近年来网购体验价值相关研究的范式（董大海和杨毅，2008；郭国庆和李光明，2012；蒋婷等，2021；申光龙等，2016；孙小丽，2018）。本文从功能体验价值、情感体验价值以及社会体验价值三个维度测量直播带货中消费者所感受到的体验价值。每个维度包含 3 个题项，得分越高代表被试感知到的体验价值越强。此外，本文进一步将体验价值作为潜变量，将功能体验价值、情感体验价值以及社会体验价值作为观测指标，考察体验价值的结构效度。验证性因素分析结果显示体验价值的结构效度良好（$X^2/df = 1.765$，GFI = 0.897，NFI = 0.927，CFI = 0.966，IFI = 0.967，TLI = 0.950，AGFI = 0.808，RMSEA = 0.07）。

因变量冲动购买意愿的测量借鉴 Zeelemberg 等（1996）以及张源（2017）研究所使用的测量量表。得分越高代表被试的冲动购买意愿越强。调节变量产品稀缺性感知的测量采用 Wann Yih Wu（2011）所使用的量表。得分越高代表被试感知到的产品稀缺性越强。调节变量产品卷入度的测量采用 Vaughn（2000）研究的产品卷入度量表。其形式为包含 3 个题项的语义差别量表，得分越高代表被试认为此产品卷入度水平越高。

此外，本研究还测量了冲动购买特质。借鉴 Praveen（2013）和熊素红（2009）使用的测量量表，得分越高代表被试拥有越强的冲动购买特质。为了排除其他机制的解释，本研究也测量了感知真实性。其测量借鉴 Naoi（2004）以及 Lu 等（2015）研究所使用的量表，得分越高代表被试感知到的真实性越高。本研究中所有变量的具体题项以及结果如表 2 所示。

表 2　　　　　　　　　　　　　　构念测量以及参考来源

潜变量名称及代码	度量题项	参考来源
意识临场感 YS	在观看直播的过程中，我会关注主播 在直播间中，我能感知到主播会关注用户的存在（用户的发言和评论等） 在观看直播的过程中，我能感知到其他用户的存在	吕洪兵（2012） 董京京（2019）
情感临场感 QG	在直播过程中，主播会和用户及时交流商品的信息，这减少了我的忧虑 当主播展示商品时，我会觉得该商品就在我眼前，增强了商品的真实感 在观看直播时，主播的音容笑貌让我感到亲近	吕洪兵（2012） 董京京（2019） 周永生（2020）
认知临场感 RZ	在观看直播的过程中，我可以借助直观的视频对商品进行了解 我可以通过主播的试穿、试用以及讲解等对商品的实际效果等进行了解 我认为在直播过程中，主播会努力去了解我的需求和想法	周永生（2020） 吕洪兵（2012）

潜变量名称及代码	度 量 题 项	参考来源
产品稀缺性感知 PS	我觉得很多人想要购买此商品 我认为这个商品现货供给量很少 我觉得这个商品不久就会卖光	Wann Yih Wu（2011）
产品卷入度 PI	我认为购买此类产品是一个非常不重要/不重要/比较不重要/中立/比较重要/非常重要的决策 如果最终选择了不满意的产品，我将遭受的损失会非常小/小/比较小/中立/比较大/非常大 我在购买此类产品时，需要参考的信息非常少/少/比较少/中立/比较多/非常多	Vaughn（2000）
冲动购买意愿 IBI	我很想买主播推荐的这个商品 我有购买这个商品的冲动 我非常想得到这个商品	Zeelenberg 等（1996） 张源（2017）
功能体验价值 FEV	观看电商直播可以让我了解到更多关于产品的细节 观看电商直播可以我发现一些物美价廉的产品 观看电商直播可以让我发现一些感兴趣的产品	申光龙等（2016） Hoffman（1996）
情感体验价值 EEV	观看电商直播可以让我感到轻松 观看电商直播可以舒缓我的压力 观看电商直播可以使我暂时忘记烦恼	Willians & Soutar（2000）
社会体验价值 SEV	观看电商直播进行购物，可以让我与卖方形成更好的关系 在观看电商直播时，我可以认识一些主播 观看电商直播进行购物可以增进我与主播以及其他用户的交流与感情	孙小丽（2018） Lifang Peng（2018）
感知真实性 PR	电商直播提供了完整的产品信息 电商直播中对产品的描述是真实的 观看电商直播了解产品的信息可以给我一种真实感	Naoi（2004） Lu 等（2015）
冲动购买特质 IBT	在平常购物时，我经常会买一些原本不打算购买的商品 我是一个经常购买计划以外商品的人 我会享受偶然买东西的乐趣 我避免购买购物清单以外的商品	熊素红（2009） Praveen（2013）

4.3 研究程序

预调查阶段，本研究利用问卷星平台设计问卷，以二维码的形式发给 100 位大学生，最终得到 80 份有效问卷。本研究据此对问卷进行三次修改，并确定了最终的题项。正式调查阶段，本研究使用问卷星平台企业版，指定答卷人员为"观看过直播带货视频"且"18~40 岁"的特定人群。通过问卷星官方的问卷质量控制服务、反向题目设计以及注意力检测题对问卷整体质量进行把控。

4.4 共同方法偏差检验

考虑到采用自我报告收集数据可能导致共同方法偏差，本研究在采取匿名调查、注意力检测题以及部分题目反向计分等程序控制的基础上，进一步采取 Harman 单因子检验进行共同方法偏差的检验。结果显示特征根大于 1 的因素共 8 个，其中第一个因素解释的累计变异量为 21.739%，小于 40% 的临界值，表明本研究不存在严重的共同方法偏差问题（周浩和龙立荣，2004）。

5. 结果分析

5.1 问卷效度与信度分析

本研究运用 SPSS24.0 软件以及 AMOS 24.0 软件对各个构念进行检验。所有变量的所有题项的标准因子载荷均大于 0.6，所有变量的 Cronbach'α 值大于 0.7，大部分变量的 KMO 检验值大于 0.7，表明本研究量表适合进行因子分析。所有变量的组合信度（CR）大于 0.7，表明量表具有良好的内部一致性。大部分变量的平均提取方差（AVE）大于 0.5（0.36~0.5 为可接受门槛），表明本研究所采用的量表具有良好的收敛效度。具体检验结果如表 3 所示。此外，主要变量的判别效度检验结果见表 4，各变量的平均提取方差大于该变量与其他变量的相关系数，表明判别效度达到可接受水平。

表 3 变量信度和收敛效度检验

潜变量		测量项目	非标准化因子载荷	S. E.	T-value	P	标准化因子载荷	Cronbach'α	KMO	CR	AVE
意识临场感	--->	YS1	1.000				0.892	0.761	0.679	0.935	0.827
	--->	YS2	1.096	0.037	29.318	***	0.952				
	--->	YS3	0.962	0.037	25.775	***	0.882				
情感临场感	--->	QG1	1.000				0.702	0.741	0.683	0.743	0.492
	--->	QG2	0.806	0.084	9.588	***	0.637				
	--->	QG3	1.010	0.109	9.566	***	0.759				
认知临场感	--->	RZ1	1.000				0.694	0.736	0.668	0.744	0.540
	--->	RZ2	1.273	0.142	8.970	***	0.815				
	--->	RZ3	1.025	0.108	9.469	***	0.688				
功能体验价值	--->	FEV1	1.000				0.825	0.876	0.738	0.877	0.704
	--->	FEV2	1.063	0.058	18.480	***	0.880				
	--->	FEV3	0.903	0.051	17.571	***	0.810				

潜变量		测量项目	非标准化因子载荷	S. E.	T-value	P	标准化因子载荷	Cronbach'α	KMO	CR	AVE
情感体验价值	--->	EEV1	1.000				0.893	0.919	0.748	0.920	0.794
	--->	EEV2	1.063	0.040	22.743	***	0.938				
	--->	EEV3	0.876	0.038	22.790	***	0.840				
社会体验价值	--->	SEV1	1.000				0.787	0.783	0.702	0.784	0.548
	--->	SEV2	0.892	0.078	11.445	***	0.724				
	--->	SEV3	0.909	0.080	11.382	***	0.708				
冲动购买特质	--->	IBT1	1.000				0.772	0.868	0.804	0.868	0.621
	--->	IBT2	0.941	0.063	14.878	***	0.757				
	--->	IBT3	1.068	0.067	16.032	***	0.816				
	--->	IBT4	1.028	0.065	15.861	***	0.806				
冲动购买意愿	--->	IBI1	1.000				0.892	0.932	0.756	0.935	0.827
	--->	IBI2	1.096	0.037	29.318	***	0.952				
	--->	IBI3	0.962	0.037	25.775	***	0.882				
产品稀缺性感知	--->	PS1	1.000				0.878	0.919	0.761	0.919	0.791
	--->	PS2	1.048	0.430	24.589	***	0.908				
	--->	PS3	1.008	0.043	24.682	***	0.882				
感知真实性	--->	PR1	1.000				0.763	0.760	0.761	0.702	0.517
	--->	PR2	0.956	0.092	10.419	***	0.720				
	--->	PR3	0.921	0.089	10.031	***	0.671				
产品卷入度	--->	PI1	1.000				0.796	0.864	0.736	0.865	0.681
	--->	PI2	1.071	0.064	16.761	***	0.849				
	--->	PI3	1.034	0.062	16.627	***	0.829				

注：***表示 $P<0.001$。

表4　　　　　　主要变量的判别效度检验

	社会体验价值	情感体验价值	冲动购买意愿	功能体验价值	认知临场感	情感临场感	意识临场感
社会体验价值	0.740						
情感体验价值	0.602	0.891					
冲动购买意愿	-0.009	0.013	0.909				
功能体验价值	0.428	0.267	0.133	0.839			
认知临场感	-0.009	-0.048	0.47	0.087	0.735		
情感临场感	-0.053	-0.105	0.517	0.053	0.697	0.701	
意识临场感	0.005	-0.108	0.516	0.158	0.687	0.764	0.856

5.2 社会临场感、体验价值、冲动购买意愿的相关分析

本研究旨在探究直播带货情境中由意识临场感、情感临场感、认知临场感三个维度构成的整体社会临场感作为自变量对因变量冲动购买意愿的影响。因此，本研究采用 AMOS 24.0 软件构建结构方程模型检验模型的拟合度。首先，关于"自变量与中介变量的二阶测量模型是否可代替一阶测量模型"的检验结果（见表5）表明一阶测量模型与二阶测量模型的模型配适度指标中，卡方值与自由度、RMSEA、GFI、AGFI、NFI、RFI、IFI 和 CFI 均达到标准要求，由此可见本文提出的理论模型与数据拟合效果较好。此外，目标系数（一阶测量模型与二阶测量模型的卡方值相除）等于1，表明在本研究中二阶测量模型适合代替一阶测量模型（Marsh & Hocevar，1985）。在此基础上，社会临场感、体验价值以及冲动购买意愿之间的相关假设检验结果如表6所示。

表5 测量模型适配度检验

指标		χ^2	df	c/df	GFI	NFI	CFI	IFI	RFI	AGFI	RMSEA
建议值		越小越好	越大越好	<3	>0.9	>0.9	>0.9	>0.9	>0.9	>0.8	<0.08
自变量测量模型	一阶因子模式	60.404	24	2.517	0.966	0.955	0.972	0.972	0.958	0.936	0.062
	二阶因子模式	60.404	24	2.517	0.966	0.955	0.972	0.972	0.958	0.936	0.062
中介变量测量模型	一阶因子模式	42.368	24	1.765	0.897	0.927	0.966	0.967	0.950	0.808	0.078
	二阶因子模式	42.368	24	1.765	0.897	0.927	0.966	0.967	0.950	0.808	0.078

如表6所示，由意识临场感、认知临场感以及情感临场感三个维度构成的整体社会临场感对冲动购买意愿（$\beta = 0.867$，$P < 0.001$）具有显著正向影响；整体社会临场感对体验价值（$\beta = 0.608$，$P < 0.001$）具有显著正向影响；体验价值对冲动购买意愿（$\beta = 0.361$，$P < 0.001$）具有显著正向影响。

表6 二阶模型标准化路径系数和假设检验结果

	假设路径			Estimate	S. E.	C. R.	P	Standardized Estimate	Conclusion
H1	社会临场感	--->	冲动购买意愿	0.867	0.125	6.940	***	0.436	支持
H2	社会临场感	--->	体验价值	0.608	0.098	6.225	***	0.412	支持
H3	体验价值	--->	冲动购买意愿	0.361	0.074	4.899	***	0.268	支持

注：***表示 $P < 0.001$。

5.3 中介作用检验

（1）体验价值的中介作用检验。根据温忠麟等（2004）提出的中介效应分析流程，本研

究使用 AMOS 24.0 软件，运用 Bootstrap 方法，将抽样次数设置为5 000次，置信区间设为95%，检验消费者在直播带货情境中感受到的体验价值是否能在社会临场感和冲动购买意愿之间发挥中介作用。检验结果见表7。

表7　　　　　　　　　　　　　　　**Bootstrap 中介效应检验表**

路径	效应	Point Estimation	Product of Coefficients		Bootstrap 5000 Times					
					Bias-corrected			Percentile		
			SE	Z	Lower	Upper	P-value	Lower	Upper	P-value
SL--->EV--->IBI	间接效应	0.219	0.065	3.369	0.116	0.380	0.000	0.106	0.361	0.000
	直接效应	0.867	0.129	6.721	0.634	1.139	0.000	0.635	1.140	0.000
	总效应	1.086	0.130	8.354	0.852	1.362	0.000	0.850	1.359	0.000

从表7可看出模型总效应显著（$Z=8.354>1.96$），而且模型总效应中，偏度校正检验和百分位数检验在置信度95%下，信赖区间分别为（0.852，1.362）和（0.850，1.359），均不包含0，说明中介效应可能存在。此外，模型间接效应显著（$Z=3.369>1.96$），且模型间接效应中，偏度校正检验在置信度95%下，信赖区间为（0.116，0.380）；百分位数检验在置信度95%下，信赖区间为（0.106，0.361），均不包含0，说明间接中介效应存在。而偏度校正检验在置信度95%下，直接效应的信赖区间为（0.634，1.139）；百分位数检验在置信度95%下，信赖区间为（0.635，1.140），均不包含0，即说明直接效应显著。综上，在直播带货情境中，体验价值在社会临场感与冲动购买意愿之间起部分中介作用。

（2）排除感知真实性的机制解释。直播带货情境营造的社会临场感可使用户彷佛置身于真实的购物场景之中，并可能会让消费者觉得产品较为真实，产品的效果更为真实，因此本文同时测量了感知真实性，并使用 SPSS24.0 软件中的 PROCESS 程序，利用 Bootstrap 方法对感知真实性可能的中介作用进行了检验（Hayes，2013）。在重复抽取数5 000和95%置信区间下，感知真实性的中介检验结果包含0（LLCI＝－0.3067，ULCI＝0.2940）。这表明尽管直播带货情境所营造的整体社会临场感可以增强用户的感知真实性，但是这种感知真实性并不是社会临场感与冲动购买意愿之间潜在的中介变量。毕竟在直播带货情境中，即使消费者认为某产品真实，也不足以产生强烈的冲动购买意愿。因此，我们排除了感知真实性的替代性解释。

5.4　社会临场感与冲动购买意愿的关系：有调节的中介模型检验

本研究在中介分析的基础上进一步借鉴相关潜变量的研究（Shuailei et al.，2018），利用 SPSS 24.0 软件中的 PROCESS 程序，以 Model 21（Model 21 为前后路径均有调节的中介模型，且与本研究的理论模型一致）对直播带货情境中的社会临场感与冲动购买意愿之间关系的中介效应进行进一步检验。考虑到个体之间的差异以及个体冲动购买特质对冲动购买意愿的潜在影响，本研究在分析时将年龄、学历、性别、冲动购买特质等个体差异以及观看直播带货的频率和通过观看直播带货进行购物的频率视为控制变量。在此基础上，本研究将产品稀缺性感知放入模型后，社会临场感与产品稀缺性感知的乘积项对体验价值的预测作用显著（$B=0.0743$，$T=3.8957$，$P<0.01$），表明产品稀缺性感知可调节社会临场感对体验价值的预测作用。将产品卷入度放入模型后，体验价值与产品卷入度的乘积项对冲动购买意愿的预测作用也依旧显著（$B=-0.551$，$T=-2.1851$，$P<0.05$），表明产品卷入度可调节体验价值对冲动购买意愿的预测作用。具体结果如表 8 所示。

表 8　　　　　　　　　　　　　有调节的中介模型检验

回归方程（$N=398$）		拟合指标			系数显著性		
结果变量	预测变量	R	R^2	$F(\mathrm{df})$	B	T	P
体验价值		0.8979	0.8062	202.3178(8) ***			
	社会临场感				0.2541	3.3498	0.0009
	产品稀缺性感知				0.3502	3.8892	0.0001
	社会临场感×产品稀缺性感知				0.0743	3.8957	0.0001
冲动购买意愿		0.7966	0.6346	74.8604(9) ***			
	社会临场感				0.3689	5.9343	0.0000
	体验价值				0.7156	6.3428	0.0000
	产品卷入度				−5.117	−5.4979	0.0000
	体验价值×产品卷入度				−0.551	−2.1851	0.0295

注：***表示 $P<0.001$。

如图 2、图 3 以及表 9 所示，简单斜率分析结果表明相对于产品稀缺性感知水平较低（M−1SD）的被试而言，直播带货情境所营造的社会临场感可以使产品稀缺性感知水平较高（M+1SD）的被试感受到更高的体验价值，即社会临场感和产品稀缺性感知的共同作用

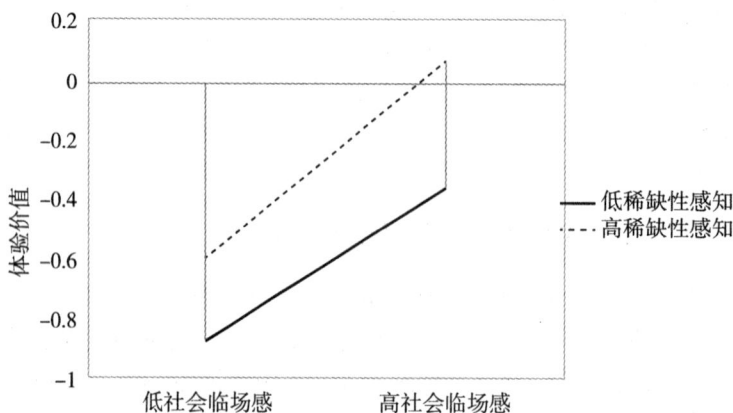

图 2　产品稀缺性感知在社会临场感与体验价值之间关系中的调节作用

可以增强个体感知到的体验价值。此外，当被试认为产品卷入度较低（M-1SD）时，体验价值对其冲动购买意愿具有更显著的正向预测作用。但随着产品卷入度的提高，体验价值对冲动购买意愿正向预测作用逐渐减弱。由此说明如果产品卷入度较高，即使个体在直播带货情境中感受到较高的体验价值，其冲动购买意愿也会较低（见表9）。

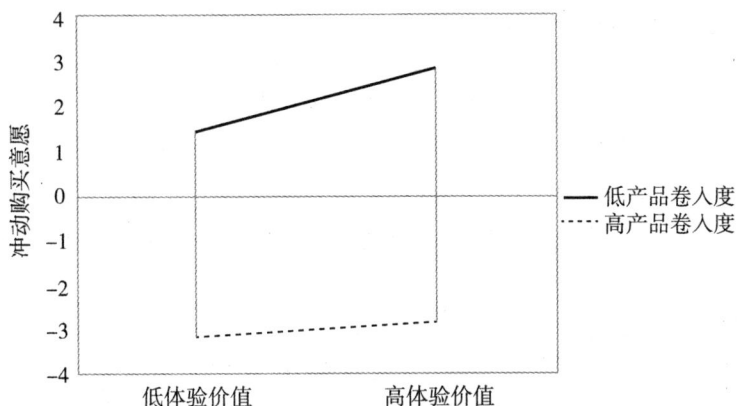

图3　产品卷入度在体验价值与冲动购买意愿之间关系中的调节作用

表9　　　　　　　　　　　　调节变量的不同水平上的中介效应

调节变量	水平	效应值	Boot 标准误	BootCI 下限	BootCI 上限
	1.7424（M-1SD）	0.3835	0.0483	0.2886	0.4784
产品稀缺性感知	3.2822（M）	0.4979	0.0338	0.4314	0.5643
	4.8221（M+1SD）	0.6122	0.0410	0.5317	0.6928
	2.8658（M-1SD）	0.5577	0.0528	0.4539	0.6615
产品卷入度	4.2169（M）	0.4833	0.0415	0.4018	0.5648
	5.5680（M+1SD）	0.4089	0.0545	0.3017	0.5161

6. 结论与讨论

6.1 研究结论

随着网络购物的盛行以及直播营销的兴起，网络直播带货逐渐成为电子商务领域热门的营销手段。其不仅推动了企业等相关人员的实践探索，而且逐渐引起了学术研究者的关注。在研究初期，大多数研究关注以社会临场感等为中介解释直播带货对消费者行为的影响机制，但鲜少深入研究社会临场感影响消费者意愿或行为的内在机制。本研究基于此实践现状以及理论现状，进一步基于 S-O-R 理论，探究直播带货情境所营造的社会临场感如何影响消费者冲动购买意愿。因此，本文的关注点为直播带货情境所营造的整体社会临场感与消费者在此情境中的冲动购买意愿的关系及其作用机制和边界条件。本文主要尝试回答以下问题：此情境中的社会临场感如何起作用？如何作用更大？何时作用更大？商家如何更好地利用直播带货情境中的社会临场感激发消费者的冲动购买意愿？本文借助效度和信度较高的问卷以及 SPSS24.0 软件、PROCESS 程序和 AMOS24.0 软件进行研究。结果表明：

（1）直播带货情境所营造的整体社会临场感直接影响或通过体验价值的中介作用间接影响冲动购买意愿。

（2）直播带货情境所营造的整体社会临场感并不会通过感知真实性的中介作用间接影响冲动购买意愿。尽管基于理论推理，此情境中的社会临场感可以让消费者觉得产品效果等更为真实，但是实证数据检验表明，在直播带货情境中，感知真实性不足以激发消费者强烈的冲动购买意愿。

（3）体验价值作为中介的前半路径受到产品稀缺性感知的调节，后半路径受到产品卷入度的调节。即在直播带货情境中，对于高水平稀缺性感知的消费者而言，社会临场感对体验价值的预测作用更大。当消费者认为产品卷入度较低时，其感受到的体验价值可更好地预测其冲动购买意愿。

6.2　理论意义

本研究主要具有以下理论贡献：

（1）直播营销日益受到学者的关注，但大多相关文献主要聚焦于将社会临场感作为中介变量研究直播营销等对消费者行为的影响。此外，如今关于社会临场感和冲动购买意愿的研究相对分散且独立。因此，本文基于 S-O-R 研究框架，将社会临场感延伸到直播带货情境中，研究其作为自变量和冲动购买意愿的关系，以此对直播营销、社会临场感以及冲动购买意愿进行了综合研究。

（2）本研究主要探索由意识、情感、认知临场感所构建的整体社会临场感对冲动购买意愿的影响，而非分开探究这三个维度的作用机制。直播带货情境所营造的社会临场感息息相关且相互作用，最终形成综合刺激并影响消费者的感知。因此，消费者最终感知到的只是存在高低程度差异的由意识临场感、认知临场感和情感临场感组合而成的整体社会临场感。基于此，本研究的自变量为直播带货情境中的整体社会临场感，具有一定的创新性。

（3）基于国内外的相关文献，本文详细地阐述了研究所用的量表设计并借助问卷调查的方法以及结构方程模型、中介和调节分析等多种分析方法验证了体验价值作为直播带货情境中的社会临场感和冲动购买意愿的中介作用，产品稀缺性感知以及产品卷入度的调节作用，构建了前后路径有调节的中介模型。因此，本文更深入地探究了直播带货情境中社会临场感、体验价值以及冲动购买意愿之间的作用机制以及边界条件，具有一定的新颖性。

综上所述，本研究在研究对象和分析方法方面均进行了拓展性和新颖性努力。

6.3 营销启示

企业应注重营造直播带货情境中的社会临场感以增强消费者所感受到的体验价值，进而影响他们的冲动购买意愿和行为：

(1)注重直播场景布置。装饰品、灯光等环境布置以及商品的陈列方式可以为消费者提供基础的认知线索。例如，将按摩产品与具有母亲节或父亲节布景的直播场景氛围相搭配可以强化产品本身所具有的价值，烘托超越产品本身的情感，营造更强烈的认知临场感，让消费者感受到更多的功能体验价值与情感体验价值。

(2)强化直播主播培训。用户会将主播的口碑形象和自身形象与其谈及的产品、服务关联。因此，主播应注重个人形象、谈吐举止，管理情绪变化等。此外，主播的谈吐气质以及与受众的互动交流可以营造更高的情感临场感，并增强情感体验价值。当用户发现自己关注的主播拥有大量的粉丝时(当用户发现大量的其他用户正在和他同时观看某一直播时)，他们会产生更强烈的意识临场感和社会归属感，并且会感受到更高的社会体验价值。

(3)提高产品认知。在直播带货情境中，主播对于产品细节的专业介绍以及通俗易懂的讲解可增加消费者对产品的了解，营造更强烈的认知临场感，有助于提高功能性体验价值的感知。

(4)讲究营销策略。企业应利用信息技术精准定位目标消费者，有计划性地设定娱乐性活动以及运用产品稀缺诉求营销策略。针对不同的商品(实用产品、享乐产品、产品卷入度不同的产品)和不同的时机(直播高峰期、节假日等)，使用形式灵活多变的产品稀缺诉求营销策略(限时、限量产品稀缺诉求)，以此增强消费者感知到的产品稀缺性，进而提高他们对产品与服务体验的价值感知，增强冲动购买意愿。

(5)重视产品卷入度。企业在保障直播间产品质量、主播服务质量、直播间基础设计良好的基础上，应根据目标受众以及营销刺激之间的组合推出适合不同产品卷入度的直播场景或场次，以吸引更多的消费者且激发其冲动购买意愿。

6.4 研究局限及未来研究方向

本研究仍然存在一些不足，需要进一步加以完善：

(1)在研究方法方面：由于时间以及精力等因素的约束，本研究主要采用向目标人群发放问卷，以问卷调查的形式进行研究，尚未使用其他方法检验研究。未来的研究可进一步扩大调查对象、年龄范围以及样本数量，利用实验室实验的方法进行更大范围的实证研究。在条件允许的情况下，还可以与进行直播带货的商家合作，以直播间的用户为样本进行实验。

(2)在研究主题方面：本研究关注直播带货情境中的社会临场感对冲动购买意愿的影响，未来的研究可以探索是否能以相似的方式在传统的线下购物情境中打造"主播带货"等活动，以增强消费者的互动感、归属感以及体验价值，进而探究这种情境对消费者从众消费、寻求独特性消费意愿或行为的影响机制，以此为营销活动提供行之有效的实践启示。

◎ 参考文献

[1] 常亚平，肖万福，覃伍，等．网络环境下第三方评论对冲动购买意愿的影响机制：以产品类别和评论员级别为调节变量[J]．心理学报，2012，44(9)．

[2] 董大海，杨毅．网络环境下消费者感知价值的理论剖析[J]．管理学报，2008(6)．

[3] 冯俊，路梅．移动互联时代直播营销冲动性购买意愿实证研究[J]．软科学，2020，34(12)．

[4] 郭国庆，李光明．购物网站交互性对消费者体验价值和满意度的影响[J]．中国流通经济，2012，26(2)．

[5] 姜参，赵宏霞．B2C网络商店形象、消费者感知与购买行为[J]．财经问题研究，2013(10)．

[6] 连帅磊，刘庆奇，孙晓军，等．手机成瘾与大学生拖延行为的关系：有调节的中介效应分析[J]．心理发展与教育，2018，34(5)．

[7] 刘建新．产品稀缺诉求对消费者购买意愿的影响研究[D]．天津：南开大学，2017．

[8] 刘洋，李琪，殷猛．网络直播购物特征对消费者购买行为影响研究[J]．软科学，2020，34(6)．

[9] 吕洪兵．B2C网店社会临场感与粘性倾向的关系研究[D]．大连：大连理工大学，2012．

[10] 申光龙，彭晓东，秦鹏飞．虚拟品牌社区顾客间互动对顾客参与价值共创的影响研究——以体验价值为中介变量[J]．管理学报，2016，13(12)．

[11] 孙小丽．消费者网购体验、体验价值与购买意愿[J]．商业经济研究，2018(12)．

[12] 汪涛，田欢欢，魏华．绿色奢侈品会受到低环保意识消费者的青睐吗？——奢侈品绿色化对消费者感知价值的影响[J]．管理现代化，2016，36(5)．

[13] 温忠麟，叶宝娟．有调节的中介模型检验方法：竞争还是替补？[J]．心理学报，2014，46(5)．

[14] 温忠麟，叶宝娟．中介效应分析：方法和模型发展[J]．心理科学进展，2014，22(5)．

[15] 翁文静，黄梦岚，汤德聪，等．时间压力对消费者冲动性购买意愿的影响——基于淘宝直播情境的视角[J]．福建农林大学学报(哲学社会科学版)，2020，23(4)．

[16] 谢莹，李纯青，高鹏，等．直播营销中社会临场感对线上从众消费的影响及作用机理研究——行为与神经生理视角[J]．心理科学进展，2019，27(6)．

[17] 熊素红．基于个性特质的冲动性购买研究[D]．武汉：华中科技大学，2009．

[18] 章莉南子．基于SOR理论的短时情绪诱发对个体购买行为影响的神经及预测机制研究[D]．杭州：浙江大学，2019．

[19] 赵宏霞，王新海，周宝刚．B2C网络购物中在线互动及临场感与消费者信任研究[J]．管理评论，2015，27(2)．

[20] 周浩，龙立荣．共同方法偏差的统计检验与控制方法[J]．心理科学进展，2004(6)．

[21]周永生, 唐世华, 肖静. 电商直播平台消费者购买意愿研究——基于社会临场感视角[J]. 当代经济管理, 2021, 43(1).

[22]周元元, 胡杨利, 张琴, 等. 时间压力下你想听什么？参照组影响对冲动购买的调节[J]. 心理学报, 2017, 49(11).

[23] Anderson, S., Williams, L. Assumption about unmeasured variables with studies of reciprocal relationships: The case of employee attitudes[J]. Journal of Applied Psychology, 1992, 77(5).

[24] Belk, R. W. Situational variables and consumer behavior[J]. Journal of Consumer research, 1975, 2(3)4.

[25] Celsi, R. L., Olson, J. C. The role of involvement in attention and comprehension processes[J]. Journal of Consumer Research, 1988, 15(2).

[26] Clover, V. T. Relative importance of impulse-buying in retail stores[J]. Journal of Marketing, 1950, 15(1).

[27] Eroglu, S. A., Machleit, K. A., Davis, L. M. Atmospheric qualities of online retailing: A conceptual model and implications[J]. Journal of Business Research, 2001, 54(2).

[28] Hayes, A. F. Introduction to mediation, moderation, and conditional process analysis: A regression - based approach[M]. New York: The Guilford Press, 2013.

[29] Heeter, C. Being There: The subjective experience of presence[J]. Presence Teleoperators & Virtual Environments, 1992, 1(2).

[30] Sheth, J. N., Newman, B. I., Gross, B. L. Why we buy what we buy: A theory of consumption values[J]. Journal of Business Research, 1991, 22(2).

[31] Khachatryan, H., Rihn, A., Behe, B., et al. Visual attention, buying impulsiveness, and consumer behavior[J]. Marketing Letters, 2018, 29(1).

[32] Lynn, M. Scarcity effects on value: A quantitative review of the commodity theory literature[J]. Psychology and Marketing, 1991, 8(1).

[33] Marsh, H. W., Hocevar, D. Application of confirmatory factor analysis to the study of self-concept: First- and higher order factor models and their invariance across groups.[J]. Psychological Bulletin, 1985, 97(3).

[34] Mathwick, C., Malhotra, N. K., Rigdon, E. The effect of dynamic retail experiences on experiential perceptions of value: An internet and catalog comparison[J]. Journal of Retailing, 2002, 78(1).

[35] Oruc, R. The effects of product scarcity on consumer behavior: A meta-analysis[D]. Frankfurt (Oder): Europa-Universität Viadrina Frankfur, 2015.

[36] Parboteeah, D. V., Valacich, J. S., Wells, J. D. The influence of website characteristics on a consumer's urge to buy impulsively[J]. Information Systems Research, 2009, 20(1).

[37] Rook, D. W., Fisher, R. J. Normative influences on impulsive buying behavior[J]. Journal of Consumer Research, 1995, 22(3).

[38] Rook, D. W. The buying impulse[J]. Journal of Consumer Research, 1987(14).

[39]Shen, K. N., Khalifa, M. Exploring Multidimensional conceptualization of social presence in the context of online communities[J]. Journal Of Human – Computer Interaction, 2008, 24(7).

[40]Short, J., Williams, E., Christie, B. The social psychology of telecommunications[J]. John Wiley and Sons, 1976, 7(1).

[41] Lian, S., Liu, Q., Sun, X., et al. Mobile phone addiction and college students' procrastination: Analysis of a moderated mediation model[J]. Psychological Development and Education, 2018, 10(8).

[42]Verplanken, B., Herabadi, A. Individual differences in impulse buying tendency: Feeling and no thinking[J]. European Journal of Personality, 2001, 15(S1).

[43]Vijayasarathy, L. R. Predicting consumer intentions to use on-line shopping: The case for an augmented technology acceptance model[J]. Information & Management, 2004, 41(6).

[44]Wang, Q., Yang, Y., Wang, Q., et al. The effect of human image in B2C website design: An eye-tracking study[J]. Enterprise Information Systems, 2014, 8(5).

[45] Zaichkowsky, J. L. The personal involvement inventory: Reduction, revision, and application to advertising[J]. Journal of Advertising, 1994, 23(4).

Arousal of Impulse Buying Intention
—A Moderated Mediation Model Based on Holistic Social Presence in the Context of Live-streaming E-commerce

Zheng Jun[1]   Liu Liyun[2]   Zhang Chubing[3]

(1, 2   School of Economics and Management, Yanbian University, Jilin, 133000;

3   School of Business, Tianjin University of Finance and Economics, Tianjin, 300071)

Abstract: Although existing studies have shown that online marketing could affect consumers' purchase intention, most of them ignored the influence of "social situation" consumers encountered when shopping by watching live-streaming. In addition, because live-streaming e-commerce is relatively new, the previous studies focused on multiple dimensions of social presence to explain the mechanism of live-streaming, without exploring how the social presence in this context influences consumer behavior for the time being. Based on the social presence theory and S-O-R model, this paper discussed the mechanism and boundary conditions of the influence of social presence constructed from three dimensions of consciousness, emotion and cognition social presence on impulse buying intention in live-streaming e-commerce. Through the empirical research, this paper finds that social presence not only directly and positively affects impulse buying intention, but also indirectly and positively affects it by experience value as a mediator. For consumers with a high level of perceived product scarcity, a high level of social presence can bring them stronger experience value, thereby inspiring impulse buying intention. Additionally, compared with products with high level of involvement, consumers have stronger impulse purchase intention for products with low level of involvement.

Key words：Social presence；Impulse buying intention；Product scarcity；Product involvement；Experience value；Live-streaming e-commerce

专业主编：寿志钢

基于文本挖掘的食品企业微博影响力预测研究[*]

● 刘灵芝[1,2]　王孝国[3,4]　肖邦明[5,6]

（1，3，5　华中农业大学经济管理学院　武汉　430070；

2，4，6　湖北农村发展研究中心　武汉　430070）

【摘　要】本研究旨在探究食品企业社交媒体传播的微博特征对在线口碑的驱动作用。研究基于深度机器学习算法，采用言语行为理论和自然语言处理技术提取了个人食品品牌和产品食品品牌微博中的用户信息、时间信息和文本信息，构建了美食相关的食品企业微博影响力的随机森林预测模型，并对模型进行了训练和评估。实验结果表明整体预测模型（结果）的准确率为 87.37%，可以出色完成预测任务，各微博特征均会对预测模型的准确性产生积极影响，相对而言用户信息是最为重要的预测特征。研究结果有助于食品企业了解消费者的关注内容，为食品企业的社交媒体营销实践提供参考，发布更具影响力的微博，为品牌微博发布提供科学的指导。

【关键词】微博影响力　预测　机器学习　言语行为理论

中图分类号：F063.2　　　　文献标识码：A

1. 引言

随着短视频直播平台和微博等新型社交媒体的兴起，新型社交媒体逐渐成为人们网上消费和获取信息的重要媒介。以新浪微博为例：2020 年 9 月，新浪微博月活跃用户为 5.11 亿人次，较 2019 年 9 月净增约 1 300 万。2019 年《中国互联网发展报告》数据显示中国网络零售市场规模已经突破 31 万亿元。微博作为新型社交媒体，因其具有多元实时双向互动的优势，不仅极大地变革了企业与消费者间的互动方式，也逐渐演变为企业营销的重要平台。企业可以在微博平台上收到关注、点赞、评论、转发等消费者信息反馈，大大提高了信息交流效率。根据 2017 年新浪微博企业白皮书发布的数据，其 2016 年注册的微博账号已达 130 万。"互联网+"时代的到来正在促使消费模式偏好不断发生改变。企业必

* 基金项目：财政部和农业农村部项目"国家现代农业产业技术体系"（项目批准号：CARS-42-28）。

通讯作者：王孝国，E-mail：969104412@qq.com。

须适应和提前预测微博营销的机制，提升企业微博互动营销的有效性，才能更扎实地立足于市场。

目前关于社交媒体的研究主要是研究社交媒体的互动内容对网民参与的影响（Castellό et al., 2016；Sundstrom & Levenshus, 2017；Gong et al., 2017），也有国内学者通过社交媒体营销的娱乐性（胡玲，2018）、网络口碑（吴敏琦，2013）等研究影响微博营销的因素以及社交媒体的使用意图。这些研究对揭示企业微博如何使用社交媒体吸引消费者、与消费者进行沟通和激励提供很多宝贵见解。然而，人们对社交媒体传播和消费者参与的内在影响机理却缺乏了解。Aleti 等（2019）通过对推特文本数据挖掘得出，不同推特类型主体在社交媒体使用语言风格方面具有差异性，因此，更好地了解消费者如何对待品牌信息发布者发布微博，以及是什么促使消费者频繁地转发、点赞和评论是至关重要的。

中国有句俗话"民以食为天"。百度指数的数据显示，美食在社交媒体上的搜索热度已经超过财经、科技、生活等话题，且搜索热度不断上升。此外，与美食相关的品牌也越来越多，它们对消费产生了很大的影响。然而，目前还没有关于消费者参与食品品牌互动方面的研究，本文希望通过言语行为理论的视角对社交媒体和消费者互动的内在机理进行研究，对个人品牌和产品品牌发布微博的影响力进行预测，为品牌发布更具影响力的微博提供科学指导。以往研究表明，品牌可以控制社交媒体的通信方式和内容，但语言的分割差异可能会在消费者中表现出明显的认知效果（Aleti et al., 2019），通过查看关于语言风格元素的微妙变化以及它们如何通过潜意识影响消费者的选择，我们可能获得品牌如何构建微博影响力预测模型的有效见解。因此，本研究以食品领域的企业微博和相关网络名人微博为对象，基于机器学习算法和言语行为理论来划分不同写作风格，以预测消费者参与社交媒体讨论行为（点赞、评论和转发）。

2. 文献综述

2.1 文本内容的相关研究

我们的研究是通过观察用户对品牌内容生成的参与程度，发现品牌社交媒体吸引用户讨论的内在机理，为使用社交媒体的公司提供科学指导。社交媒体的传播不仅要关注品牌本身，还应该关注其文本内容，从而洞悉品牌应如何更好地执行其社交媒体传播策略。文本内容是社交媒体用户进行网络互动的重要载体，大多数情况下，文本语言在社交媒体中占主导地位，它既可以表达自己的情绪，也可以向外传递信息。以往的研究表明，社交媒体推文的生动程度（多媒体手段）、互动程度（动员方式、号召性语言、提问和超链接）、内容的丰富性程度、情感唤起的文字、图片和视频材料的使用会对用户的点赞、评论和转发行为产生正向影响（Ashley & Tuten, 2015；青平等，2018；Araujo et al., 2015；Gong et al., 2017）。不仅如此，语言预期理论（Burgoon & Miller, 1985）指出，文本内容的外围要素，如信息发布者的具体性、严谨性、心理亲密性及与观众的互动，会导致观众和订户的数量变化。随着社交媒体功能的多元化，我们知道非言语交际功能，如表情、图片、视频等正在不断流行和丰富文本内容，但是大多数情况下只能起到对文本内容补充的作用，对于是否能否定或增强文本内容，增加微博影响力倾向还尚未可知。不可否认的是，目前非言语交际功能已经和文本语言越来越紧密地联系在一起。

2.2 文本风格的相关研究

品牌微博在日常发布信息过程中使用的语言风格可能并不总是在习惯性思维意识下产生的，但信息发布者通过仔细观察和分析，可选择适合自己以及关注者的风格，以此捕捉他们的潜在受众，来满足他们的兴趣。这些研究对于认识用户的点赞、评论和转发等行为具有非常重要的贡献，对于微博影响力预测模型的构建具有十分重要的借鉴作用。目前，多数文献将重点放在推文的内容和类型上，以了解吸引消费者点赞、评论和转发的原因，而忽略了推文的风格。研究将深入探讨美食网络名人和品牌官方微博的言语行为相关的语言风格元素，即叙事/分析风格、内部/外部关注风格、积极/消极情感风格。

2.2.1 叙事/分析风格

社交媒体推文的叙事方式可以分为叙事风格和分析风格，分析风格的微博通常更加注重遵循逻辑来发布消息，而叙事风格的推文更加注重故事的线性发展。因此，分析风格应包含对复杂组织的对象和概念的更多引用，而叙事风格应由更具描述性的单词组成，例如副词或辅助动词(Aleti et al.，2019)。"如何说"对于吸引用户注意力、激发好奇心更为关键。这些理论暗示着语言、语气和魅力，在说服中起着至关重要的作用。这一观点扩展了心理学、传播学和营销研究，表明叙事是通过注意力、描述和感觉对说服产生强大影响(Hamby et al.，2015)。以往的证据表明，与更具分析性和事实论证的语言风格相比，显现出更强线性叙事风格的微博消息往往可以更好地唤起叙事内容的传播，更能带来故事引人入胜的变革体验(David & Miall，1993)。Allison 等(2017)和 Van Laer 等(2019)发现社交媒体的说服程度取决于沟通对故事的讲述程度，叙事性的故事讲述对病毒式广告的传播具有积极的影响，广告采用叙事风格更有利于消费者对广告采取积极态度。然而，在大多数情况下，在叙事和分析风格可以被识别的基础上，消费者究竟更倾向于哪一种，至今仍未被探索。

2.2.2 内部/外部关注风格

社交媒体上的超社会关系被描述为消费者和品牌建立的友谊感，这种友谊感是在反复的接触和互动中形成的。由于品牌在某一方面或领域往往具有一定的代表性，再加上在社交媒体上更多的自我披露和曝光，就形成了用户对于品牌的一种钦佩，可以激发自己内心的渴望(孟陆等，2020)，因此消费者和用户更有可能转发、评论和点赞那些表现出更高自信和象征性资本的用户。Kacewicz(2014)通过文本分析发现，自信由更多的"我们"单词、社交单词和更少的"我"单词表示。也就是说，较高的社会地位和象征性资本与注重外部风格有关，而不是与内部注重写作和演讲风格有关。由于名人与消费者之间的关系是不对称的，消费者似乎更倾向于转推具有外部关注风格的内容。可以通过查看作者如何使用功能词的一种特定选择来捕获样式重点：人称代词(Cruz et al.，2017)。内部聚焦风格应包含更多的第一人称单数代词，而外部聚焦风格应包含更多的第二人称单数或第一人称复数代词。

2.2.3 积极/消极情感风格

情绪传染理论(Barsade,2002)指出,影响者的兴奋和激情会产生一种情绪传染,可能增加意见和订阅者的数量(Cohn et al.,2004)。于是我们将关注点转向第三种语言风格元素:情感。积极情绪可以通过诸如"快乐""兴奋"和"激动"之类的词的频率来捕捉,而消极情绪与诸如"焦虑""悲剧"和"自私"之类的词有关。Rimé(2009)认为不管信息的性质如何,消费者更可能共享以高度激昂的情感方式撰写的内容。一旦观众参与模仿行为,他们就会通过自己内部反应的生理反馈来体验情绪本身(Breugst et al.,2012)。根据以往的研究表明,当使用情感风格的激活度较高(例如,好与不好)或增强(例如,非常好)的单词时,消费者更有可能在网上给出较高的评分。所以,在社交媒体中,具有更能引起或激发情绪的风格的推文很可能会被共享。

言语行为理论的概念和相关实证研究表明同一条推文中捕获到的丰富信息,完全有可能触动消费者(Austin et al.,1975;Vermunt & Magidson,2016)。为了构建更高预测精准度的微博影响力模型,本研究借鉴以往的研究和言语行为理论的相关概念及实证研究,编码了来自食品行业的236个产品品牌和个人品牌的共计85 858条微博,基于机器学习算法构建了食品品牌微博影响力的预测模型,并将微博的用户信息、时间信息和文本信息进行编码放入微博影响力预测模型,很大程度上提高了微博影响力的预测准确率。

2.3 微博影响力的相关研究

微博影响力预测的研究涉及领域广泛,以往的文献主要分布在公共事件微博影响力的预测和政务微博影响力的预测等方面。由研究对象的不同,微博影响力的研究可以分为以下三种类型:

第一种是有关微博用户影响力的研究,例如舆情事件中的意见领袖(Li et al.,2019;Luqiu et al.,2019;Sofya et al.,2019),网络社区中的核心成员等在信息传播过程中对于公众态度和舆论导向具有显著影响的微博用户影响力研究(黄敏学等,2019;Yi et al.,2018),有关微博用户影响力的指标包括用户的粉丝数、网络中心度等,常见的方法是意见领袖识别方法和社交网络算法等。

第二种是关于微博博文的影响力,例如博文的内容形式、情感主题等因素导致微博在社交媒体平台上的流行程度(Aleti et al.,2019)、传播路径(Zaman et al.,2014)等,主要的指标包括微博博文的点赞数、评论数和转发数,主要的研究方法包括文本挖掘、情感分析等。

第三种是微博话题的影响力,也可以称之为舆情热度的相关研究,是指对特定主题进行讨论的微博的影响力研究(安璐等,2019),如事件报道类、情感表达类、话题讨论类等。

目前,国内外有关微博影响力研究方兴未艾,李军等(2011)梳理了目前国内关于微博影响力的研究,提出了关于微博影响力的评价模型;赵阿敏和曹桂全(2014)运用因子分析和聚类分析的方法,对16家省级政务微博进行了研究,结果显示,政务微博的影响力发展水平较低,高影响力政务微博数量明显少于低影响力政务微博数量,总体来说,政务微博影响力的分布结构呈"金字塔"状;安璐等(2019)以恐怖事件为背景,利用多种机器学习模型对恐怖事件的微博影响力进行预测研究，结果表明，微博文本的聚类结果和情感分析结果均会提高微博影响力预测模型的预测性能。

这些研究对于人们加深对微博影响力的了解具有重要贡献，但是研究发现在市场营销领域，尤其是随着互联网技术和网络经济的快速发展，无论个人品牌还是产品品牌都在依靠吸引粉丝来取得良好的营销效果，如何扩大食品品牌微博的影响力对于品牌网络营销的发展至关重要。因此，本研究编码了85 858条食品个人品牌和产品品牌推文，基于深度机器学习和言语行为理论从微博文本的表达风格入手，从品牌微博中挖掘出影响微博影响力的证据，确定影响微博影响力的重要特征，为个人品牌和产品品牌预测微博影响力，发布更具影响力的微博提供理论指导。

3. 研究设计

3.1 研究对象选取

本研究选择了两类微博品牌用户：个人品牌(美食博主)和产品品牌(食品品牌官方微博)。两类微博的明显区别在于，个人主页是黄色微博认证而企业主页则是蓝色微博认证。之所以选择与食品相关的个人品牌和产品品牌，是因为食品是社交媒体上讨论热度最高的话题之一，这些社交媒体的存在对食品消费产生很大的影响(Cahillane，2015)。

本研究使用Octopus 8.0软件程序从236个个人品牌和产品品牌主页收集微博。产品品牌(食品品牌官方微博)的研究样本选自中国品牌网食品行业不同类别产品的品牌榜、人气榜中排名前十位的企业，并将未开通微博账户的品牌进行手动删除；个人品牌(美食博主)的样本通过关键词搜索后，选取微博粉丝数量前100位的个人账户进行数据抓取。研究仅抓取用户的原创博文，对于转发内容不予抓取，这样可以更加明确每个账户如何发布自己的内容。由于不同用户发布的原始微博数量不同，研究从每个账户中提取的微博数也各不相同，其中发布微博最多的为161 730条，最少为109条。从中提取出相应的微博特征，包括用户信息特征(用户ID、粉丝数、发布微博总数、关注微博数量、微博认证信息、商品橱窗信息、成长速度、成长值、阳光信用评级、所在地、用户标签等)和博文信息特征(博文全文、图片数、视频时长、转发数、评论数、评论内容、点赞数、发博时间、发博客户端等)。

3.2 研究方法

为了更加直观地展现出各微博特征的影响力倾向，本研究对各微博特征进行了影响力倾向的测算，采用安璐等(2019)提出的微博影响力倾向测算指标。影响力倾向是指在某一指标下高影响力微博占比与总体高影响力微博占微博总数的比例之差，反映了在某一特征指标下微博影响力的高低占比情况，微博影响力倾向的计算方式如式(1)所示：

$$I(f_i) = \frac{N(f_i \mid f_c = \text{strong})}{N(f_i)} - \frac{N(D \mid f_c = \text{strong})}{N(D)} \tag{1}$$

其中 $I(f_i)$ 表示指标 i 的影响力倾向，它等于指标 i 下高影响力微博的数量比指标 i 下总体微博数量，减去总数据集中高影响力微博的数量比总数据集中微博数量。$I(f_i)$ 大于零表示指标 i 具有高影响力倾向，$I(f_i)$ 小于零则表示具有低影响力倾向，$I(f_i)$ 的绝对值越大，表明影响力倾向越明显。

3.3 微博特征选取

本研究通过 R 3.6.2 程序软件中的 jiebaR 3.0 中文分词程序包，对抓取的微博全文进行思维分析。思维分析是一种基于标准功能词典的捕捉叙事、分析风格的常用方法，思维分析结果反映了文本包含的叙事和分析风格的程度（James et al., 2015）。研究表明，更多地使用介词以及对复杂对象和概念的引用会获得更高的风格得分，代表更强的分析风格（Biber, 1991），而更多地使用副词、助动词、连词、否定词和人称代词会获得更低的风格得分，代表更强的叙事风格（Jurafsky & Martin, 2009; Raphael et al., 2018; Taecharungroj, 2016）。

本研究使用 R 3.6.2 程序软件中的 jiebaR 3.0 中文分词程序包，对抓取的微博全文进行关注风格分析。根据标准功能词典，内外部关注风格分析反映了文本中包含的内部和外部聚焦程度（Kacewicz et al., 2014）。根据以往研究，第一人称单数代词（我）的使用越多，内外部关注风格的分数越低，代表内部关注风格越强（Kacewicz et al., 2014），第二人称单数代词（您）和第一人称复数代词（我们）的使用越多，内外部关注风格的分数越高，代表外部关注风格越强（Kacewicz et al., 2014）。

本研究使用 R 3.6.2 程序软件中的 jiebaR 3.0 中文分词程序包和中科院 NLPIR-ICTCLAS 汉语分词系统，对抓取的微博全文进行情绪风格分析。基于正面（例如，喜欢、偏爱、美好等）和负面（例如，讨厌、丑陋、伤害等）情感词典，分析文本中包含的正负面情绪风格的程度（Pennebaker et al., 2014）。根据以往研究，消极情绪词尤其是高度消极情绪词的使用越多，情绪风格得分越低，代表更高的负面情绪风格（Cohn et al., 2004），积极情绪词尤其是高度积极情绪词的使用越多，情绪风格得分越低，代表更高的正面情绪风格（Cohn et al., 2004）。以往的研究证明，NLPIR-ICTCLAS 汉语分词系统有着非常完善的情绪分析标准词典和很高的情绪分析效率。

除了微博文本的风格特征外，我们还对文本主题进行挖掘，为了将微博划分为合理的主题数量，首先通过 LDA 文档主题生成模型对文本向量进行聚类，划分 10～20 个主题，得到文本主题的特征词语，随后对不同聚类中的词语进行重要程度排序，并通过观察进行归类，形成文本主题（节日推文、美食推荐、产品宣传、参与抽奖、美食教程、明星代言、促销打折、话题讨论、心灵鸡汤、养生健康）。

本研究还从用户信息、时间信息、文本信息三方面入手采集了微博用户的粉丝等级特征、活跃度特征（用户的发博频率和关注的账户数）、认证类型特征（个人品牌为黄色认证、产品品牌为蓝色认证）、发布时段信息、字符长度、图片和视频的使用情况。

3.4 效度构建

为了对变量指标的效度进行验证，本研究在确保选中每个微博账户的前提下，随机抽取 60 条博文，并提取每个变量的得分，在实验人员的指导下，培训 40 位不熟悉研究目的独立编码者，要求编码者将每条推文分为"叙事风格"和"分析风格"、"内部关注风格"和"外部关注风格"、"积极情绪"和"消极情绪"。结果表明，40位编码者正确分类推文叙事/分析风格的平均概率是90.38%；正确分类推文内部/外部关注风格的平均概率为89.54%；正确分类积极/消极情绪风格的平均概率为93.41%。总体而言，编码者正确分类91.11%的博文类型，这个概率介于人员编码和自动文本分析之间（Krippendorff，2018）。总之，编码人员的严格验证证明研究的自动化文本分析方式是可行的。

4. 实证分析

4.1 微博影响力预测模型

本研究使用Octopus 8.0自动爬虫程序从新浪微博平台采集了236个个人品牌和产品品牌的全部原创微博共计85 858条作为实验数据。使用RGUI3.6.3程序软件的tm、NLP等程序包对采集到的微博文本进行文本清洗、分词处理、情感分析和风格分析得到微博的特征数据，使用weka数据挖掘平台、随机森林算法对实验数据进行挖掘。结合以往研究和本次实验的数据分布，本研究将微博影响力高低的阈值设置为20，即微博的点赞、评论和转发数之和大于20的定义为高影响力微博，为了避免高影响力微博和低影响力微博过于接近，本研究将点赞、评论和转发数之和低于5的微博定义为低影响力微博，其中高影响力微博67 294条，低影响力微博11 390条。

随后，本研究利用weka数据挖掘平台对实验数据进行微博影响力预测模型构建，使用十折交叉检验方式对预测模型的性能进行验证和选择，模型预测结果的性能主要由Precision、Recall、F-measure、ROC Area等指标进行度量。为了构建最佳的微博影响力预测模型，本研究采用了多种机器学习算法进行模型构建，包括贝叶斯网络（BN）、J48决策树（J48）、随机森林（RF）、随机树（RT）、朴素贝叶斯（NB）、决策树（DT）、装袋算法（Bagging）等机器学习算法，各算法模型的预测效果如表1所示。

表1　　　　　　　　　　　　各算法模型的预测效果

	BN	J48	RF	RT	NB	DT	Bagging
Precision	0.837	0.855	0.856	0.838	0.801	0.847	0.855
Recall	0.843	0.874	0.869	0.836	0.813	0.870	0.874
F-measure	0.840	0.858	0.859	0.837	0.806	0.842	0.858
ROC Area	0.902	0.885	0.905	0.811	0.846	0.899	0.885

由表中各算法性能结果比较可以看出，随机森林算法（RF）的预测准确率（Precision）为0.856，比J48决策树和Bagging提高了0.1个百分点，比贝叶斯网络提高了1.9个百分点，比随机树提高了1.8个百分点；在召回率（Recall）上比贝叶斯网络算法等其他算法高出1个百分点以上，在ROC Area上也比其他算法有所提升，因此，随机森林算法的整体

预测效果更佳。

如表2所示，结果表明，实验数据中有低影响力微博11 390条，高影响力微博67 294条，其中有8 232条低影响力微博和60 820条高影响力微博被正确分类，3 158条低影响力微博被错配到高影响力微博，6 474条高影响力微博被错配到低影响力微博，因此，低影响力微博分类的准确率为72.27%，高影响力微博分类的准确率为90.37%，预测模型的总体准确率为87.37%。该模型的预测准确率高于安璐等（2017）恐怖事件的微博影响力预测模型的准确率85.7%。

表2   随机森林算法的混淆矩阵

	a	b	classified as
a	8 232	3 158	a＝低影响力
b	6 474	60 820	b＝高影响力

4.2 微博特征相对重要性分析

为了探究各个微博特征的重要性程度，本研究构建了若干个随机森林特征缺失模型，用于表示当模型缺失某项微博特征时，微博影响力预测模型的准确率损失值，损失值越大，表明在缺少某项特征时模型的准确率下降幅度越大，说明该项微博特征越重要，微博特征相对重要程度的计算公式如下：

$$Sig_i = \ln \left[EH_{RF} + EL_{RF} - (Eh_i + El_i) \right] \tag{2}$$

Sig_i 表示特征 i 的相对重要程度，EH_{RF} 表示整体随机森林模型中低影响力微博被错分到高影响力微博的个数，EL_{RF} 表示高影响力微博被错分到低影响力微博的个数；Eh_i 表示在缺失特征 i 的模型中低影响力微博被错分到高影响力微博的个数，El_i 表示高影响力微博被错分到低影响力微博的个数，结果如图1所示。

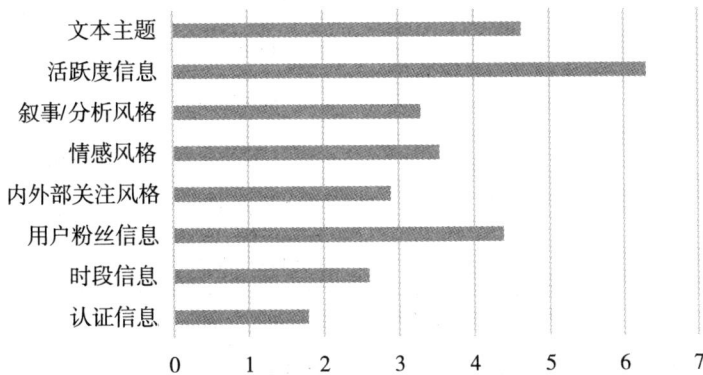

图1   各微博特征的相对重要程度

由实验结果可见，用于预测的8个微博特征中缺失任何一个都会对预测模型的准确率造成负面影响，因此本研究认为实验中所采用的所有微博特征对于预测食品品牌微博影响力都是必要的。随机森林算法的分类器特点是单个特征对于总体模型的影响会在模型构建的过程中被相对弱化，因此实验中缺失的微博特征对模型准确率造成的负面影响比实际数值可能会更大，这更能说明实验中采取的微博特征都是十分必要的。

另外，从图 1 不难看出，在各微博特征中，微博用户的活跃度信息和文本主题缺失对于整体模型准确率的负面影响最大，其次是用户粉丝信息、情感风格、叙事/分析风格和内外部关注风格，说明在预测模型中添加文本的风格特征和文本主题非常重要。

4.3 微博特征的影响力倾向分析

为了进一步探究食品品牌发布的高影响力微博的特点，本研究使用安璐等(2017)提出的关于测量微博特征影响力倾向的方法。该指标主要是通过统计某一特征情况下的高影响力微博所占比重，减去总的高影响力微博在总微博数中所占的比重，以此来表示微博特征的影响力倾向，计算方法如公式(1)所示。根据公式得到所有微博特征的影响力倾向如表 4 所示，分别基于用户信息、文本信息、时间信息对微博特征的影响力倾向进行分析。

表 4　　　　　　　　　　　　微博特征的影响力倾向

特 征			特征值	影响力倾向	
用户信息	粉丝数等级		1×10^3	-0.144	低
			1×10^4	-0.147	低
			1×10^5	0.180	高
			1×10^6	0.256	高
	认证类型		产品品牌	-0.132	低
			个人品牌	0.205	高
	活跃度	总发博量	1×10^3 以下	0.088	高
			1×10^4	-0.017	低
			5×10^4	0.631	高
			1×10^5	0.112	高
		关注数	500 以下	0.064	高
			500~1 000	-0.002	低
			1 000~1 500	0.000	无
			1 500~2 000	-0.076	低
			2 000 以上	-0.073	低

特　　征		特征值		影响力倾向
文本信息	文本内容	字符长度	50 以下	0.002	高
			50~100	0.017	高
			100~150	0.110	高
			150 以上	0.156	高
		是否使用图片	是	0.202	高
			否	−0.032	低
		是否使用视频	是	0.098	高
			否	−0.040	低
	文本风格	叙事/分析风格	叙事	−0.041	低
			分析	−0.024	低
		内部/外部关注风格	内部	−0.012	低
			外部	0.091	高
		积极/消极情感风格	积极	0.017	高
			消极	0.037	高
			中性	0.055	高
	文本主题	节日推文		0.021	高
		美食推荐		0.126	高
		产品宣传		−0.061	低
		参与抽奖		0.105	高
		美食教程		0.216	高
		明星代言		0.311	高
		促销打折		0.024	高
		话题讨论		−0.038	低
		心灵鸡汤		−0.058	低
		养生健康		0.102	高
时间信息	发布时段	00：01—6：00 深夜		0.105	高
		6：01—8：30 清晨		−0.140	低
		8：31—12：00 上午		−0.008	低
		12：01—14：00 中午		0.084	高
		14：01—18：00 下午		−0.008	低
		18：01—24：00 晚上		0.124	高

（1）用户信息。实验结果显示，粉丝数等级越高，微博影响力倾向就越高；食品企业微博中个人品牌相对于产品品牌在网民中具有更高的影响力倾向；用户活跃度主要通过总发博量和关注数来体现，一般总发博量越多，越容易使信息为用户捕捉到，从而为关注和点赞量增加可能性，微博影响力倾向就越高。

（2）文本信息。在文本结构特征中，简短的推文很难叙述详细的故事，出现情绪高涨或剧情急剧转变，一般而言字符长度越长，影响力倾向越高；使用图片或者视频的微博，相对于简单的微博条文而言更容易被网民关注；具有叙事和分析风格的推文并未产生正向的影响力倾向；外部关注风格微博的影响力倾向高于内部关注风格微博；不同文本情感的微博影响力倾向均较高，这说明微博用户的情感是多样性的，能够引起网民广泛的参与热情。但是，相对于情绪化的文本风格，网民更愿意参与探讨具有消极情绪的微博，对于食品企业微博而言，消极情感的文本更容易受到关注。从主题分类来看，美食推荐、美食教程、养生健康类等与食品密切相关的微博影响力较高，同时我们发现，明星代言和设置转发抽奖等微博也会产生较高的微博影响力。

（3）时间信息。时间特征下的发布时间段，以日为周期，按照微博用户的规律作息，一天24小时分为6个时段。通过实验可以发现，不同时间段的微博影响力倾向具有明显差异，中午、晚上、深夜时间段发布微博的影响力倾向高，上午和下午以及清晨时间段发布微博的影响力倾向低。总体而言，在微博发布的过程中，影响力倾向数值体现了网民的生活习惯，合理计划发布微博时间也是极为重要的。

5. 结论、局限、展望

5.1 结论与讨论

本文采用基于深度机器学习和言语行为理论的食品品牌微博影响力预测模型，通过对品牌发布的微博进行编码放入微博影响力预测模型，构建了若干个随机森林特征缺失模型，发现各微博特征均会对预测模型的准确性产生积极影响。具体而言，对于食品企业，微博影响力的重要因素从高到低依次为：活跃度信息、文本主题、用户粉丝信息、文本风格、时间信息、认证信息。

通过言语行为理论的视角，具体展示了语言风格如何影响消费者。首先对于食品品牌而言，重点必须放在外部，这个结果符合Aleti等（2019）认为消费者很可能转发外部关注的推文，以此增强与品牌的社交关系。其次最常见的推文类型未必是最有效的口碑或形成较高的影响力，例如叙事风格推文在食品企业是最常见的，但是并没有产生显著的正向影响力倾向。关于情感风格，对于食品企业而言，负面的信息更容易引起讨论和关注以及转发，网民普遍认为它们在判断和决策时有更强的参考价值。文本主题特征是微博内容的细分特征，从主题分类来看与美食相关的微博特征会产生明显的影响力倾向，不仅如此，促销打折、明星代言、设置转发抽奖等较高影响力倾向的微博类型表明品牌与消费者的互动手段正在不断多元化。

一般来说，食品品牌微博中个人认证类型相对于企业认证类型在网民中具有更高的影响力倾向。品牌微博在发布的过程中应保证微博发布频率和质量，才容易使信息落在用户的视觉带，从而增加粉丝量和点赞量，提升微博影响力倾向。图片和视频通常来说承载更加丰富的信息，相比文字而言具有更强的感性认知，网民可以通过自己的观察提炼出核心内容，使记忆更加深刻。《2020 微博用户发展报告》显示，中午和晚上是微博用户活跃度最高的时段，我们的研究也证实了，相对来说中午和晚上发布的微博影响力高于其他时段。

5.2　研究意义

目前有关食品企业社交媒体营销的研究尚很匮乏，以往的研究多是关于社交媒体传播的内容和意图。本研究丰富了食品品牌社交媒体与消费者互动的内在机理研究，通过分析食品行业在网络营销领域的信息交流行为，基于言语行为理论对食品企业微博的特征进行分析，利用机器学习技术对食品行业进行影响力预测，提供了更细微的推文特征和结构，对于揭示消费者在食品营销领域的关注点、行为方面具有重要的意义，展示了不同的微博文本特征、主题和风格是否会对消费者互动产生积极影响，对于食品行业的网络名人合理地预见并且有计划地开展网络营销工作，科学地发布微博具有重要的意义，有助于他们更好地执行社交媒体传播的策略。

研究表明，文本主题、语言风格、认证信息和时间信息等都会对食品企业微博影响力倾向产生影响。换句话说，食品品牌微博发布者需要关注网民所关注的点，学会用网民感兴趣的方式与他们交流。在营销实践中，食品企业品牌在微博内容发布方面应尝试采用不同的手段：明星代言、发布促销打折信息、参与转发抽奖等，并且选择合适的发博时间，符合网民的日常生活规律和使用习惯；同时要提高微博发布频率，增加网民对于产品信息的接受频率。我们的研究表明，个人品牌的美食博主相对于企业微博影响力倾向更高，在网民眼中个人品牌博主具有客观性并且带有"网络名人效应"，大众更乐意接受个人品牌的评价，所以食品企业还要多与个人品牌进行合作，联合进行产品宣传，能获得更高的产品关注度和更好的产品态度。对于食品品牌微博写作风格方面，应优先考虑外部关注风格，因为需要通过传递自身的感受或者信息来影响他人的选择；品牌微博合理使用带有负面情绪的推文可以增加受众的关注、评论或者转发，从而产生"负面信息效应"。

5.3　存在的局限和展望

本研究还存在如下局限，希望在未来进一步完善：

首先，微博特征的划分结构仍需要加以补充，例如文本风格方面的二分法的推文类型过于单一，随着微博功能的多元化和品牌官微作用的多元化，未来可以通过对相关变量进行聚类分析，尝试将微博划分成不同文本风格组合，做进一步的补充。

其次，发博时间以日为周期仍然过于单一，增加对工作日/节假日或者以周/月为周期的研究等。

最后，随着社交媒体形式的丰富，扩宽社交媒体平台的研究范围很有必要。当然，如果我们需要着重研究某种产品或者某个企业，未来可以更多地围绕产品属性展开，结合某种产品的特性进行具体研究。

◎ **参考文献**

[1] 安璐, 易兴悦, 孙冉. 恐怖事件情境下微博影响力的预测及演化[J]. 图书情报知识, 2019(4).

[2] 安璐, 易兴悦, 余传明, 等. 突发公共卫生事件微博影响力的预测研究[J]. 情报理论与实践, 2017, 40(8).

[3] 黄敏学, 郑仕勇, 王琦缘. 网络关系与口碑"爆点"识别——基于社会影响理论的实证研究[J]. 南开管理评论, 2019, 22(2).

[4] 李军, 陈震, 黄霁崴. 微博影响力评价研究[J]. 信息网络安全, 2012(3).

[5] 孟陆, 刘凤军, 陈斯允, 等. 我可以唤起你吗——不同类型直播网红信息源特性对消费者购买意愿的影响机制研究[J]. 南开管理评论, 2020, 23(1).

[6] 青平, 张莹, 涂铭, 等. 网络意见领袖动员方式对网络集群行为参与的影响研究——基于产品伤害危机背景下的实验研究[J]. 管理世界, 2016(7).

[7] 赵阿敏, 曹桂全. 政务微博影响力评价与比较实证研究——基于因子分析和聚类分析[J]. 情报杂志, 2014, 33(3).

[8] Allison, T. H., Davis, B. C., Webb, J. W., et al. Persuasion in crowdfunding: An elaboration likelihood model of crowdfunding performance[J]. Journal of Business Venturing, 2017, 32(6).

[9] Ashley, C., Tuten, T. Creative strategies in social media marketing: An exploratory study of branded social content and consumer engagement[J]. Psychology & Marketing, 2015, 32(1).

[10] Austin, J. L., Urmson, J. O., Sbisà, M. How to do things with words: The william james lectures delivered at harvard university in 1955[M]. Oxford: Clarendon Press, 1975.

[11] Araujo, T., Neijens, P., Vliegenthart, R. What motivates consumers to re-tweet brand content?: The impact of information, emotion, and traceability on pass-along behavior[J]. Journal of Advertising Research, 2015, 55(3).

[12] Aleti, T., Pallant, J. I., Tuan, A., et al. Tweeting with the stars: Automated text analysis of the effect of celebrity social media communications on consumer word of mouth[J]. Journal of Interactive Marketing, 2019, 48.

[13] Burgoon, M., Miller, G. R. An expectancy interpretation of language and persuasion[M]. Giles, H., Clair, R. N. S. Recent advances in language, communication, and social psychology. London, UK: Lawrence Erlbaum Associates Ltd, 1985.

[14] Barsade, S. G. The ripple effect: Emotional contagion and its influence on group behavior[J]. Administrative Science Quarterly, 2002, 47(4).

[15] Breugst, N., Domurath, A., Patzelt, H., et al. Perceptions of entrepreneurial passion and employees' commitment to entrepreneurial ventures[J]. Entrepreneurship Theory and Practice, 2012, 36(1).

[16] Biber, D. Variation across speech and writing[M]. Cambridge, UK: Cambridge University Press, 1991.

[17] Cohn, M. A., Mehl, M. R., Pennebaker, J. W. Linguistic markers of psychological change surrounding September 11, 2001[J]. Psychological Science, 2004, 15(10).

[18] Cruz, R. E., Leonhardt, J. M., Pezzuti, T. Second person pronouns enhance consumer involvement and brand attitude[J]. Journal of Interactive Marketing, 2017, 396.

[19] Castelló, I., Etter, M., Årup Nielsen, F. Strategies of legitimacy through social media: The networked strategy[J]. Journal of management studies, 2016, 53(3).

[20] David, S., Miall. Experiencing narrative worlds: On the psychological activities of reading: Richard Gerrig[M]. New Haven CT: Yale University Press, 1993.

[21] Gong, S., Zhang, J., Zhao, P., et al. Tweeting as a marketing tool: A field experiment in the TV industry[J]. Journal of Marketing Research, 2017, 54(6).

[22] Hamby, A., Daniloski, K., Brinberg, D. How consumer reviews persuade through narratives[J]. Journal of Business Research, 2015, 68(6).

[23] Jurafsky, D., Martin, J. H. Speech and language processing. An introduction to natural language processing, computational linguistics, and speech recognition[M]. Upper Saddle River, NJ: Pearson Education, 2009.

[24] James, W., Pennebaker, Ryan, L., et al. The Development and Psychometric Properties of LIWC[J]. Austin, TX: University of Texas at Austin, 2015.

[25] Kacewicz, E., Pennebaker, J. W., Davis, M., et al. Pronoun use reflects standings in social hierarchies[J]. Journal of Language and Social Psychology, 2014, 33(2).

[26] Krippendorff, K. Content analysis: An introduction to its methodology[M]. Thousand Oaks, CA: Sage Publications, 2018.

[27] Li, C., Bai, J., Zhang, L., et al. Opinion community detection and opinion leader detection based on text information and network topology in cloud environment[J]. Information Sciences, 2019, 504.

[28] Luqiu, L. R., Schmierbach, M., Ng, Y. L. Willingness to follow opinion leaders: A case study of Chinese Weibo[J]. Computers in Human Behavior, 2019, 101.

[29] Pennebaker, J. W., Chung, C. K., Frazee, J., et al. When small words foretell academic success: The case of college admissions essays[J]. PloS one, 2014, 9(12).

[30] Rimé, B. Emotion elicits the social sharing of emotion: Theory and empirical review[J]. Emotion review, 2009, 1(1).

[31] Raphael, J., Lam, C., Weber, M. Disassembling the celebrity figure: Credibility and the incredible[M]. Leiden: Brill Academic Publishers, 2018.

[32] Sundstrom, B., Levenshus, A. B. The art of engagement: Dialogic strategies on Twitter [J]. Journal of Communication Management, 2017, 21 (1).

[33] Sofya, A., Semenkovich, Olga, A., et al. On the Algorithms of Identifying Opinion Leaders in Social Networks[J]. Procedia Computer Science, 2019, 162.

[34] Taecharungroj, V. Starbucks' marketing communications strategy on Twitter[J]. Journal of Marketing Communications, 2017, 23(6).

[35] Vermunt, J. K., & Magidson, J. Technical guide for Latent GOLD 5.0: Basic, advanced, and syntax[J]. Belmont, MA: Statistical Innovations Inc, 2016.

[36] Van Laer, T., Edson Escalas, J., Ludwig, S., et al. What happens in Vegas stays on TripAdvisor? A theory and technique to understand narrativity in consumer reviews[J]. Journal of Consumer Research, 2019, 46(2).

[37] Yi, Y. X., Zhang, Z. F., Gan, C. Q. The effect of social tie on information diffusion in complex networks[J]. Physica A: Statistical Mechanics and its Applications, 2018, 509.

[38] Zaman, T., Fox, E. B., Bradlow, E. T. A Bayesian approach for predicting the popularity of tweets[J]. The Annals of Applied Statistics, 2014, 8(3).

Analysis Research on Prediction of Weibo Influence of Food Enterprises Based on Text Mining

Liu Lingzhi [1,2]   Wang Xiaoguo[3,4]   Xiao Bangming[5,6]

(1, 3, 5 School of Economics and Management, Huazhong Agricultural University, Wuhan, 430070;

2, 4, 6 Hubei Rural Development Research Center, Wuhan, 430070)

Abstract: The purpose of this research is to explore the driving effect of Weibo characteristics in social media communication of food companies on online word-of-mouth. Research is based on deep machine learning algorithms, using speech act theory and natural language processing technology to extract user information, time information and text information from personal food brand and product food brand Weibo, the stochastic forest prediction model of Weibo influence of food enterprises related to food was constructed, and the model was trained and evaluated. The experimental results show that the accuracy of the overall prediction model is 87.37%, which can accomplish the prediction task very well. Each Weibo feature will have a positive impact on the accuracy of the prediction model, and user information is the most important prediction feature relatively. The research results help food enterprises to understand consumers' concerns, provide reference for food enterprises' social media marketing practice, release more influential Weibo, and provide scientific guidance for brand Weibo release.

Key words: Weibo's influence; Forecast; Machine learning; Speech act theory

专业主编：寿志钢

品牌拟人化自我表达策略对消费者
品牌偏好影响研究[*]

● 李文杰[1]　孙超静[2]　胡　杨[3]　朱泽辉[4]

（1　山东财经大学工商管理学院　济南　250014；2　武汉大学经济与管理学院　武汉　430072；
3　湖南财政经济学院　长沙　410205；4　西南大学经济管理学院　重庆　400715）

【摘　要】基于人的社会属性，品牌拟人化营销成为商家吸引消费者的重要手段。当前研究集中于品牌有无拟人化、拟人化形象以及名称设计等对消费者的影响程度与方向，而缺少对其拟人化自我表达策略展开研究。品牌拟人化自我表达策略，作为展示自我的关键语言线索，基于商业与社交双重关系属性对消费者品牌感知和偏好发挥积极作用。根据刻板印象理论，通过情景实验探究了品牌拟人化自我表达策略对消费者品牌偏好的影响及中介机制，发现品牌自嘲通过温暖感知正向影响消费者购买意愿，品牌自强通过能力感知正向影响消费者购买意愿，该结论在丰富品牌拟人化营销理论内容的基础上，为企业如何进行更为精准的拟人化营销提供有益启示。

【关键词】品牌拟人化　自我表达策略　刻板印象理论　温暖感知　能力感知

中图分类号：F713　　　　文献标识码：A

1. 引言

随着市场同质化竞争程度加深和消费者社会生活水平提升，消费者品牌意识觉醒，品牌如何塑造自身形象以构建和维系与消费者关系成为一个重要的现实问题（Epley et al.，2007）。如 Harrigan 等（2018）提出，塑造强力联结的消费者—品牌关系对于企业形成可持续竞争优势具有重要的战略意义。为了更好地构建与消费者的关系，越来越多的企业选择将品牌注入人的特质（例如语言、样貌），塑造拟人化特征以吸引消费者关注（Park and

---

* 基金项目：教育部人文社科项目"长江经济带旅游业生态效率测度、驱动机制与提升路径研究"（项目批准号：20XJC790006）；中央高校基本科研业务费专项资金项目"成渝城市群旅游业绿色发展质量、空间演化与提升路径研究"（项目批准号：SWU1909798）。

通讯作者：孙超静，E-mail：861726377@ qq. com。

MacInnis，2006）。基于人的社会属性，消费者往往对他人或类人物品表现出天然的亲近性，因而品牌拟人化作为一种营销手段应运而生，通过使消费者在与品牌接触中察觉到更多"人"的特质，有利于积极提升其品牌态度（Aggarwal and McGill，2012）。

作为一种符合消费者社交需求的沟通手段，品牌拟人化有效弥合了消费者对品牌的距离感，从而有利于两者之间关系的建立与升华（Chen，2017）。鉴于品牌拟人化的有效作用，学界对相关主题的研究不断深入，已有研究探讨了品牌拟人化形象设计、沟通模式等方面（陈增祥和杨光玉，2017；汪涛等，2014）。然而，作为拟人化的基本要素，自我表达体现的是人最基本的语言运用能力，是最能体现品牌拟人化的表现方式，也被证实是触发消费者拟人化感知的关键线索（Puzakova et al.，2009；Kim and Mcgill，2011）。语言风格层面的拟人更能帮助品牌形成与消费者的社会化联系，Bogdan 等（2006）针对在线虚拟角色设计的研究指出，自我表达语言能力可以显著提升虚拟角色作为"人"的可信程度。因此，品牌拟人化自我表达风格对于影响消费者对其感知印象尤为重要，其可作为消费者了解品牌内在特质的信息线索（Martinet et al.，2003）。借鉴人际交往的自我表达风格，其主要分为自嘲型和自强型。一方面，为了强调独有的差异化价值，品牌通常使用自强的表达方式进行营销传播（Packard et al.，2016）。另一方面，随着消费者需求的多样化，自嘲可以更加亲民的方式唤醒消费者注意力并激起他们对品牌的了解兴趣（Gong and Li，2017）。

以往研究主要在社会学和心理学领域关注了自我表达风格对人际关系的影响，因此并未将其作为与消费者建立关系的营销变量。而随着消费者对品牌类人化要求的增高，基于品牌拟人化的自我表达风格也能成为影响消费者对其印象的有效策略（Oscario et al.，2017）。品牌自我表达策略反映了企业操纵品牌承诺的意图，为满足社交需求的消费者希望品牌能以更加立体的身份出现，并将其自我表达视为意图建立关系的表现，在此基础上，自我表达策略已成为影响消费者购买决策中不可或缺的一部分（Kim and Mcgill，2011）。但是，前人研究主要集中在品牌的外在形象上，没有聚集到语言表达风格，但语言逻辑是真正将人类与其他生物区分开的关键因素（Aaker，1997），可以在人际交往中通过自我表达进行自我展示是增进关系的核心。尽管针对自我表达策略的研究相对匮乏，但黄敏学等（2018）研究表明，当名人代言产品使用不同的自我表达策略时，会分别通过规范性和信息性影响增强对粉丝的劝服效果，然而该研究并未将名人与品牌区分开来，名人本身的光芒效应掩盖了品牌自我营销的能动性。在网络化信息时代，品牌借助微博、微信等社交展示平台，试图更好地从品牌拟人化角度促进消费者形成强烈的品牌偏好。本文通过赋予品牌不同拟人化的自我表达风格以呼应消费者所需的品牌关系特征，将研究视域从人的自我表达策略转变为品牌的自我表达策略。

本研究旨在利用品牌拟人化自我表达策略来扩展先前的发现，从而使企业对品牌拟人化自我表达策略与消费者品牌偏好之间的关系有更细致和完整的理解。因此，本文展开了对品牌拟人化自我表达策略对消费者品牌偏好影响的研究，并深入理解其背后的作用机制。此外，先前研究常常忽略了消费者自身归属性需求在与品牌关系中的特殊作用，归属性需求是其建立与维持社会关系的基本动机，然而归属性需求有高低之分，归属性需求高低极大地影响着个体如何看待自身与他人关系（陈增祥和杨光玉，2017）。为了成功确保品牌拟人化自我表达策略效果，本文还将探究消费者归属性需求的调节作用。

2. 文献综述

2.1 品牌拟人化

拟人化是指为非人类事物塑造人类的特征，从而刺激人们对其类人性感知（Epley et al.，2007）。伴随着关系营销的发展，企业界和学术界开始思考，品牌与消费者在关系建立、维系过程中同样具有一些贴合人际交往的特征，因而努力为品牌赋予类人特质，即品牌拟人化（Park and MacInnis，2006）。品牌拟人化有两个方面的原因：一是对消费者而言，他们有寻求社会关系的需要，拟人化能使消费者将品牌感知为人，使冰冷的事物充满人的温情，这除了可以有效地传播品牌，还可以满足消费者的情感需求，促进两者关系的迅速升温；二是对品牌而言，作为一种联结消费者与品牌的重要营销手段，以人的口吻向消费者传递品牌价值信息，有利于提升消费者对品牌的兴趣与了解，进而增强品牌营销的劝服效果，帮助品牌获得独特的营销价值（Escalas，2004）。

营销学和心理学领域的研究已清楚表明，品牌拟人化形象和名称会通过消费者感知社会支持积极影响其态度和购买行为（陈增祥和杨光玉，2017；Kim and Mcgill，2011）。前人研究基于外在、内在和社会三个维度研究了消费者对品牌拟人化的直观感受。外在维度是拟人化构成体系中最直观的表现层面且易于操纵，广泛应用于实践之中，其最早引起学者们的关注，例如汽车格栅和手机外观设计具有类人特质可以提升消费者偏好，即消费者对拥有人类外貌、表情或动作的品牌形象更能形成积极态度（Wan et al.，2017；陈增祥和杨光玉，2017）。内在维度主要关注的是品牌个性和情感对消费者态度的影响（Guido et al.，2015）。品牌同样可以塑造类人个性，如温暖、诙谐、勤奋、可靠，消费者倾向于选择与自我个性一致的品牌（Aaker，1997）。相比外在维度，内在维度的拟人化更能刺激消费者生成拟人化感知，为非人类品牌赋予个性会促使消费者认为它是"生命体"。社会维度主要涉及拟人化沟通的社交角色等，消费者本质上是社会性的，与品牌建立关系是其普遍需求，Puzakova 等（2009）通过社会化特质来刺激消费者的拟人化感知，即品牌与消费者进行互动，可以满足消费者的社交需要，有助于消费者产生更多的情感依恋，不断增强消费者对品牌的信任。

品牌拟人化自我表达作为向消费者传递自身价值的重要信息来源，以往研究却较少从该角度出发研究其对消费者品牌偏好的影响。同时，前人研究主要围绕"有无拟人化"场景，认为品牌拥有拟人化名称和外观可以使消费者形成更强烈的品牌偏好。依据前人研究，本文旨在探究品牌拟人化自我表达策略是否能起到相同作用。如果拟人化表达能模拟出人际交流的语言风格，那么消费者更容易将品牌感知为"人"，从而在满足消费者的某种社会需求后对品牌产生一定偏好。此外，前人对于品牌偏好的定义大多从单维的情感寻找原因，而本文认为偏好源于感知价值，消费者的社会需求是多维的，品牌为消费者创造的价值也应是多维的，既包含情感价值，也包含实用价值。品牌拟人化自我表达风格差异的背后是自我个性表达与价值导向的选择，这也必然会间接地、微妙地对消费者对品牌的感知产生差异化影响。品牌与消费者关系情景涉及社会关系和交易关系双重关系属性，为了更好地促进消费者对其评估，品牌如何制定既能表达自我又容易使他人在心理上产生认同感的自我表达策略显得格外重要。

2.2 品牌拟人化自我表达策略

自我表达策略是将自我信息向他人传达的方式（Jamieson et al., 1987）。Gardner 和 Martinko（1988）认为，有效地向他人传递自我信息是人们日常社交的重要方面。然而，以往研究主要集中在人与人的社交场景，很少有研究关注类似于人际交往的拟人化品牌与消费者关系。品牌的自我表达是向消费者传递其品牌信息的一种方式，人与人之间的自我表达主要是为了使他人了解自己，品牌的自我表达也是如此，即通过信息灌输从而在消费者心目中塑造关于自身的良好印象。因此，参照人际关系交往模式，品牌拟人化的自我表达对于影响消费者的评估非常重要，具体有自强和自嘲两种策略。

向消费者展示自己时，大部分品牌倾向于通过自我夸耀的方式吸引消费者注意力并增强自身的说服力，即自强（Cohen et al., 2016）。自强是一种最大化强调自身专业优势的自我表达方式，例如丰田雅士利突出"体验世界品质，纵情自我风尚"，这可以给那些相信品牌能言行相称的消费者带来良好的预期。品牌以自强的方式展示自己，利用较为夸大的有效性和专业性来增强其吸引力和社会影响力（Escalas, 2004）。然而，消费者可能会认为自强的表述缺乏社交技巧和品牌个性，因而降低对其社会吸引力的认知（Packard et al., 2016）。

自嘲是一种幽默的自我表达策略，通常利用调侃的语气揭示自身真实情况，通过看似无意的低姿态赢得消费者的青睐（Gong and Li, 2017）。自嘲可以使消费者看到品牌光鲜的背后，使信息更具共鸣性和真实性（Escalas, 2004）。在如今的信息化时代，消费者每天收到难以计数的品牌营销信息，因此他们可能不会完全相信绝对正面的信息，与自强截然相反的自嘲以更加有趣的方式吸引消费者的注意力并赢得他们的青睐。在人际交往中，公开调侃自我可能被认为坦率和风趣，有助于社交关系的加深（Kim and Mcgill, 2011）。基于来源吸引力模型，我们认为具有幽默特征的个体自带光环，例如在社交媒体上，越来越多的明星通过自嘲与粉丝建立了更紧密、更有意义的联系。

综上，品牌使用不同自我表达策略的背后是对自我个性的塑造，拟人化自强和自嘲可以使品牌更富有人的特性，并在消费者与品牌之间建立关系时起催化作用。然而，品牌拟人化自我表达策略的哪种风格更能吸引消费者？自强和自嘲表达又能对消费者品牌偏好产生什么样的影响？当前研究主要集中在品牌自强的表达方式上，缺乏对自嘲表达与自强表达之间效果差异的系统比较，这也与如火如荼开展的品牌自嘲的营销事实相脱节，因此本文就这两种不同的品牌拟人化自我表达策略对消费者品牌偏好的影响展开研究。

3. 理论基础和研究假设

3.1 刻板印象理论

以往研究证实了品牌拟人化对于企业占据市场主导地位、构建持续竞争优势的关键作用。然而，已有研究聚焦在消费者自身特质及品牌价值对消费者品牌偏好的影响，对其作用机制剖析主要集中于自我一致性和社会交换理论（Park et al., 2006），尚未结合消费者信息响应角度关注品牌拟人化自我表达对于引发消费者品牌偏好的关键作用。同时，以往自我表达研究大多基于人际关系视角，但消费者对自身与拟人化品牌的关系认知不仅注重社交属性，同样考虑交易属性，因而既有理论不能较好地阐释具有本质差异的品牌拟人化自我表达如何影响消费者对品牌本身的感知差异。自嘲和自强本身都是品牌拟人化的自我表达，而表达的目的是更好地传递信息。有鉴于此，本研究引入新的消费者信息处理端的刻板印象理论来明晰品牌拟人化情景下自强与自嘲表达策略差异对消费者品牌偏好的影响机理。刻板印象理论源于心理学，旨在阐释个体双元系统响应处理模式，强调人们在不同的外界刺激条件下会形成温暖和能力两种感知以响应和参与信息处理，两种感知是各自独立的，会随着外界不同的情境刺激而唤醒（Fiske et al.，2007）。在营销学中，由于服务者觉察到他们的某些个人特征会向消费者传递积极的信号，企业便会广泛运用那些可以提升自身在消费者心中形象的个人特征作为营销工具，如微笑服务，用以强化服务效果，消费者普遍认为笑容程度较高的服务者更温暖，而笑容程度较低的服务者更专业（Wang et al.，2016）。

基于刻板印象能力和温暖感知的加工图式，本文将品牌自我表达风格作为一种重要的拟人化线索引入，分析品牌自嘲和自强对消费者温暖和能力感知的影响。温暖感知是一种对外界信息刺激的直接快速反应，是由个体相信自己的主观直觉而自动生成的；能力感知是一种有意识的、处理相对较慢的反应，个体注重对接收信息的客观分析以获得行动支持（Fiske et al.，2007）。依照本文的研究对象，自强和自嘲的操纵情境具有明显的感性和理性之分，因而对依赖于感性和理性工作的消费者温暖和能力感知会有差异化的影响（Kim et al.，2012）。而鉴于消费者对品牌方社交利益和价值创造的关注，能力和温暖都是消费者想从品牌方获得的基本价值。品牌拟人化自我表达策略虽然展示的是其独特的语言风格，其意义在于消费者温暖—能力感知启动来影响随后的消费者行为，但研究尚未从品牌拟人化语言表达视角探讨引起消费者温暖和能力感知反应的主体表达特征差异。作为重要的自我展示线索，表达风格关乎品牌个性和品牌形象，隐含着品牌自我价值与经营理念，更能因其表达风格背后的感性和理性导向而引发消费者内在的差别响应，进而影响消费者的评估和选择。

3.2 品牌拟人化自嘲和自强表达策略与消费者温暖和能力感知

自嘲可以使人们更紧密地联系在一起，对品牌和消费者也是如此（Hoption et al.，2013）。品牌拟人化自嘲使用的是简单直观的语言风格，描述生动有趣，有明显的感性倾向，可以使消费者在与其交互过程中感知到品牌更多的感情色彩，进一步拉近与消费者的社交距离，从而刺激消费者对其产生温暖感知。温暖感知主要源自幽默、真诚、可爱、友好等个体特质（Fiske et al.，2013）。具体而言，一方面，消费者温暖感知是品牌自嘲蕴含的真诚和共情线索激活的，消费者会因认为品牌对自己坦诚及对自我产生危害的可能性较低而直接生成温暖感知；另一方面，消费者会认为使用自嘲风格的个体更加幽默和友好，有助于自身的沟通与提供帮助，认为该类品牌会有更强的关系承诺，进而促进消费者唤醒对品牌可信赖的温暖感知。当消费者认为自己与品牌方建立情感连接时，会压制消费者认知系统响应所需的加工资源（Hwang et al.，2011）。同时，品牌拟人化自嘲一般采用较为幽默的方式进行调侃，这些简单且随性的表述在激活消费者的能力感知方面一般较为困难。因而本文提出以下假设：

H1：品牌拟人化自嘲表达策略正向影响消费者对品牌的温暖感知。

能力感知主要源于自信、专注、效能、竞争等个体特质（Fiske et al.，2013）。品牌拟人化自强是一种抽象型语言风格，突出效用逻辑，有明显的理性倾向，可以使消费者关注效用优势而产生深层思考，进而激发消费者的能力感知以充分认识品牌自强所强调的功能（Martin et al.，2003）。从本质上来看，品牌拟人化自强表达的目的是凸显品牌具有一定的专业性和有用性，是以理性为主导的，其目的性和逻辑性更强，因而需要消费者付出更多的认知努力去思考和处理，更能诱发消费者能力感知的生成（Kim et al.，2012）。另外，品牌拟人化自强表达主要涉及品牌具体的效能、专长和竞争力等价值创造方面的信息，以此引发消费者陷入利益考量，特别是当品牌表达出自我拥有很强的技能和成效时，消费者会思考品牌能力是否能与自我成就、满足和效能相关联，此时消费者必然更看重品牌突出的能力，从而对品牌的能力感知进一步加深（Farwell and Wohlwendlloyd，2010）。如果能使消费者对其感到更有信心，那么此时自强表达可能引起的潜在风险便可忽略（Farwell and Wohlwendlloyd，2010）。然而，在社交互动中，个人对他人自强表达的感觉可能不是那么好，因为自强通常是以自我能力凸显为核心的，会因表现得过于理性而缺少温情，所以品牌拟人化自强表达较难启动消费者温暖感知。由此本文提出以下假设：

H2：品牌拟人化自强表达策略正向影响消费者对品牌的能力感知。

3.3 温暖和能力感知的中介作用

在品牌拟人化的情景下，自嘲和自强表达策略都展现品牌在与消费者交互时的不同自我个性形象，蕴含了不同的功能信息和感情色彩，进而影响消费者的温暖和能力感知。不同类型感知系统被激发的消费者在此特定的情境下会保持独立稳定，并使用相应的温暖或能力感知进行信息处理和加工，进一步深化这一感知（Fiske et al.，2007）。一方面，品牌拟人化自嘲可以激活消费者温暖感知，在温暖感知响应下消费者有更多的积极情绪被唤醒，有利于诱导消费者产生强烈品牌跟随动机，增强对品牌的忠诚和依恋。另一方面，处在积极情感体验下的消费者也更能感知品牌的真诚、幽默等特性，使消费者对散发该特性的自嘲品牌自然而然地在情感上产生共鸣，从而形成对该品牌的特殊偏好（Gong and Li，2017）。因此，品牌拟人化自嘲表达风格强调个人在承担社交角色时的可亲近性，更能使消费者形成温暖感知，不但能迅速拉近与消费者的社会距离，还能提高对品牌的认同感和信赖感，形成独特的品牌偏好。当下越来越多消费者希望与品牌建立更加个性化的联结，而品牌拟人化自嘲显然可以满足这一需求。当消费者不喜欢商业性质明显的品牌拟人化沟通时，建立更扎实的友谊将是有益的（汪涛等，2014）。综上，品牌拟人化自嘲更能引发消费者温暖感知，进而促进消费者提升对该品牌的购买意愿。因而本文提出以下假设：

H3：温暖感知在品牌拟人化自嘲表达策略影响消费者购买意愿的过程中起中介作用。

相比之下，品牌拟人化自强可以激活消费者的能力感知，基于自强表达的理性基础，聚焦点在能力凸显，可以使能力感知激活状态下的消费者透过认知对品牌表述信息说服力进行思考后，对品牌产生强烈的价值认同，这在影响消费者品牌偏好方面起着关键性作用（Farwell and Wohlwendlloyd, 2010）。具体而言，处于能力感知下的消费者以指导消费需求为目的，关注品牌工具性、实用性的功能回报，品牌拟人化自强表达正是向消费者灌输自己的主要功能、突出性能、对比优势，使消费者充分感知该品牌有能力为其创造价值，形成该品牌可信任与依赖的正面认知，进而进一步放大品牌价值，而且品牌是为消费者创造价值的主体，其自强表达是对消费者感知可得利益的加深，这是处于能力感知影响下消费者决策看重的关键线索，因此能引发消费者对该品牌较高的购买意愿（Cohen et al., 2016）。Wojnicki 和 Godes（2017）通过实验表明，品牌自强型表达策略往往会产生积极的消费者联想，以此来呼应其专业性优势，从而在认知维度维持其声誉并扩展消费者群体。因而本文提出以下假设：

H4：能力感知在品牌拟人化自强表达策略影响消费者购买意愿的过程中起中介作用。

3.4 归属性需求对品牌拟人化表达策略影响消费者品牌偏好的调节作用

Liu 和 Mattila（2015）发现，个体归属性需求差异对自身的认知行为同样存在重要影响。归属性需求同样属于消费者个体层面的重要特质，Liu 和 Mattila（2015）通过情景实验证实了其在消费者消费决策过程中发挥重要的作用。由于个体归属性需求差异对消费者行为的重要影响，所以只有消费者个体需求与品牌拟人化自我表达策略匹配才能实现品牌自我营销效果的最优，而消费者个体的归属性需求差异如何与品牌拟人化自强和自嘲表达风格进行匹配还有待进一步分析。

一方面，高归属性需求的消费者往往重视和别人的关系连接与情感依赖，因而看待事物倾向从感性出发，会将与他人关系置于产品或服务本身之上（Leary et al., 2013）。特别是在品牌拟人化情景中，品牌和消费者之间类似人际关系使其互动更具关联性和沟通性优势，品牌可以通过极具感情色彩的自嘲语言风格向消费者展现出自身的幽默性、互动性、随和性和亲近性，有利于积极提升消费者对其关系感知，从而使消费者自然而然地感觉到温暖并与之建立社交关系，因此对具有较高归属性需求的消费者而言，品牌拟人化自嘲表达策略对其购买意愿的提升更为显著。另一方面，那些归属性需求较低的消费者则保持相对理性，特别是在关系自己利益的消费决策中很少从社会交往的层面代入，他们更加注重产品的功效，因而会从认知层面思考品牌是否有能力为自己提供优质的产品或服务。品牌拟人化自强型表达比自嘲型更加强调自身的专业优势，这对于更关注品牌优势的低归属性需求的消费者更具诱惑力，此类消费者也会更加相信通过自强展示自我实力的品牌更能为其提供超出预期的消费体验。因此与高归属性需求的消费者相比，品牌自强型表达策略更能提高低归属性需求消费者的购买意愿。因而本文提出以下假设：

H5：相对于低归属性需求的消费者，品牌拟人化自嘲表达策略更能提升高归属性需求消费者的购买意愿。

H6：相对于高归属性需求的消费者，品牌拟人化自强表达策略更能提升低归属性需求消费者的购买意愿。

4. 研究设计与假设检验

4.1 实验一

实验目的：验证品牌拟人化自强型和自嘲型自我表达策略对消费者温暖和能力感知的不同影响，参考品牌微博上真实的拟人化自我表达语言风格，本实验设计了自强和自嘲风格的品牌拟人化自我表达策略。

（1）实验流程。实验一招募了 60 名大学生，在实验中随机将他们分配到品牌拟人化自强和自嘲的组别中。首先，通过刺激材料阅读使他们进入情景："假设您打算购买一款扫地机器人，您在某线上商城看到了某知名品牌 X 有一款产品价格比较合理，下图是该品牌的自我介绍"，然后给参与者看品牌信息的截图。为了真实地还原消费场景，品牌信息页面通过网页截图方式呈现。在自强分组，图片的主要信息为"您好！我是 X，专业研修扫、吸、刮、拖四位一体功能，每一个角落我都能全面覆盖，让家时刻保持清洁"。自嘲分组的信息则是："您好！我是 X，一个地地道道的技术工，甲方爸爸的要求使我成了家务路上的一把好手，要想生活过得去，随时都得能下地。"其次，温暖与能力感知的测量题项来自 Li 等（2019）研究。随后，实验还需要参与者对其所在分组的自强型和自嘲型拟人化品牌在知名度、专业度、可信度、熟悉度量表上打分（Roobina，1990；Alexander et al.，2012；Campbell and Keller，2003）。最后，要求参与者对品牌拟人化自强和自嘲风格打分，量表分别来自 Roobina（1990）及 Chattopadhyay 和 Basu（1990）。此外，本实验收集了参与者相关的人口统计信息。实验所使用的量表均采用 Likert 七级量表（1 = 非常不同意，7 = 非常同意），并且所用量表的信度和效度均得到了有效验证。实验完成后，可采用有效样本为 55 份，其中男性占比 41.818%，平均年龄 21.411 岁。在此年龄段的人口群体教育及经济背景较为相似，且作为众多产品品类消费的主力军之一，他们活跃于各个网络社交媒体，对品牌拟人化自我表达的语言风格也较为敏感（Urka and Klement，2018）。因此，该实验对象在本文研究情景中较为合适。

（2）数据分析。

①操控检验。参与者对自强型和自嘲型拟人化品牌在知名度、可信度、熟悉度、专业度的感知上并无显著性差异（$M_{自强品牌知名度}$ = 4.317，$M_{自嘲品牌知名度}$ = 4.328，$p = 0.407$；$M_{自强品牌可信度}$ = 4.035，$M_{自嘲品牌可信度}$ = 4.023，$p = 0.515$；$M_{自强品牌熟悉度}$ = 2.212，$M_{自嘲品牌熟悉度}$ = 2.137，$p = 0.851$；$M_{自强品牌专业度}$ = 4.461，$M_{自嘲品牌专业度}$ = 4.387，$p = 0.852$）。同时，品牌拟人化自强分组（$M_{自强型}$ = 5.134 > $M_{自嘲型}$ = 3.622，$p < 0.001$）与品牌拟人化自嘲分组（$M_{自嘲型}$ = 4.743 > $M_{自强型}$ = 2.875，$p < 0.001$）的数据显示本实验对品牌拟人化自强和自嘲表达的操纵是成功的。

②假设检验。通过数据分析结果可知，品牌拟人化自强显著正向影响消费者能力感知（$\beta = 0.851$，$p < 0.001$），品牌拟人化自嘲显著正向影响消费者温暖感知（$\beta = 0.428$，$p < 0.001$）。这表明，品牌拟人化自强表达策略可以积极影响消费者对品牌的能力感知，而品牌拟人化自嘲表达策略可以积极影响消费者对品牌的温暖感知。因此，假设 H1 和 H2

得到支持。

4.2　实验二

实验目的：验证温暖和能力感知在品牌拟人化自嘲、自强表达策略与消费者对该品牌购买意愿关系中的中介作用。此外，实验二将实验一中偏重于功能性的扫地机器人换为更具享乐性的碳酸饮料品牌，以排除产品类别可能产生的影响。

（1）实验流程。本实验共调研了 80 名在校大学生，并随机平均将参与者分配到品牌拟人化自强和自嘲实验组。与之前实验相似，参与者需阅读相关背景资料以进入情景，在给参与者看的品牌信息截图中，自强组为："我是 W，有着让人无法抗拒的魔力，坚持美味的同时不忘对瘦身的热衷，只有清爽没负担，随时可以快乐起来"；自嘲组为："我是 W，是不一样的肥宅，不能甜如蜜，就算不长胖也没人爱，还是干了这瓶快乐水压压重"。除参考 Ma 等（2015）量表对参与者购买意愿进行测量外，其余实验流程均与先前实验一致。本实验完成后，可采用的有效样本为 77 份，其中男性占比 42.857%，平均年龄 21.429 岁。

（2）数据分析。

①操控检验。根据数据检验的分析结果，参与者对自强型和自嘲型拟人化品牌在知名度、可信度、熟悉度、专业度的感知上并无显著性差异（$M_{自强品牌知名度}$ = 4.317，$M_{自嘲品牌知名度}$ = 4.272，$p = 0.648$；$M_{自强品牌可信度}$ = 4.324，$M_{自嘲品牌可信度}$ = 4.315，$p = 0.937$；$M_{自强品牌熟悉度}$ = 2.122，$M_{自嘲品牌熟悉度}$ = 2.160，$p = 0.857$；$M_{自强品牌专业度}$ = 4.262，$M_{自嘲品牌专业度}$ = 4.218，$p = 0.317$）。同时，在品牌拟人化自强分组，参与者认为是自强的打分明显高于自嘲（$M_{自强型}$ = 4.361 > $M_{自嘲型}$ = 2.824，$p < 0.001$）。而在品牌拟人化自嘲分组，参与者认为是自嘲的打分明显高于自强（$M_{自嘲型}$ = 4.913 > $M_{自强型}$ = 2.375，$p < 0.001$）。这表明本实验对品牌拟人化自强和自嘲的操纵是成功的。

②假设检验。借鉴国内外期刊中最为常用和流行的中介效应检测方法——Bootstrap，在样本量选择5 000，95%的置信区间条件下，消费者温暖和能力感知在品牌拟人化自强和自嘲情景中的中介效应是显著的。具体而言，能力感知在品牌拟人化自强情景下中介效应显著，因其间隔不包括 0（BootLLCL = -0.135，BootULCL = -0.012），而温暖感知在此的中介效应不显著，因其间隔包括 0（BootLLCL = -0.077，BootULCL = 0.131），由此判断，品牌拟人化自强只能通过激发消费者能力感知影响其购买意愿；相反，温暖感知在品牌拟人化自嘲与消费者购买意愿之间关系的中介效应显著，其间隔不包括 0（BootLLCL = -0.146，BootULCL = -0.018），而能力感知的中介效应并不显著因其间隔包含 0（BootLLCL = -0.152，BootULCL = 0.051），由此可见，品牌拟人化自嘲只能通过激发消费者温暖感知来促进其购买意愿。数据分析表明在品牌拟人化自强和自嘲影响消费者购买意愿中其能力和温暖感知所起的作用。假设 H3 和 H4 得到了验证。消费者购买意愿在品牌拟人化自强和自嘲影响下并不存在显著性差异（$M_{自强型}$ = 4.221，SD = 0.859；$M_{自嘲型}$ = 4.151，SD = 0.822；$F(1, 77) = 0.163$，$p = 0.549$）。

4.3 实验三

实验目的:验证消费者个体归属性需求差异的调节作用。为了探究品牌拟人化自强和自嘲对提升消费者对该品牌偏好的适用情景,本研究引入了消费者高低水平归属性需求作为调节变量。

(1)实验流程操。本实验共调研了120名在校大学生,并随机将他们平均分配到2(品牌拟人化表达策略:自强 vs. 自嘲)×2(消费者归属性需求:高 vs. 低)组间设计的实验场景。消费者归属性需求的刺激材料改编自陈增祥和杨光玉(2017)的研究。尽管一部分学者提出消费者归属性需求的人格特质是持续稳定的,但 Leary 等(2013)认为个体的归属性需求可以根据其所受环境的影响而改变,即可以是情景性的,因此本文通过实验法操纵参与者的归属性需求。具体刺激材料如下,首先要求1/2的参与者完成社会排斥的操纵(高归属需要),另外1/2的参与者完成社会接纳的操纵(低归属需要)。在高归属需要实验组告知被试在归属性需要量表获得了较低的评分,系统预测其将孤独地过完后半生,随着当下拥有的很多社会关系逐渐失去,会越来越孤独。在参与者读完刺激材料后请他/她通过回忆写出自己最难忘怀的被排斥经历。而在低归属需要分组刺激材料语意相反,被试完成归属性刺激材料后进行操纵检验。紧接着,让参与者进入购物情景,不同归属性实验组各有一半为品牌拟人化自强刺激材料,另一半为品牌拟人化自嘲刺激材料。本实验采用智能手机品牌。自强组为:"您好!我是 Y,拥有强大的科技基因,完美应对娱乐和办公多重需求,匠心专注,持'智'以恒";自嘲组为:"您好!我是 Y,专做良心机,说我不能高配低价,那是对手黑得漂亮"。其余实验流程和测量题项与之前实验相似。本实验完成后,可采用的有效样本为114份,其中男性占比40.351%,平均年龄20.456岁。

(2)数据分析。

①操控检验。根据数据分析的检验结果,参与者认为,自强型和自嘲型拟人化品牌在知名度、可信度、熟悉度、专业度的感知上并无显著性差异($M_{自强品牌知名度}$ = 4.372,$M_{自嘲品牌知名度}$ = 4.298,p = 0.448;$M_{自强品牌可信度}$ = 4.159,$M_{自嘲品牌可信度}$ = 4.227,p = 0.312;$M_{自强品牌熟悉度}$ = 2.252,$M_{自嘲品牌熟悉度}$ = 2.205,p = 0.811;$M_{自强品牌专业度}$ = 4.302,$M_{自嘲品牌专业度}$ = 4.288,p = 0.473)。同时,本实验对品牌拟人化自强和自嘲表达的操纵是成功的。另外,消费者高归属性需求分组($M_{高归属性需求}$ = 4.164 > $M_{低归属性需求}$ = 2.117,p < 0.001)和消费者低归属性需求分组($M_{低归属性需求}$ = 4.356 > $M_{高归属性需求}$ = 2.462,p < 0.001)的数据表明对个体归属性需求操纵是成功的。

②调节效应检验。通过品牌拟人化自强和自嘲表达策略与消费者高和低归属性需求的交互作用检验,单因素 F 检验结果说明调节作用显著($F(1, 114)$ = 146.842,p < 0.001)。具体而言,在消费者低归属性需求影响下,品牌拟人化自强对参与者购买意愿影响($M_{自强型}$ = 4.775)显著高于品牌拟人化自嘲($M_{自嘲型}$ = 3.558);在消费者高归属性需求影响下,品牌拟人化自嘲对参与者购买意愿影响($M_{自嘲型}$ = 4.440)显著高于品牌拟人化自强($M_{自强型}$ = 3.674)。数据分析表明,在消费者高归属性需求情形下,品牌拟人化自嘲表达策略更能激发他们的购买意愿,所以高归属性需求的消费者与品牌拟人化自嘲较匹配;在

消费者低归属性需求情形下，品牌拟人化自强表达策略更能激发他们的购买意愿，所以低归属性需求的消费者与品牌拟人化自强较匹配，结果支持了假设H5和H6。

5. 结论与展望

5.1 结论与讨论

本文从刻板印象理论出发，研究了品牌拟人化自我表达策略对消费者品牌偏好的影响。研究结果表明，受品牌拟人化自嘲生动有趣的感性语言影响，消费者会激活对品牌的温暖感知，而基于温暖感知，消费者对采用自嘲风格的拟人化品牌会产生更多的积极情绪，从而诱导消费者产生强烈品牌跟随动机与偏好行为；而受品牌拟人化自强突出优势的理性语言影响，消费者会激活对品牌的能力感知，进而经过对品牌表述信息细致思考和推理后，对品牌产生客观的价值认同，并且依据自身认知对该品牌偏好产生积极影响。区别于已有讨论人际关系中自嘲和自强的研究结论，本文发现，品牌拟人化的自嘲和自强策略同样能对消费者品牌偏好产生积极影响，而以往关于人际交往的研究认为自强可能会引起他人反感，但在品牌与消费者社交和交易双重关系属性情景下，不仅品牌拟人化自嘲可以微妙地对消费者产生影响，品牌拟人化自强同样能发挥作用。

本文还验证了个体归属性需求差异的调节作用。一方面，处于归属性需求状态下的消费者更看重与品牌的情感连接，会将与品牌关系置于差异化服务考虑之上，所以高归属性需求的消费者会从情感出发对更具温暖色彩的自嘲风格的拟人化品牌提升购买意愿。另一方面，低归属性需求的消费者更喜欢更具能力的品牌，期冀品牌可以为自己带来独特价值和功能拓展的个人回报，他们倾向于从实际出发，对采用自强风格的拟人化品牌有更高的价值认同，所以品牌拟人化自强更容易提升其购买意愿。

5.2 理论贡献和现实意义

本文主要有以下三个方面的理论贡献：

第一，丰富了品牌拟人化自我表达效用方面的研究。本文从品牌拟人化自我表达视角切入，探索了品牌拟人化自我表达的自强和自嘲风格对消费者品牌偏好的影响。既有的研究聚焦点在于品牌有无拟人化及拟人化形象设计，缺少在此情景下品牌自我表达策略差异的效用分析。因此，本文在品牌拟人化情景的基础上，验证了品牌自嘲与自强表达对消费者的影响，为品牌使用不同风格特征的自嘲和自强表达进行自我营销实践提供了理论依据和支撑，并深化了品牌拟人化领域及自我表达策略方面的研究。

第二，基于刻板印象理论剖析了品牌拟人化自嘲与自强表达策略对消费者影响的理论逻辑。基于现有研究，本文不仅丰富了品牌拟人化自我表达对消费者购买意愿影响的解释机制，还扩展了刻板印象的应用范围。同时，区别于以往研究多从品牌拟人化名字、外貌特征来探讨消费者所受影响，本文从语言表达特征视角验证了品牌拟人化自我表达策略同样能对消费者认知与行为产生影响。通过引入消费者信息加工方面的温暖与能力感知作为中介变量来阐释品牌拟人化自嘲与自强策略的差异化影响，拓宽了以往自我表达研究的人际观框架，在温暖与能力感知的双维系统下厘清了造成消费者对品牌拟人化自嘲与自强策略差异化感知的内在机制，综合考虑了社交与商业双重关系属性下品牌自我表达策略可以作为引发消费者品牌偏好的信息来源。

第三，辨明了消费者不同水平的归属性需求对差异化品牌拟人化自我表达策略偏好的权变影响。鉴于品牌与消费者之间关系社交和交易的双重属性，品牌自我表达信息均需要与"创建关系"或"追求价值"的个体归属性需求差异相匹配，才能提升消费者对其感知评价。以往关于消费者个体归属性需求的研究并未拓展到与品牌拟人化自嘲与自强策略的匹配效应分析。因此，本文分析了消费者归属性差异与品牌拟人化自嘲和自强策略的匹配效用，并深入解析了造成这种差异化影响的作用机制，从而对消费者个体归属性需求理论研究进行了有益的拓展。

本文管理启示包含三个方面：

首先，拓展了品牌拟人化自我表达策略的重要影响。随着互联网的发展，消费者有更多的渠道了解品牌，品牌也有更多的机会与消费者建立连接，因而品牌通过极具人性化和个性化的自我表达来展示真实的自我是影响消费者进行消费决策的关键。同时，无论自嘲还是自强风格的拟人化表达都是品牌个性内涵的真实反映，在提升消费者购买意愿方面均能起到正向作用。

其次，品牌拟人化自我表达是品牌积极推行自我营销一种策略，基于本文对品牌拟人化自我表达策略的针对性探索，发现了能引起消费者购买意愿变化的品牌拟人化自强和自嘲表达，并知晓了引起这一变化的消费者内在心理路径——温暖与能力感知，对品牌今后通过语言或其他线索促进消费者购买具有正面的实践意义。结合汪涛等（2014）研究发现，消费者不喜欢商业性质明显的品牌拟人化沟通，因其侵犯了消费者自由选择的权力，所以即使品牌拟人化自强或自嘲表达也需要将内容表现得更加生动、有趣，以免激起消费者的抗拒心理。

再次，对品牌建设者和管理者来说，选择适用的拟人化自我表达风格对不同水平归属性需求消费者的消费决策至关重要，所以品牌方应通过早期对消费者个体归属需求调研对市场进行细分，按消费者个体的归属性需求高低向其推送不同风格的拟人化表达，从而形成更高效的营销策略。

5.3 局限性与未来研究展望

本文不足和局限主要体现在三个方面：

首先，研究样本存在单一性缺陷。实验参与者以较为年轻的大学生群体为主，他们日常活跃于众多网络社交媒体，对品牌拟人化识别更为熟悉和敏感，故而成为本研究的首选。但所有的实验均以年轻人作为样本，这在一定程度上会降低实验的外部效度，因此未来研究应纳入更广泛的年龄段群体以扩展研究结果的解释力度。

其次，在真实市场上，消费者还会受其他干扰信息或自身特质的影响，因而在未来的研究中还需要进一步挖掘，控制其他混淆变量可能产生的影响。

最后，本文研究方法存在一定的单一性。本研究所有假设验证均通过情景实验，没有使用二手数据对研究结论合理性和可推广性进行重复检验。未来研究可通过品牌社区或社交媒体的二手数据对研究结论加以验证。

◎ 参考文献

[1]陈增祥，杨光玉. 哪种品牌拟人化形象更受偏爱——归属需要的调节效应及边界[J]. 南开管理评论，2017(3).

[2]黄敏学，姚舜禹，刘茂红. 自强还是自嘲？名人代言如何提升社会化媒体广告的营销效果[J]. 心理学报，2018，50(8).

[3]汪涛，谢志鹏，崔楠. 和品牌聊聊天——拟人化沟通对消费者品牌态度影响[J]. 心理学报，2014，46(7).

[4]Aaker, J. L. Dimensions of brand personality[J]. Journal of Marketing Research, 1997, 34 (3).

[5]Alexander, L., Anja, G., Margit, E. Brands you can rely on! An empirical investigation of brand credibility in services[J]. Schmalenbach Business Review, 2012, 13(1).

[6]Bogdan, F. M., Axel, H., Werner, S. Corroborating emotion theory with role theory and agent technology: A framework for designing emotional agents as tutoring entities[J]. Journal of Networks, 2006, 1(4).

[7]Campbell, M. C., Keller. K. L.. Brand familiarity and advertising repetition effects[J]. Journal of Consumer Research, 2003, 30(2).

[8]Chattopadhyay, A., Basu, K. Humor in advertising: The moderating role of prior brand evaluation[J]. Journal of Marketing Research, 1990, 27(4).

[9]Chen, P, R., Wan, W, E., Levy, E. The effect of social exclusion on consumer preference for anthropomorphized brands[J]. Journal of Consumer Psychology, 2017(5).

[10]Cohen, G. L., Aronson, J., Steele, C. M. When beliefs yield to evidence: Reducing biased evaluation by affirming the self[J]. Personality & Social Psychology Bulletin, 2016, 26(9).

[11]Epley, N., Waytz, A., Cacioppo, J. T. On seeing human: A three-factor theory of anthropomorphism[J]. Psychological Review, 2007, 114(4).

[12]Escalas, J. E. Narrative processing: Building consumer connections to brands[J]. Journal of Consumer Psychology, 2004, 14 (1).

[13]Farwell, L., Wohlwendlloyd, R. Narcissistic processes: Optimistic expectations, favorable self-evaluations, and self-enhancing attributions[J]. Journal of Personality, 2010, 66(1).

[14]Fiske, S. T., Cuddy, A. J. C., Glick, P. Universal dimensions of social cognition: Warmth, then competence[J]. Trends in Cognitive Sciences, 2007, 11(2).

[15]Gardner, W., Martinko. M. J. Impression management: An observational study linking audience characteristics with verbal self-presentations[J]. Academy of Management Journal, 1988, 31(1).

[16]Gong, W., Li, X. Engaging fans on microblog: The synthetic influence of parasocial

interaction and source characteristics on celebrity endorsement [J]. Psychology & Marketing, 2017, 34(7).

[17] Gorn, G. J., Jiang, Y., Johar, G. V. Babyfaces, trait inferences, and company evaluations in a public relations crisis[J]. Journal of Consumer Research, 2008, 35(1).

[18] Graeff, T. R. Consumption situations and the effects of brand image on consumers' brand evaluations[J]. Psychology & Marketing, 1997, 14(1).

[19] Guido, G., Peluso, A. M. Brand anthropomorphism: Conceptualization, measurement, and impact on brand personality and loyalty[J]. Journal of Brand Management, 2015, 22 (1).

[20] Harrigan, P., Evers, U., Miles, M. P. Customer engagement and the relationship between involvement, engagement, self-brand connection and brand usage intent[J]. Journal of Business Research, 2018, 88(7).

[21] Hoption, C., Barling, J., Turner, N. "It's not you, It's me": Transformational leadership and self-deprecating humor[J]. Leadership & Organization Development Journal, 2013, 34 (1).

[22] Jamieson, D. W., Lydon, J. E., Zanna, M. P. Attitude and activity preference similarity: Differential bases of interpersonal attraction for low and high self-monitors[J]. Journal of Personality & Social Psychology, 1987, 53 (6).

[23] Kim, S., Mcgill, A. L. Gaming with mr. slot or gaming the slot machine? power, anthropomorphism, and risk perception[J]. Journal of Consumer Research, 2011, 38(1).

[24] Leary, M. R., Kelly, K. M., Cottrell, C. A., Schreindorfer, L. S. Construct validity of the need to belong scale: Mapping the nomological network [J]. Journal of Personality Assessment, 2013, 95(6).

[25] Li, X., Chan, K. W., Kim, S. Service with emoticons: How customers interpret employee use of emoticons in online service encounters[J]. Journal of Consumer Research, 2019, 45 (5).

[26] Liu, S. Q., Mattila, A. S. Ethnic dining: Need to belong, need to be unique, and menu offering[J]. International Journal of Hospitality Management, 2015, 49.

[27] Ma, Z. F., Gill, T., Jiang, Y. Core Versus Peripheral Innovations: The Effect of Innovation Locus on Consumer Adoption of New Products [J]. Journal of Marketing Research, 2015, 52(3).

[28] Martin, R. A., Puhlik-Doris, P., Larsen, G., et al. Individual differences in uses of humor and their relation to psychological well-being: Development of the humor styles questionnaire[J]. Journal of Research in Personality, 2003, 37(1).

[29] Oscario, A., Sriherlambang, B., Akbar, A. Building a positive brand image through advertisement[J]. Advanced Science Letters, 2017, 23(1).

[30] Packard, G., Gershoff, A. D., Wooten, D. B. When boastful word of mouth helps versus hurts social perceptions and persuasion[J]. Journal of Consumer Research, 2016, 43(1).

[31]Park, C. W., MacInnis, D. J. What's in and what's out: Questions on the boundaries of the attitude construct[J]. Journal of Consumer Research, 2006, 33(6).

[32]Puzakova, M., Kwak, H., Rocereto, J. F. Pushing the envelope of brand and personality: Antecedents and moderators of anthropomorphized brands [J]. Advances in Consumer Research, 2009, 36.

[33]Roobina, O. Construction and validation of a scale to measure celebrity endorsers' perceived expertise, trustworthiness, and attractiveness[J]. Journal of Advertising, 1990, 19(3).

[34]Urka, T., Klement, P. Consumers' identification with corporate brands: Brand prestige, anthropomorphism and engagement in social media [J]. Journal of Product & Brand Management, 2018, 27(1).

[35]Wojnicki, A, C., Godes, D. Signaling success: Word of mouth as self-enhancement[J]. Customer Needs and Solutions, 2017(10).

The Influence of Brand Anthropomorphic Self-Presentation Strategy on Consumer Brand Preference

Li Wenjie[1] Sun Chaojing[2] Hu Yang[3] Zhu Zehui[4]

(1   School of Business Administration, Shandong University of Finance and Economics, Jinan, 250014;

2   School of Economics and Management, Wuhan University, Wuhan, 430072;

3   Hunan University of Finance and Economics, Changsha, 410205;

4   College of Economics and Management, Southwest University, Chongqing, 400715)

Abstract: Based on the social attributes of people, brand anthropomorphism has become an important tactic in attracting consumers. The current research focuses on whether the brand has anthropomorphism and anthropomorphic image and name, and has not yet conducted research on its anthropomorphic self-presentation strategy. As a key clue to show self-personality, brand anthropomorphic self-presentation strategy has played a positive role in influencing consumers' evaluation of it. According to stereotype theory, the effect of brand anthropomorphic self-expression strategies on consumer brand preference and its intermediary mechanism were explored through scenario experiments. Self-deprecating positively influences purchase intention through consumer warmth perception, and self-enhancing positively influences purchase intention through consumer competence perception.

Key words: Brand anthropomorphism; Self-presentation strategy; Stereotype theory; Warmth perception; Competence perception

专业主编：寿志钢

旅游图片饱和度对游客出游意愿的影响
——探索旅游动机的调节作用*

● 吴　恒[1]　周志良[2]

（1，2　武汉大学经济与管理学院　武汉　430072）

【摘　要】近年来，旅游景区之间竞争压力日渐加大，景区广告宣传成为拉动游客前往出游的重要因素，其中广告图片颜色作为重要的自变量，对消费者的感受、态度以及行为等产生影响。饱和度作为颜色的一个维度，现有研究已在营销学领域发现其对消费者的购买意愿等具有显著影响。在旅游学领域关于图片饱和度的研究较少，其中更是忽略了旅游动机可能产生的调节作用。本研究根据感受作为信息理论，通过引入心境作为中介变量，探索图片饱和度对游客出游意愿的影响机制，并考察旅游动机的调节作用。通过对 250 名大学生进行行为学实验，结果发现：图片饱和度会通过影响消费者的心境进而影响出游意愿；高饱和度的图片颜色会诱发更加积极的心境；当旅游动机是休闲放松时，积极的心境能产生更高的出游意愿；当旅游动机是探险兴奋时，消极的心境能产生更高的出游意愿。

【关键词】图片饱和度　心境　出游意愿　旅游动机

中图分类号：C93　　　　文献标识码：A

1. 引言

近年来，游客日益增长的旅游需求与旅游资源及景区同质化之间的矛盾日益突出，旅游景区之间竞争压力巨大，因此，如何吸引更多游客出游成为值得研究的问题。根据旅游动机的推拉因素理论，旅游景区应当在"拉"的因素上做好对游客的宣传，例如视频、图片、旅游手册等，在当今信息爆炸的时代，消费者每天会接收到无数这样的宣传广告内容，其中包含图像、形状、颜色等诸多信息，容易产生视觉疲劳，如何加工和处理这些信息，从而引导和控制消费者的行为，是研究者需要关注的问题。现有广告学领域，研究文字特性对于潜在消费者的行为意向的内容普遍较多，如字号大小、印刷字体等（谢志鹏等，2020）。但是在具有独特视觉效果的旅游业，图片对于成功创建和传达目的地图像至

---

* 通讯作者：周志良，E-mail：zhouzhiliang@whu.edu.cn。

关重要，实际上，大多数旅游手册75%的内容是图片形式的(Jenkins，1999)。在诸多视觉影响因素中，人类在视觉感知过程中最先感知到的就是颜色，在有意识的注意之前，人类就已经开始无意识地处理颜色这种物理特征(Treisman，1986)。在旅游营销活动中，颜色被目的地营销组织广泛用来广告宣传，例如"多彩贵州""七彩贵州"等，甚至还有"绿色旅游""红色旅游"这种直接以颜色命名的旅游产品。颜色是不同波长的光进入我们的眼睛所产生的感觉(Paterson，2004)，一般分为三个维度：色调、饱和度以及亮度(Thompson et al.，1992)，本文主要探究旅游广告图片颜色的饱和度(高 vs. 低)对消费者出游意愿的影响。通过控制旅游广告图片颜色的饱和度，可以诱发观看广告的消费者的不同情感反应，例如诱发积极或消极的心境，从而对消费者的出游意愿产生影响。

在广告宣传中，营销组织似乎更愿意将丰富多彩的颜色展现给消费者，希望以色彩斑斓的图片去吸引游客的注意，但往往会忽略自身的旅游活动类型是否适合使用鲜艳的、亮丽的颜色。例如，由于汶川大地震，汶川县目前有一定的黑色旅游项目，然而在马蜂窝等旅游网站中，发现关于地震遗址的图片既有较为鲜艳的，也有偏向灰暗的，这显然对于精准营销这些旅游项目是不利的。现有文献探讨了颜色在广告和消费行为领域的作用，发现不同饱和度的刺激会导致消费者产生不同的行为和决策(Coyle & Thorson，2001)。目前普遍认为更高的图片饱和度可以使消费者产生更强烈的购买意愿，随着饱和度的增加，消费者的兴奋度也会有所增加，从而增加对产品的偏好(Gorn 等，1997)。然而也有少量文章表明，在特定情境下(例如食品包装)，鲜艳的、高饱和度的颜色反而会降低消费者对产品的评估和消费意愿(Mead & Richerson，2018)。旅游动机可以反映游客对于自己即将前往某一目的地的期望，受到不同饱和度的图片诱发而产生积极或消极的心境如果能与符合自己内心期望的动机匹配，则应当产生更加强烈的出游意愿。

本文将使用"感受作为信息"理论(feelings-as-information theory)，探究消费者对于旅游广告图片的饱和度(高 vs. 低)的心境感知以及其对出游意愿的影响，并探讨不同旅游动机对心境作用机制的调节作用。

2. 文献综述及假设

2.1 感受作为信息理论

人的思维伴随着各种各样的主观经验，包括心境(mood)、情绪(emotion)、元认知感受(metacognitive feelings)以及身体感觉(bodily sensation)，感受作为信息理论概念化了这些主观经验的作用，它假设人们以自己的感受作为信息来源，不同的感受提供不同类型的信息(Schwarz，2012)。该理论发现，人们将自己的短暂感受作为形成后续判断的信息来源，其本质上是问自己"我对此有何感想"，这一理论最初是为了说明快乐和悲伤的心境对评价性判断的影响而开发的(Schwarz & Clore，1983)，随后又扩展到其他类型的感受。

该理论认为，心境是一种作为判断基础的感觉，它具有可塑性，可以由视觉特征触发，大多数研究表明当人们处于快乐而不是悲伤的心境的时候，心境会导致更积极的判断，即心境一致性的判断。例如 Schwarz 等人通过行为学实验，被试者被随机分组后，被分别放置于一个令人非常愉快或不愉快的房间里，实验结束后被试者报告愉快的房间诱发积极的心境比不愉快的房间引起消极心境更高的生活满意度（Schwarz et al.，1987）。然而在某些特定条件下，心境也会出现不一致的判断，这可能是因为判断的目标可以带来与当前的感受进行比较的情感期望。例如 Martin 等人观察到，处于快乐心境下的被试者相比处于悲伤心境下的被试者来说，他们对悲伤的故事的评价更低，这是由于在其快乐的心境下，这个悲伤的故事未能实现让他们感受到悲伤这一期望，从而使他们判断这是一个不够悲伤的故事（Martin et al.，1997）。

2.2　旅游图片颜色饱和度和个体出游意愿

消费者每天都会看到大量的颜色，人类知觉过程中最早感知到的就是颜色，在有意识的注意之前，人类就已经开始无意识地处理这样的物理特征（Treisman，1986），它会从各种维度影响人的情感、感知与行为（Feltman & Elliot，2011）。作为一种外部刺激，颜色会对人类的情绪产生影响，并在后续的信息加工过程中起到重要作用（Crowley，1993）。在营销研究中，颜色会影响消费者的行为意图（Ghaderi et al.，2015）。颜色可以被划分为三个维度：色调、亮度和饱和度（Elliot & Maier，2012），现有文献中对色调维度的研究最为广泛（Bagchi & Cheema，2013），而对其他两个维度的研究和理解相对较少。

现有研究表明，颜色饱和度会对消费者的行为产生影响。饱和度（saturation）是色调的表现程度，它取决于某一特定色调的波长占物体发出光线中的优势，在物体反射的光波中，白色光的比例越小，色彩的纯度越高，表现出物体的颜色就越鲜艳（爱娃·海勒，2008）。大多数研究表明高度饱和的颜色（即鲜艳的颜色）增强了消费者对广告的偏好和回忆（Sabate et al.，2014）。高饱和度颜色比低饱和度颜色具有更多色素，它们丰富、生动、引人注目，而低饱和度的颜色很暗淡（Gorn et al.，1997）。随着饱和度的提高，广告的关注和处理都会增加，从而增强了对品牌的态度（Lee，2012）并增加了消费者的行为意图（De Vries et al.，2012）。消费者对于产品的感知尺寸受到颜色的饱和度影响，高（vs. 低）饱和度的色彩会更加吸引消费者的注意力，因此增加色彩饱和度会增加尺寸感知，当使用目标需要大（vs. 小）尺寸时，对于具有高（vs. 低）饱和度的产品，消费者的评价更高，支付意愿也更高（Hagtvedt & Brasel，2017）。

旅游行为是一种特殊的消费行为，在旅游消费领域也有对于颜色的研究。Joyner 等人发现在农业旅游目的地营销中，相对于黑白图片来说，彩色图片是农民和游客推广的首选（Joyner et al.，2018）。在对旅游运营商网站的研究中，Björk 探讨了网站元素如何激发情绪反应，并发现照片以及信息内容和结构是刺激影响游客决策过程的情绪反应的最重要因素（Björk，2010）。张梦等人研究了旅游景区规范性标识牌的颜色效价与语言风格匹配行为方式对游客行为意愿的影响，发现在中国游客的认知经验中，颜色表现出积极的和消极的心理效价，当标志牌语言风格与标志牌颜色效价（积极 vs. 消极）匹配时，它对游客的劝说效果更好（张梦等，2016）。

因此可以看到旅游图片的颜色饱和度对于游客的行为意愿具有一定的影响，从而提出如下假设：

H1：高饱和度(相比于低饱和度)的旅游图片能够显著提高游客的出游意愿。

2.3 心境(mood)的中介作用

心境是反映某人处于特殊情形下温和的、短暂的、抽象的情绪状态(Feltman & Elliot,2011)，它以多种方式影响消费者行为(Gorn et al.，1993)，从信息处理(Armitag et al.，1999)、对品牌的态度(Batra & Ray，1986)、购买意愿(Alpert & Alpert，1990)到对商业广告的反应(Goldberg & Gorn，1987)。根据感受作为信息理论(feelings-as-information theory)，人们会将自己的感受作为形成判断的信息来源，不同类型的感受提供不同类型的信息，当对刺激物进行感知时，会形成不同的感受，它能当作判断的基础，并经过加工形成信息，心境作为感受的一部分，会被外界刺激诱发。当消费者在寻找、选择和使用产品时，可能会受到各种各样的视觉刺激，从而形成不同的感受状态，包括感知到的心境等(Schwarz，2012)。

作为一种具体的情感主观体验或感受(Clore et al.，1994)，心境可由颜色触发(Kwallek et al.，1988)，Soldat等人认为环境线索(如颜色)提供直接影响消费者加工策略的情感信息(Soldat et al.，1997)，从而对消费者的决策过程产生影响。已有的大多数研究表明，当人们处于快乐而不是悲伤心境时，心境通常会导致更加积极的判断。对于消费者满意度的研究表明，满意与愉快心境有关，而不满意与不愉快心境有关(Westbrook & Oliver，1981)。

已有文献中，在心境维度的划分上具有不同的流派观点：第一种观点认为，心境只有一个维度，它表现为从消极到积极的变化(Holbrook & Batra，1987)；第二种观点认为，心境具有两个独立的维度，分别为消极维度和积极维度(Babin et al.，1998)。本文选择第二种观点，即认为心境会被划分为两个独立的维度。

鲜艳的颜色(即饱和度更高的颜色)能积极影响消费者对于品牌的感受和情绪(Duffett，2015)，随着饱和度的提高，消费者对广告的注意和信息处理也会相应增加，从而增加了对品牌的态度以及随后的行为意图(De Vries et al.，2012)。

在对旅游运营商网站的研究中，Björk探讨了网站元素如何激发情绪反应，并发现照片以及信息内容和结构是刺激影响游客决策过程的情绪反应的最重要因素(Björk，2010)。鲜艳的色彩被发现正向影响品牌的感知心境(Duffett，2015)，根据心境一致性效应，当消费者处于积极的心境状态时，会倾向于选择并加工与该心境一致的信息，表现出心境的某种启动效应(庄锦英，2006)，从而积极的心境能促进消费者产生较强的行为意愿，因此提出如下假设：

H2：心境中介旅游图片饱和度和游客出游意愿之间的影响，旅游图片饱和度越高，越可能激发游客积极的心境感知，进而提高出游意愿。

2.4 旅游动机的调节作用

目的地选择是实际限制(例如时间、金钱和技能)与目的地意象之间交互作用的函数(Crompton，1979)，当个体做出游决策时，会受到外部输入(例如目的地形象刺激等)和内部输入(例如个体性格、动机态度等)共同作用,形成对目的地的认知结构,并作用于目的地品牌的激活区域,最终形成目的地选择决策(Um & Crompton,1990)。

有学者实证研究发现,旅游动机会决定游客对于目的地的认知形象,放松或逃避以及求知动机会对认知形象的"体验质量、吸引物和价值或环境"这三个维度产生正向影响(Baloglu & McCleary,1999)。而探险旅游动机研究最常见的焦点在于探险旅游者冒险或寻求刺激的天性,探险旅游者受到"冲刺"或"恐惧"以及"激动"等感受的驱动,从而进行探险旅游活动(Buckley,2012)。

不同的颜色刺激能使个体产生放松或紧张的感受,对个体的情感、认知和行为等具有显著影响,当激活不同类型的动机时,颜色对认知过程(例如态度形成)和行为(例如寻求进一步信息)的影响可以得到调节(Mehta & Zhu,2009)。心境作为一种情感状态,当游客的旅游动机与感知到的颜色匹配时,颜色对于心境的作用会更加显著。

根据感受作为信息理论(feelings-as-information theory),心境在特定条件下会导致心境不一致的判断,需要进行判断的目标能带来与当前的感受进行比较的情感期望,如果人们能越多地体验他们期望的感受,他们就会越好地评估目标(Schwarz,2012)。因此,当人们处于积极的心境时,开心的故事会更受欢迎;当人们处于负面的心境时,伤心的故事更受欢迎(Martin et al.,1997)。根据这一逻辑,若人们期望一次旅游活动是休闲放松的,则积极的心境会有助于促成这一旅行;若人们期望一次旅游活动是探险兴奋的,则积极的心境反而会不利于这一旅行。潜在的旅游消费者对于一次旅游活动的期望是通过他们的旅游动机驱动的(Jaapar et al.,2017),旅游动机可能是决定心境如何影响旅游吸引力的关键因素。

休闲放松是一种使自己在精神上和身体上远离正常的日复一日的压力的渴望(Crompton,1979),它主要关于摆脱日常生活,享受"美好时光"(Lundberg,1972)。由于高饱和度的图片在信息加工过程中较为流畅,通常能产生更积极的心境,休闲放松的动机会使人期望这次旅游活动是舒服的,与积极的心境相互匹配,因此放松的旅游动机的条件下,更加积极的心境更能满足自己的期望,产生更高的出行意愿。探险兴奋作为旅行的另一个主要动机,与体验新奇新颖的东西有关(Crompton,1979;Lundberg,1972),它可能包括刺激、改变常规和缓解无聊等,会带给游客一种困难和危险的感觉(Cater,2006)。由于低饱和度的图片在信息加工过程中通常不够流畅,容易产生更加消极的心境,而探险兴奋的动机会使人期望这次旅游活动是困难和危险的,与消极的心境相互匹配,因此在探险兴奋的旅游动机下,更加消极的心境更能满足自己的期望。

因此提出如下假设:

H3:旅游动机调节心境和游客出游意愿之间的关系,在休闲放松的旅游动机条件下,更积极的心境会产生更高的出游意愿;在探险兴奋的旅游动机条件下,更消极的心境会产生更高的出游意愿。

本文研究框架见图1。

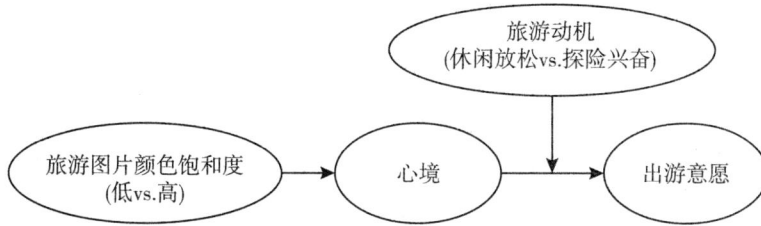

图 1　研究框架

3.　实验过程

3.1　研究设计

本研究的自变量是图片的饱和度(saturation)，中介变量是游客的心境(mood)，调节变量是旅游动机(tourism motivation)，形成 2(心境：消极 vs. 积极)×2(旅游动机：休闲 vs. 探险)的组间设计，因变量是消费者的出游意愿(Willingness-To-Travel，WTT)。

3.2　研究材料及实验过程

在本研究中，针对两种旅游动机分别设置了相匹配的旅游活动类型，为了尽量避免特定目的地的潜在影响，参与者看到的图片信息均未标明是某一具体的旅游目的地。

参与者被随机分为 2(饱和度：低 vs. 高)×2(旅游动机：放松休闲 vs. 探险兴奋)的组间设计，他们被要求观看 3 个未命名的旅游目的地图片。对于休闲放松目的地，选择了海滨、酒吧和森林亲子自行车(吴必虎和俞曦，2010)。对于探险兴奋目的地，旅游者的主要动机是寻求兴奋、挑战、奉献、不确定性、刺激和新奇等，旅游内容不仅包括自然考察和野生生物观赏等生态旅游活动，还有空中、陆上和水中的各种高危险活动(Bentley et al.，2007)，因此选择了攀岩、漂流和山地自行车的图片。用 Adobe Photoshop CC 2018 对图片饱和度进行处理校正，在饱和度上得到-50 的低饱和度和+50 的高饱和度。

之后询问参与者的心境状态，使用的量表借鉴了 Paterson 和 Sauber 开发的心境测量量表(Paterson，2004)，共有 4 个题项，使用 7 级李克特量表测量这些项目(伤心/开心，坏心情/好心情，易怒的/平静的，沮丧的/振奋的)，该量表已有较多的应用，具备比较好的信度和效度。随后询问参与者的出游意愿，借鉴了 Lam 和 Hsu 的出游意愿量表(Lam & Hsu，2006)，共有 3 个题项，使用 7 级李克特量表测量这些项目("我打算在未来 12 个月内前往此地旅游""有可能我会在未来 12 个月内前往此地旅游""我想要前往此地旅游")，该量表被前人有较多的应用，具备比较好的信度和效度。然后，对饱和度以及旅游动机分别进行操控检验，参与者选择自己对于图片饱和度的感知(使用 7 级李克特量表，1=极度不鲜艳，7=极度鲜艳)，以及自己对于旅游动机的感知(使用 7 级李克特量表，1=极度放松休闲，7＝极度探险兴奋）。最后是参与者的人口统计特征信息。

3.3 参与者

在武汉某高校线上随机招募大学生共 250 人自愿参加实验，每人可获得 2 元钱的现金奖励。最终回收到的有效实验数据为 242 条，其中 68 人为男生，174 人为女生，女生比例为 71.9%，$M_{年龄}$＝22.83 岁，$SD_{年龄}$＝5.73。我们调查了每位参与者在过去 2 年内平均每年的旅游花费时间（以天为单位），他们每年花费 11.03 天进行旅游活动（M＝11.03 天/年，SD＝7.46 天/年）。同时我们还调查了他们过去 2 年内平均每年的旅游频率（以次为单位），他们每年出游次数为 3.05 次（M＝3.05 次/年，SD＝2.31 次/年），有 81.4% 的学生每年旅游次数在 2 次及以上。

4. 结果与讨论

4.1 操控检验

首先对参与者的感知饱和度和实验控制的图片饱和度进行单因素 ANOVA 分析，结果是：$M_{低饱和度}$＝3.81，$SD_{低饱和度}$＝1.24，$M_{高饱和度}$＝5.01，$SD_{高饱和度}$＝1.11，$F(1，241)$＝62.537，$p<0.001$，饱和度高组的参与者比饱和度低组能感知到更高的饱和度，表明饱和度的控制是显著有效的。

之后对参与者的感知旅游动机和实验控制的图片代表的旅游动机进行单因素 ANOVA 分析，结果是：$M_{休闲放松}$＝2.65，$SD_{休闲放松}$＝1.02，$M_{探险兴奋}$＝4.61，$SD_{探险兴奋}$＝1.48，$F(1，241)$＝142.550，$p<0.001$，表明旅游动机的实验控制是显著有效的。

4.2 主效应及中介效应

本研究采用逐步回归的方法检验旅游图片颜色饱和度对出游意愿的主效应影响以及心境的中介作用，结果如表 1 所示。

首先，对出游意愿进行回归发现，图片饱和度对消费者的出游意愿有显著的影响（β＝0.233，t＝1.988，$p<0.05$），即主效应显著。之后，对心境进行回归发现，图片饱和度对心境有显著作用（β＝0.573，t＝5.154，$p<0.001$），即图片饱和度越高，消费者的心境越积极。最后在主效应检验中加入心境进行回归，结果发现饱和度不显著（β＝-0.083，t＝-0.785，$p>0.05$），而心境显著（β＝0.551，t＝9.481，$p<0.001$），根据温忠麟等人的中介效应检验方法，说明饱和度对消费者出游意愿的影响完全通过心境中介。具体而言，当广告图片的饱和度更高，消费者感知到更高的饱和度时，会激发更加积极的心境，从而产生更高的出游意愿。

表1   饱和度的主效应和心境的中介效应

自变量	因 变 量		
	出游意愿	心境	出游意愿
饱和度	0.233*	0.573***	−0.083
心境			0.551***
R^2	0.016	0.100	0.285

注：* 为 $p<0.05$，** 为 $p<0.010$，*** 为 $p<0.001$。

4.3 调节效应

通过以上的讨论，我们检验了高饱和度的图片颜色可以通过产生积极的心境感受对出游意愿产生影响，将感知到的心境与实验预先控制的心境(高饱和度图片诱发积极的心境、低饱和度图片诱发消极的心境)进行单因素 ANOVA 分析，得到的操控检验结果为：$M_{消极}=4.55$，$SD_{消极}=0.82$，$M_{积极}=5.13$，$SD_{积极}=0.91$，$F(1, 241)=26.568$，$p<0.001$，证明心境的控制是显著有效的。

之后，对实验数据进行 2(心境：消极/积极)×2(旅游动机：休闲放松/探险兴奋)的双因素 ANOVA 分析，结果如表2所示。结果显示，心境和旅游动机的交互项是显著的($F(1, 241)=19.434$，$p<0.001$)，旅游动机会调节心境对出游意愿的影响，两者的交互作用如图2所示。对数据进行简单效应分析后发现，当旅游动机是休闲放松时，心境越积极，游客出游意愿越高($M_{消极}=4.208<M_{积极}=4.853$，$F(1, 238)=16.375$，$p<0.001$，偏 $\eta^2=0.064$)；当旅游动机是探险兴奋时，心境越消极，游客出游意愿越高($M_{消极}=4.173>M_{积极}=3.843$，$F(1, 238)=4.635$，$p<0.05$，偏 $\eta^2=0.019$)。

表2   心境和旅游动机对出游意愿的影响

变异来源	Ⅲ型平方和	df	均方	F	Sig.	偏 η^2
校正模型	33.041ᵃ	3	11.014	15.425	0.000	0.163
截距	4 258.874	1	4 258.874	5 964.605	0.000	0.962
心境	1.444	1	1.444	2.022	0.156	0.008
旅游动机	15.941	1	15.941	22.325	0.000	0.086
心境×旅游动机	13.8876	1	13.876	19.434	0.000	0.075
误差	169.938	238	0.714			
总计	4 681.000	242				
校正的总计	202.979	241				

注：a. $R^2=0.163$(调整 $R^2=0.152$)。

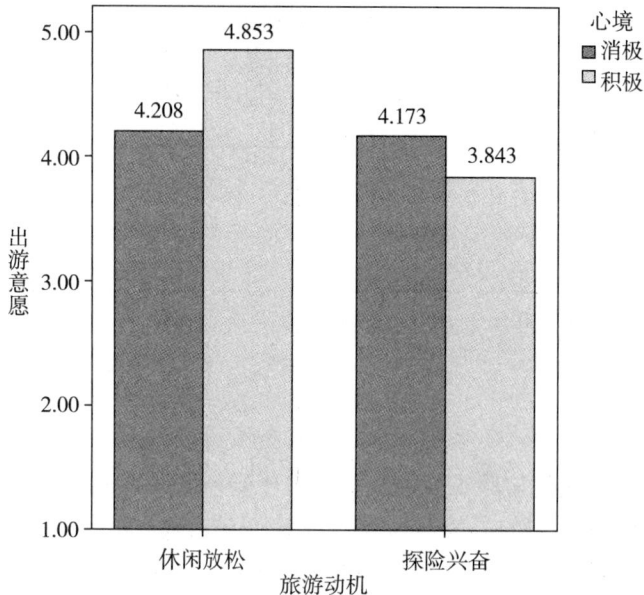

图 2　心境和旅游动机的交互作用

5. 结论与讨论

5.1　研究结果讨论

本研究以心境为中介变量，以旅游动机为调节变量，构建了图片饱和度对消费者出游意愿的影响机制模型。结果表明，图片饱和度能显著地正向影响消费者的出游意愿，个体心境在其中起完全中介作用，更高的图片饱和度能诱发更积极的心境，从而产生更高的出游意愿。同时这一过程受到旅游动机的调节作用，具体而言，当旅游动机是休闲放松时，更高的图片饱和度能产生更积极的心境，并增加出游意愿；而当旅游动机是探险兴奋时，更低的图片饱和度会产生更消极的心境，但在寻求刺激兴奋的动机驱动下，反而提高游客的出游意愿。这是一种反直觉的效果。

5.2　理论意义

个体通常使用自己的五感与外界进行交流，形成后续的情感及认知过程，其中视觉是人类获取外界信息的最主要手段，超过 80% 的信息要通过视觉去获取。饱和度作为颜色的一个维度，个体通过视觉对它进行判断，形成感情、心境等认知，并对行为产生影响。因此，现有研究重点探究了饱和度在认知过程中如何影响消费者的广告偏好、品牌态度以及行为意图等，但较少关注消费者的动机产生的调节作用，尤其是在旅游学领域更少关注旅游动机调节颜色对消费者态度和行为等的影响机制。本研究通过引入旅游动机这一调节变量，将其划分为休闲放松和探险兴奋的维度，探究消费者在不同类型的旅游动机驱使下，对图片饱和度通过心境中介影响出游意愿的机制进行调节，对现有颜色饱和度的研究进行补充。总体来说，具有如下理论贡献：

(1)在旅游学领域探索了图片饱和度对消费者行为意愿的影响，深化了对这一影响机制的理解。本文通过引入心境这一中介变量，发现图片饱和度完全通过心境的中介效应对消费者的出游意愿产生影响。随着饱和度的提高，消费者能产生更加积极的心境，从而对自己的出游意愿产生显著的正向影响。这与现有文献一致，鲜艳的颜色(饱和度更高的颜色)正向影响消费者对于品牌的感受和情绪，从而增加了消费者的行为意图。

(2)丰富了旅游动机的调节作用，产生了反直觉的影响。现有研究大多认为较高的饱和度对心境和行为意愿有显著的正向影响，而忽略了动机可能存在的调节作用。本研究根据感受作为信息理论，通过引入休闲放松和探险兴奋的旅游动机，发现当游客处于高饱和度颜色诱发的积极心境中时，若存在休闲放松的旅游动机驱动条件，则该动机会与积极的心境匹配，从而产生较高的出游意愿；而当游客处于低饱和度颜色诱发的消极心境中时，若存在探险兴奋的旅游动机驱动条件，则该动机会与消极的心境匹配，进而产生较高的出游意愿。这为现有的研究提供了补充，因此我们认为旅游图片颜色饱和度所诱发的心境和消费者的出游动机具有相应的匹配度，当其相互匹配时，消费者会有更高的出游意愿。

5.3 管理意义

(1)有助于企业对图片饱和度的处理有更深一步的认识。以往研究认为，饱和度更高就能带来更高的消费意愿等正向的作用，但本研究发现在探险兴奋的旅游动机调节下，更低的饱和度反而带来更高的出游意愿。因此，如果旅游企业的经营目标是促进探险旅行，则应当考虑适当降低宣传图片的饱和度。旅游企业在设计旅游宣传图片时，应当考虑自身的目的地类型，选择与之相匹配的图片饱和度，从而提升经营效果。

(2)有助于目的地管理者对图片饱和度进行相应的处理。图片饱和度的处理不仅可以用于诸如旅行社这样的旅游企业，也可以用于目的地营销中的目的地管理者。消费者通过观看目的地管理者的宣传图片，对目的地产生初步的认识和形象感知以及态度等。对于目的地管理者来说，若目的地类型主要是探险型，则应当考虑在宣传图片适当降低饱和度以增强消费者的出游意愿；若目的地类型主要是休闲放松型，则考虑在宣传图片增加饱和度以增强潜在消费者的出游意愿。即目的地管理者应当根据该目的地的形象特点和类型，选择与之相匹配的饱和度来设计宣传图片。

5.4 研究局限与展望

本研究虽然得出一些结论，但仍存在一定的局限性，有待进一步完善：

第一，我们只考虑了两种旅游动机，而旅游动机的划分方式多种多样，未来可以考察其他更多的旅游动机(例如康养、逃避、研学、商务等)，探索更多动机如何影响图片饱和度对出游意愿的影响。

第二，实验样本大多为大学生，其经济能力、社会阅历、消费水平、学历和文化水平等都和其他群体存在差异，对研究结果可能存在一定的外部性，未来应当在其他群体中对结论进行检验。

第三，出游意愿和实际出游行为之间毕竟存在差距，未来的研究可以考察消费者的真实出游行为。

◎ 参考文献

[1] 爱娃·海勒. 色彩的性格[M]. 北京：中央编译出版社，2008.

[2] 吴必虎，俞曦. 旅游规划原理[M]. 北京：中国旅游出版社，2010.

[3] 谢志鹏，田佳禾，欧阳晨晨，等. 环肥还是燕瘦？字体长宽比对消费者的影响[J]. 珞珈管理评论，2020，35(4).

[4] 叶莉，陈修谦. 雾霾对我国入境旅游的影响：游客风险感知异质性视角[J]. 广东财经大学学报，2020，35(4).

[5] 张梦，潘莉，Gursoy. 景区规范类标识牌劝说效果研究——基于语言风格与颜色效价的匹配影响[J]. 旅游学刊，2016，31(3).

[6] 庄锦英. 影响情绪一致性效应的因素[J]. 心理科学，2006(5).

[7] Alpert, J. I., Alpert, M. I. Music influences on mood and purchase intentions[J]. Psychology & Marketing, 1990, 7(2).

[8] Armitage, C. J., Conner, M., Norman, P. Differential effects of mood on information processing: Evidence from the theories of reasoned action and planned behaviour[J]. European Journal of Social Psychology, 1999, 29(4).

[9] Babin, B. J., Darden, W. R., Babin, L. A. Negative emotions in marketing research: Affect or artifact? [J]. Journal of Business Research, 1998, 42(3).

[10] Bagchi, R., Cheema, A. The effect of red background color on willingness-to-pay: The moderating role of selling mechanism[J]. Journal of Consumer Research, 2013, 39(5).

[11] Baloglu, S., Mccleary, K. W. A model of destination image formation[J]. Annals of Tourism Research, 1999, 26(4).

[12] Batra, R., Ray, M. L. Affective responses mediating acceptance of advertising[J]. Journal of Consumer Research, 1986, 13(2).

[13] Bentley, T. A., Page, S. J., Macky, K. A. Adventure tourism and adventure sports injury: The New Zealand experience[J]. Applied Ergonomics, 2007, 38(6).

[14] Björk, P. Atmospherics on tour operators' websites: Website features that stimulate emotional response[J]. Journal of Vacation Marketing, 2010, 16(4).

[15] Buckley, R. Rush as a key motivation in skilled adventure tourism: Resolving the risk recreation paradox[J]. Tourism Management, 2012, 33(4).

[16] Cater, C. I. Playing with risk? Participant perceptions of risk and management implications in adventure tourism[J]. Tourism Management, 2006, 27(2).

[17] Clore, G. L., Schwarz, N., Conway, M. Affective causes and consequences of social information processing[M]//Wyer, R. S., Srull, T. K. Handbook of social cognition:

Basic processes; Applications. Hillsdale: Lawrence Erlbaum Associates, 1994.

[18] Coyle, J. R., Thorson, E. The effects of progressive levels of interactivity and vividness in web marketing sites[J]. Journal of Advertising, 2001, 30(3).

[19] Crompton, J. L. Motivations for pleasure vacation[J]. Annals of Tourism Research, 1979, 6(4).

[20] Crowley, A. E. The two-dimensional impact of color on shopping[J]. Marketing Letters, 1993, 4(1).

[21] De Vries, L., Gensler, S., Leeflang, P. S. H. Popularity of brand posts on brand fan pages: An investigation of the effects of social media marketing[J]. Journal of Interactive Marketing, 2012, 26(2).

[22] Duffett, R. G. Facebook advertising's influence on intention-to-purchase and purchase amongst Millennials[J]. Internet Research, 2015.

[23] Elliot, A. J., Maier, M. A. Color-in-context theory[M]//Advances in experimental social psychology. Academic Press, 2012, 45.

[24] Feltman, R., Elliot, A. J. The influence of red on perceptions of relative dominance and threat in a competitive context[J]. Journal of Sport and Exercise Psychology, 2011, 33(2).

[25] Ghaderi, M., Ruiz, F., Agell, N. Understanding the impact of brand colour on brand image: A preference disaggregation approach[J]. Pattern Recognition Letters, 2015, 67.

[26] Goldberg, M. E., Gorn, G. J. Happy and sad TV programs: How they affect reactions to commercials[J]. Journal of Consumer Research, 1987, 14(3).

[27] Gorn, G. J., Chattopadhyay, A., Yi, T., et al. Effects of color as an executional cue in advertising: They're in the shade[J]. Management Science, 1997, 43(10).

[28] Gorn, G. J., Goldberg, M. E., Basu, K. Mood, awareness, and product evaluation[J]. Journal of Consumer Psychology, 1993, 2(3).

[29] Hagtvedt, H., Brasel, S. A. Color saturation increases perceived product size[J]. Journal of Consumer Research, 2017, 44(2).

[30] Holbrook, M. B., Batra, R. Assessing the role of emotions as mediators of consumer responses to advertising[J]. Journal of Consumer Research, 1987, 14(3).

[31] Jaapar, M., Musa, G., Moghavvemi, S., et al. Dental tourism: Examining tourist profiles, motivation and satisfaction[J]. Tourism Management, 2017, 61.

[32] Jenkins, O. H. Understanding and measuring tourist destination images[J]. International Journal of Tourism Research, 1999, 1(1).

[33] Joyner, L., Kline, C., Oliver, J., et al. Exploring emotional response to images used in agritourism destination marketing[J]. Journal of Destination Marketing & Management, 2018, 9.

[34] Kwallek, N., Lewis, C. M., Robbins, A. S. Effects of office interior color on workers' mood and productivity[J]. Perceptual and Motor Skills, 1988, 66(1).

[35] Lam, T., Hsu, C. H. C. Predicting behavioral intention of choosing a travel destination

[J]. Tourism Management, 2006, 27(4).

[36] Lee, K. -Y. Consumer processing of virtual experience in e-commerce: A test of an integrated framework[J]. Computers in Human Behavior, 2012, 28(6).

[37] Lundberg, D. E. Why tourists travel[J]. Cornell Hotel and Restaurant Administration Quarterly, 1972, 12(4).

[38] Martin, L. L., Abend, T., Sedikides, C., et al. How would it feel if. . . ? Mood as input to a role fulfillment evaluation process[J]. Journal of Personality and Social Psychology, 1997, 73(2).

[39] Mead, J. A., Richerson, R. Package color saturation and food healthfulness perceptions [J]. Journal of Business Research, 2018, 82.

[40] Mehta, R., Zhu, R. J. Blue or red? Exploring the effect of color on cognitive task performances[J]. Science, 2009, 323(5918).

[41] Paterson, I. A dictionary of colour: A lexicon of the language of colour[M]. London: Thorogood, 2004.

[42] Sabate, F., Berbegal-Mirabent, J., Cañabate, A., et al. Factors influencing popularity of branded content in Facebook fan pages[J]. European Management Journal, 2014, 32(6).

[43] Schwarz, N. Feelings-as-information theory[M]//Lange, P. V., Kruglanski, A., Higgins, E. T. Handbook of theories of social psychology. New York: Sage, 2012.

[44] Schwarz, N., Clore, G. L. Mood, misattribution, and judgments of well-being: Informative and directive functions of affective states[J]. Journal of Personality and Social Psychology, 1983, 45(3).

[45] Schwarz, N., Strack, F., Kommer, D., et al. Soccer, rooms, and the quality of your life: Mood effects on judgments of satisfaction with life in general and with specific domains[J]. European Journal of Social Psychology, 1987, 17(1).

[46] Soldat, A. S., Sinclair, R. C., Mark, M. M. Color as an environmental processing cue: External affective cues can directly affect processing strategy without affecting mood[J]. Social Cognition, 1997, 15(1).

[47] Thompson, E., Palacios, A., Varela, F. J. On the ways to color[J]. Behavioral and Brain Sciences, 1992, 15(1).

[48] Treisman, A. Properties, parts, and objects[C]//Boff, K. R., Kaufman, L., Thomas, J. P. Handbook of perception and human performance. Oxford: John Wiley and Sons, 1986.

[49] Um, S., Crompton, J. L. Attitude determinants in tourism destination choice[J]. Annals of Tourism Research, 1990, 17(3).

[50] Westbrook, R. A., Oliver, R. L. Developing better measures of consumer satisfaction: Some preliminary results[J]. ACR North American Advances, 1981.

The Impact of Tourism Image Saturation on Tourists' Willingness-to-Travel

—Exploring the Moderated Effect of Tourism Motivation

Wu Heng[1]　Zhou Zhiliang[2]

(1, 2　Economics and Management School of Wuhan University, Wuhan, 430072)

Abstract: In recent years, the competitive pressure between tourism attractions has been increasing day by day. The advertising of tourism attractions has become an important factor in stimulating tourist to travel. The color of advertising images is an important independent variable, which affects consumers' perceptions, attitudes and behaviors. As a dimension of color, saturation has been found in the field of marketing to have a significant impact on consumers' willingness to purchase. There are few studies on image saturation in the field of tourism, and it is neglecting the moderated effect that tourism motivations may produce. Based on the Feelings-as-Information theory, this study explores the influence mechanism of image saturation on tourists' willingness-to-travel by introducing mood as the mediator, with exploring the moderated effect of tourism motivation. Through behavioral experiment on 250 college students, it is found that the image saturation will affect the willingness-to-travel by affecting the mood of consumers; the color of higher saturation image will induce a more positive mood. When the tourism motivation is rest and relaxation, a positive mood can induce a higher willingness-to-travel; when the tourism motivation is adventure and excitement, a negative mood can induce a higher willingness-to-travel.

Key words: Image saturation; Mood; Willingness-to-travel; Tourism motivation

专业主编：寿志钢

生计资本与生计能力对民族地区旅游生计策略选择的影响研究[*]

● 时朋飞¹　况鲜洁²　黄国庆³　李星明⁴

（1，2，3　西南大学经济管理学院　重庆　400715；
4　华中师范大学城市与环境科学学院　武汉　430079）

【摘　要】巩固拓展脱贫攻坚成果、防止返贫已成为我国相对贫困治理的重要任务。乡村旅游是农户实现可持续生计、巩固拓展脱贫攻坚成果的重要方式。本文以可行能力理论与可持续旅游生计理论为支撑，运用 Logistic 回归分析对西南民族地区乡村旅游发展过程中农户生计策略的影响因素进行实证分析。研究发现：（1）生计资本五个维度对应指标的正负效应同时存在，同时五个维度指标的正负效应结构存在较大差异，经济资本、制度资本指标的效应均呈两负一正分布，而人力资本指标的效应出现截然相反的结构，社会资本、自然资本正负效应的指标对半均分，除经济资本外，其他资本指标的正向效应都大于该资本内产生负向作用指标的作用程度。（2）生计能力中，政治参与、获取和使用服务与信息两个指标回归系数均超过 0.6，而教育作用的效应略小，反映社区增权与自我赋权从"自醒"与"自觉"两个维度促使农户主动参与旅游生计活动，健康、社会参与的负向效应则揭示不同的乡土观念（立志出乡关与亲帮亲、暖人心）会因时代变迁产生被固化或被稀释的现象。基于上述结论，从激发内生动力与保障外部资本两个维度提出促进农户生计可持续性的对策建议。

【关键词】生计资本　生计能力　生计策略　民族地区
中图分类号：F59　　　　文献标识码：A

1. 引言

据国家统计局全国农村贫困监测调查，现行标准下 9 899 万农村贫困人口全部脱贫，

---

　* 基金项目：国家社会科学基金一般项目"民族地区乡村旅游巩固脱贫攻坚成果的路径设计与政策支持研究"（项目批准号：20BSH062）；教育部人文社科青年基金项目"长江经济带旅游业生态效率测度、驱动机理与提升路径研究"（项目批准号：20XJC790006）；中央高校基本科研业务费专项资金项目"长江经济带旅游业环境效率测度、空间演化与提升路径研究"（项目批准号：SWU1909798）；中央高校基金重点项目"民族地区乡村旅游巩固脱贫攻坚成果的典型案例研究"（项目批准号：SWU2109207）。

　通讯作者：黄国庆，E-mail：364240776@qq.com。

完成了消除绝对贫困的艰巨任务。在完成脱贫攻坚任务、全面建成小康社会的同时，我们认识到，由于脆弱的生态环境与不便的交通条件，民族地区相对贫困问题依然突出，持续巩固拓展脱贫成果尤为重要。巩固拓展脱贫攻坚成果需要不断提升农户的生计可持续能力，而生计多样化是农户应对外部干扰的重要依赖路径，是农户实现可持续生计、防止返贫的核心保障。乡村旅游作为一种生计策略可促使农户生计趋于多样化，促使农户生计方式发生重组、拓展和优化，进而提高农户生计的整体可持续性(郭华，2020)。

民族村落是少数民族的生产、生活空间，是当地独特自然资源和丰富民族文化资源的集中体现(邓辉，2011)，民族村落的旅游发展承担着经济繁荣、文化传承、保护环境的重任(时朋飞等，2018)，同时也会通过生计方式结构多元化促使农户可持续生计向更高水平跃升，可见对旅游发展过程中民族地区农户的可持续生计策略研究具有重要的现实意义。西南民族地区历史文化底蕴深厚、地理环境复杂、资源禀赋优异，但发展相对滞后，多种因素复杂交融，该地区乡村旅游产业总体上仍处于初级发展阶段(海笑和覃建雄，2020)，以此作为研究对象具有一定的典型性、代表性。因此，本研究以西南民族地区作为案例地，探究旅游发展过程中该地区农户生计策略的影响因素，不仅能构建融合多因素的驱动农户生计策略选择的理论框架，而且可基于不同因素作用方向与程度制定提升民族村落农户可持续生计水平更具针对性的政策。

2. 文献综述

国际发展部(DFID)于1999年开发的可持续生计理论框架被广泛运用在农户可持续生计、农户贫困与反贫困等研究领域。在此基础上，Shen 等(2008)学者最早对旅游与可持续生计进行了研究，他们深入分析了旅游与可持续生计之间的关系，提出了可持续旅游生计理论，这为可持续旅游生计研究奠定了理论基础。在可持续旅游生计理论中，生计策略被界定为：人们为实现其生计目标而开展的活动和选择的范围与组合。

关于乡村旅游发展过程中农户生计研究多是基于可持续旅游生计理论，从生计资本的五个维度来厘清、验证旅游业与可持续生计之间关联和测度农户可持续生计水平，如 Tao (2009)构建了适应旅游背景的可持续生计框架，借助田野调查法深入分析了旅游作为可持续生计的有效性问题；Su(2019)借助已经构建的旅游可持续生计框架，评估安徽省越西县赫图镇农村社区农户的可持续生计水平，并借助多元回归模型从五种资本视角(人力、社会、自然、经济、制度)验证了旅游的生计改善效应；Bires(2020)在估算案例地迁移农户可持续生计水平的基础上，运用分层回归模型分析，发现旅游可作为生计多样化的一种途径，直接作用于这类农户的生计可持续性。上述文献基于可持续旅游生计理论中生计资本视角验证了旅游业作为一种生计策略与生计可持续性的关系，并基于外力视角测度了旅游介入的农户可持续生计水平，然而忽略了生计能力在可持续生计研究中的重要性，生计能力与生计资本的交互作用直接影响农户的生计策略选择，进而影响旅游发展与可持续生计的互动关系和农户可持续生计水平衡量。此外，可持续旅游生计理论未充分阐述政治参与以及社会参与对于农户生计策略选择的重要性，这可能导致研究结果与农户实际的生计水平存在偏差。为了弥补可持续旅游生计理论的空缺，有文献尝试将政策、机制、体制等制度因素与生计资本融合共同探究地区旅游发展过程中农户生计水平问题（Iorio & Corsale，2010；Su et al.，2019），但仍未将激发农户内生性的因素——政治参与、社会参与纳入分析框架，致使研究结果难以衡量旅游业发挥的效应，更难以与研究区域农户真实生计水平相匹配。可见，引入新的理论与可持续旅游生计理论相结合，来弥合可持续旅游生计理论的空缺成为当务之急。由于人类福祉方面的研究（叶静怡和王琼，2014）多采用可行能力理论，该理论强调个人主观能力，能有效弥补可持续旅游生计理论对"可持续"理解不充分的问题（仅考虑资本），所以两种理论的综合运用为探究区域旅游发展过程中农户可持续生计这一问题提供了最优解。

上文论述了既有研究关注旅游业与可持续生计关系厘清和可持续生计水平测度，这为影响生计策略的因素分析提供了逻辑起点与实证基础，但当前关于农户生计策略影响因素分析的文献以定性剖析居多，定量探究较少，原因在于数据获得性较差，尤其是二手数据。既有少数关于旅游发展过程中农户生计策略影响因素的文献，依然是沿袭了关系厘清与可持续生计水平测度的研究范式，直接将农户自身生计资本视为旅游发展过程中农户生计策略的前置变量（赵文娟等，2016），并没有考量生计能力的作用，这可能使既有因素难以对现有结果充分释疑。另外，生计能力测度方面，有研究粗略地将收入视作生计能力的反映，也有学者将生计资本视作能力进行研究（丁士军等，2016），还有学者认为农户的生计能力是制度、生计资本、生计策略和生计结果综合体现的一种能力（赵锋和邓阳，2015），这些方法能从某些方面表征生计能力，但可能存在"管窥蠡测"的问题。Burchardt（1999）、Fukuda-Parr（2003）等学者指出，健康是生计能力的直接表征，教育是生计能力提升的主要手段，获取和使用服务与信息体现公民消除信息不对称的能力，政治参与是公民以权力之剑维护权益的工具，社会参与则是公民利用社会网络的能力，这五个方面是个人生计能力的最大公约数，比既有的测度维度更优，所以本研究也尝试将这个五个方面引入区域旅游发展过程中农户生计策略影响因素的分析框架。

纵览既有文献，旅游能否成为一种生计策略以及旅游发展过程中农户可持续生计水平两个方面的研究已取得较大进展，但还存在三方面不足：其一，既有的乡村旅游发展过程中农户生计研究多是基于可持续旅游生计理论推进，没有意识到生计能力对可持续生计的影响，较少的基于定量方法的乡村旅游发展过程中农户生计策略影响因素的分析，亦是缺少生计能力的支持；其二，已有研究多是探究非民族地区旅游发展过程中农户的生计情况，而缺少对民族地区的关注，既有的结论是否适应民族地区值得商榷；其三，生计能力测度拘囿于生计资本与生计结果方面，这可能与已形成共识的生计资本概念冲突，进而影响农户生计能力的评估。有鉴于此，本研究基于可持续旅游生计理论和可行能力理论，以西南民族地区为案例地，通过实地调研获取一手数据，借助 Logistic 回归模型，探究西南民族地区乡村旅游发展过程中农户旅游生计策略的影响因素，阐释西南民族地区旅游业与农户可持续生计的内在关联，以期从提升农户生计资本与生计能力两个方面提出促进该地区农户生计可持续发展的对策建议。

3. 生计资本和生计能力对生计策略的影响机理与指标体系构建

3.1 生计资本和生计能力对生计策略的影响机理

农户生计策略影响因素既包括自我主体性活动，也包括外部影响决策的信息。具体而言，内部条件包括农户自身的生计能力和所拥有的生计资本。生计能力是指农户在生计活动中个人自身的能动性和内在潜力（闫琳琳和程显扬，2018）。生计资本包括人力资本、社会资本、自然资本、经济资本和制度资本。外部条件指脆弱性背景，包括自然灾害、气候变化、季节性等。由于外部因素具有不可预测性和不可干预性，所以本研究着重分析在乡村旅游发展过程中影响农户生计策略的内部因素。

其一，人力资本提高了劳动质量，从而提高对气候变化等外在环境的适应能力（Moser & Satterthwaite，2008）。家庭规模、劳动力投入是人力资本常见的变量，一般而言，农户家庭规模及劳动力数量越大，参与非农业的生计活动意愿越高，更倾向选择多元化的生计方式，如旅游生计策略；人员流动也会影响生计策略的选择，青壮年往往掌握更多新信息，有更强的环境适应能力，更容易从事新行业。

其二，社会资本直接影响农户的生计策略选择。农户与利益相关者（旅游开发商）形成互利的社会网络以及较好的社会保障，会强化农户参与旅游经营的意愿，进而促使其参与意愿直接转化为开展旅游生计活动的实践。

其三，旅游资源是旅游业发展的基础，森林作为旅游吸引要素，是一种重要的自然资本。农户进行生计策略的转变时，田地的质量也是农户考虑的重要因素，田地质量好，农户对田地资源的依赖性强，参与乡村旅游的意愿低，不会将旅游作为生计策略；同时，乡村旅游发展过程中土地征收赔偿款按照征收面积赔偿，没有将土地的质量纳入赔偿标准，土地条件较好的农户往往对这一赔偿标准不满意而不愿参与乡村旅游经营活动。

其四，经济资本包括物质资本和金融资本，物质资本为农户发展乡村旅游提供了物质保障，金融资本则为农户发展乡村旅游提供资金来源。农户在务农阶段投入了大量资金购买务农生产工具及机器，可能因为沉没成本阻碍农户由传统生计向旅游生计策略转换；农户在追求美好生活过程中购置了较多的生活耐用品，这些耐用品的功能可从服务农户转变为服务游客，进而有利于农户参与旅游生计活动；农户有较高的储蓄，投资旅游经营设施能力越强，其参与旅游经营意愿越高，更倾向将旅游作为生计策略。

其五，制度资本为农户提供进入旅游市场、共享旅游利益、参与决策过程的机会。政府的政策支持、财政补贴、优化审批等方式为农户参与旅游经营提供了平台、降低了交易成本，而村规民约稳定了社会秩序（周家明和刘祖云，2014），直接为当地农户提供了"宜商"的旅游经营环境。

生计资本实质上还是指农户拥有的物质类资源，拥有同样生计资本的农户可能会选择不同的生计策略，这就是生计能力的作用。Chambers认为生计能力不仅指面对脆弱性环境的被动调适能力，还强调主动处理、应对冲击并不断利用、创造机会的能力。本研究将可行能力理论运用到生计能力的分析中。生计能力能应对压力和冲击，能找到和利用谋生机会。这些能力是积极主动的，具有动态适应性。Burchardt 等运用社会排斥理论进行分析，认为能力包括：个人本身的特征(例如健康或教育资格)；个人生活中的事件(例如合伙关系破裂或失业)；所居住地区的特点(例如该地区的物质条件、交通联系)；社会和政治机构(例如种族歧视、国家福利、法律援助)。文盲、健康状况不佳、缺乏对资源的控制以及社会和政治压迫限制了农户选择(Fukuda-Parr，2003)。良好的身体素质、专业的技能培训、联结外部信息、社群关系中获取帮助等方面能力(Alary et al.，2014)，可助力农户利用生计资本的能力提升，还可使其从传统农业经营思维向多种生计活动思维过渡，产生旅游经营的意愿，进而选择旅游生计策略。

民族地区旅游发展过程中农户生计策略选择具有阶段性。乡村旅游开发之前，鉴于抗风险能力、生计资本水平的差异性，加之农户生计能力差别，农户在面临乡村旅游这一外力干扰与产业介入下，参与乡村旅游的意愿不同，从而做出不同的生计策略选择。这种差异性的生计策略和生计结果又反作用于农户的生计资本与生计能力，从而形成循环。进入乡村旅游开发中期与后期，伴随着形成循环的多次作用，农户的生计资本与生计能力在交互过程中不断提升，最先选择旅游生计策略的农户将成为区域"先富起来的人"，这部分人成为地区"精英"，产生光环效应与溢出效应，其他农户基于社会网络关系、经济收入提升、从众心理驱使等因素，产生参与旅游生计活动的意愿，并选择旅游生计策略。这个过程循环往复，不仅提升了整体农户生计资本、生计能力水平，实现了生计结构多元化，进一步巩固拓展了脱贫攻坚成果，而且实现了民族地区"共同富裕"，避免了收入差距扩大与"精英俘获"，进一步助力乡村社会建设，并为乡村农业高质量发展探索了一条路径，即乡村旅游与农业融合路径，为乡村产业振兴的效能提升提供了产业支撑。

生计资本和生计能力对生计策略的影响机理见图 1。

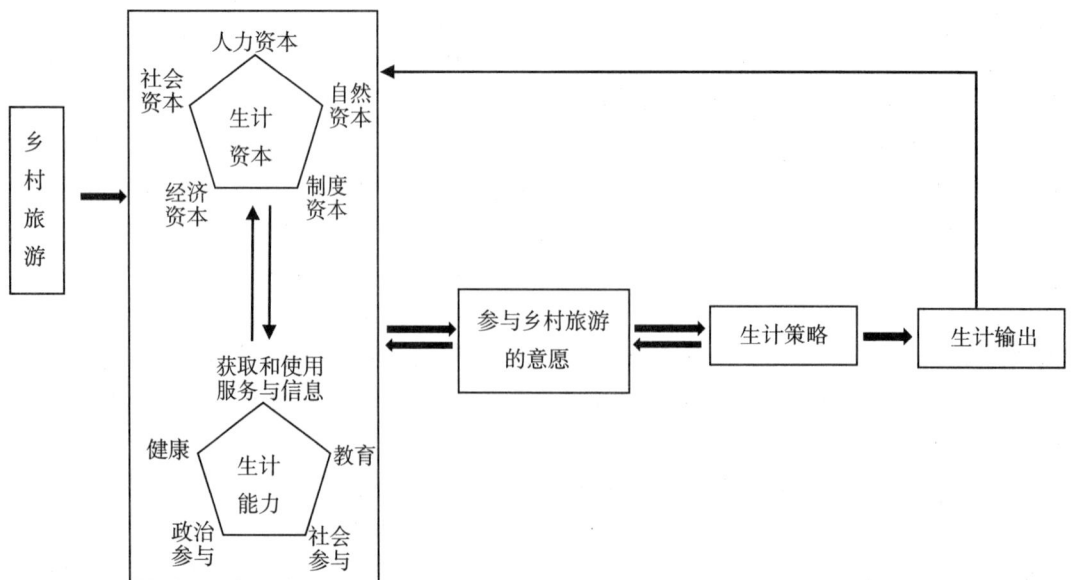

图 1　生计资本和生计能力对生计策略的影响机理

3.2 指标体系构建

本研究基于生计资本与生计能力对旅游发展过程生计策略的影响机理，遵循科学性、层次性、简明性、可操作性原则，结合民族地区农户的生计特征、乡村旅游发展的特殊性等，并借鉴相关研究(Mbaiwa & Stronza, 2003；张挺, 2018)，构建了乡村旅游发展过程中农户生计策略影响因素的指标体系。本研究采用德尔菲法，向10名长期从事乡村旅游以及农户可持续生计研究的专家学者进行征询，专家分别以匿名函件方式对指标体系提出建议，经过几次反复征询和反馈，形成集体判断结果，即确定了2个目标层、10个准则层与19个指标构成的影响因素评价体系。鉴于生计资本与生计能力所属指标在旅游学、社会学、人类学已被广泛应用，即关于相关构念测度的量表属于成熟量表，因此本研究的量表属于构成型量表。

表1 农户生计策略影响因素的指标体系

目标层	准则层	指标层	赋 值
生计资本	人力资本（H）	家庭人数多(H1) 家庭中可参加劳动的人数多(H2) 家庭成员返乡就业的青壮年增加(H3)	非常不赞同=1；不太赞同=2；不一定=3；比较赞同=4；赞同=5
	社会资本（S）	我信任旅游开发商(S1) 在村里的生活没有后顾之忧(S2)	非常不赞同=1；不太赞同=2；不一定=3；比较赞同=4；赞同=5
	自然资本（N）	家里的土地属于好田好地(N1) 当地有较高的森林覆盖率(N2)	非常不赞同=1；不太赞同=2；不一定=3；比较赞同=4；赞同=5
	经济资本（E）	家庭有充足且丰富的耐用品(E1) 家庭有很多务农生产工具或机器(E2) 家庭有一定的储蓄(E3) 当地有提供借贷难度小的机构或组织(E4)	非常不赞同=1；不太赞同=2；不一定=3；比较赞同=4；赞同=5
	制度资本（I）	当地政府提供了支持、补贴政策(I1) 从事旅游相关工作的审批手续简便合理(I2) 我认为村规民约是合理的(I3)	非常不赞同=1；不太赞同=2；不一定=3；比较赞同=4；赞同=5

目标层	准则层	指标层	赋值
生计能力	健康（C1）	家庭中的成员都很健康（C1）	不健康=1；不太健康=2；一般=3；比较健康=4；健康=5
	教育（C2）	我受过从事旅游业的技能培训（C2）	非常不赞同=1；不太赞同=2；不一定=3；比较赞同=4；赞同=5
	获取和使用服务与信息（C3）	网络通信越来越好（C3）	非常不赞同=1；不太赞同=2；不一定=3；比较赞同=4；赞同=5
	政治参与（C4）	我经常对村里的公共事务决策发表意见（C4）	非常不赞同=1；不太赞同=2；不一定=3；比较赞同=4；赞同=5
	社会参与（C5）	我家里有事时亲朋会主动来帮忙（C5）	非常不赞同=1；不太赞同=2；不一定=3；比较赞同=4；赞同=5

4. 研究区域、数据来源与研究方法

4.1 研究区域

西南地区是我国少数民族聚居区，因区位、地形、交通等多重因素叠加，西南民族聚居区经济发展相对滞后，脱贫之后容易返贫，可见该地区巩固拓展脱贫攻坚成果的任务十分艰巨，同时该地区资源禀赋优异，历史文化、生态环境、民风民俗具有较强的异质性。因此，本研究选取了我国西南地区重庆、四川、贵州3省市共7个少数民族贫困村作为案例点。案例点分别是重庆市的彭水苗族土家族自治县罗家沱村、黔江区濯水古镇、北碚区小塘村、万盛区北门村，贵州省的苗族侗族自治州肇兴侗寨、毕节市枪杆岩村和四川省成都市的宝胜村。调查涉及的7个行政村落依托丰富的自然资源与民族文化资源不断推进乡村旅游发展，同时这些村落乡村旅游发展程度、发展模式具有迥异性，所以基于上述案例地的数据分析推理出的对策建议在一定程度上也适用于其他发展乡村旅游的民族地区。

4.2 数据来源

本研究采用结构问卷和半结构访谈法，对农户进行入户调查获取数据，共回收有效问卷236份。调研团队在2020年7—8月对重庆、贵州、四川3省市的7个乡村进行了农户问卷调查，户均调查时间为30~55分钟，调查对象主要为从事乡村旅游业的农户。对于文化水平较低无法填写问卷的调查对象，调研团队采取调查员解释问卷，提问并协助被调查者填写调查问卷的方式，辅助农户完成问卷。调查内容包括：农户家庭基本情况、农户家庭生计资本情况、生计能力情况。同时，对当地政府人员、村支书、

旅游企业负责人等关键人物进行了半结构化访谈，了解当地经济概况、人口情况以及旅游业发展现状等。经统计，在236份有效问卷中，受访对象中男性116人，女性120人，分别占样本比为49.2%、50.8%，男女比例结构合理。从年龄来看，被试对象以中老年居多。其中18~31岁的41人，占样本总数的17.4%；32~42岁的60人，占样本总数的25.4%；43~55岁的80人，占33.9%；56岁以上的55人，占23.3%。从受教育程度看，被调查者受教育程度普遍偏低，其中小学及以下文化程度64人，占样本总数的27.1%；初中文化程度75人，占31.8%；高中文化程度66人，占28.0%；大专及以上文化程度仅31人，占13.1%。

4.3　研究方法

本研究的因变量为生计策略（即农户参与乡村旅游的意愿），自变量为五种生计资本以及生计能力。根据前述分析，农户参与乡村旅游的意愿受多种因素影响，但是农户是否愿意参与乡村旅游，最终的结果只可能有"愿意"和"不愿意"两种情况，因此乡村旅游发展过程中农户的生计策略属于分类型变量，本研究采用Logistic回归模型对乡村旅游发展过程中农户生计策略影响因素进行分析（Park et al., 2012；朱红根等，2010；苏芳等，2011；赵雪雁等，2012；钟晓兰等，2013），运用SPSS21.0软件进行数据的处理。变量之间的关系可表示为：农户的生计策略 $=f$（人力资本 H，自然资本 N，社会资本 S，经济资本 E，制度资本 I，生计能力 C）。Logistic二元回归分析间接探讨因变量 Y 与自变量 X_i（$i=$ 1，2，3，…，n）之间的关系，通过多元线性回归模型对 $Y=1$ 的概率 P 进行建模：

$$P_Y = b + \sum_{i=1}^{n} B_i X_i = 1 \tag{1}$$

根据相关推导可得：

$$\frac{P}{1-P} = \exp\left(b_0 + \sum_{i=1}^{n} b_i x_i\right) \tag{2}$$

Logitic二元回归模型隶属于非线性模型，因此运用极大似然法进行模型的估计，在统计检验后对模型中的各项参数进行解释。Logistic二元回归模型中对参数的解释是，其他条件不变的情况下，自变量 X_i 每增加一个单位，就会使 $\mathrm{Logit}P$ 增加（或者减少）b_i 个单位。

5. 研究结果与分析

由于评估生计资本与生计能力的量表是成熟量表，且量表属于构成型量表，所以在进行回归分析之前，需要借助SPSS21.0软件对量表进行相关性分析，得到表2。由表2可知，相关系数矩阵的结果满足了同一维度下指标间不相关或者同一维度下指标相关且相关系数与回归系数结果一致这一条件。随后，运用SPSS21.0软件进行Logistic回归处理，结果见表3。从模型的回归结果来看，Nagelkerke R^2 是0.442（Nagelkerke $R^2>0.4$），Hosmer-lemeshow检验中sig值为0.090（sig>0.05），这说明模型的整体拟合效果较好，可以通过回归结果来判断和分析自变量作用方向与程度。

表2　量表相关系数矩阵

	H1	H2	H3	S1	S2	N1	N2	E1	E2	E3	E4	I1	I2	I3	C1	C2	C3	C4	C5
H1	1.000																		
H2	-0.154	1.000																	
H3	0.263	-0.031	1.000																
S1	0.140	0.010	0.230	1.000															
S2	0.014	0.238	-0.085	-0.095	1.000														
N1	0.099	0.158	0.187	0.397	0.019	1.000													
N2	0.221	0.060	0.314	0.220	-0.009	0.265	1.000												
E1	0.016	0.231	-0.013	0.115	0.321	0.103	-0.068	1.000											
E2	0.159	-0.015	0.237	0.381	0.051	0.448	0.221	0.075	1.000										
E3	0.129	0.245	0.054	0.044	0.292	0.135	0.129	0.298	-0.010	1.000									
E4	-0.090	0.088	0.151	0.144	0.176	0.030	0.202	0.225	0.122	0.138	1.000								
I1	-0.032	0.346	0.020	-0.004	0.360	0.090	0.012	0.233	0.021	0.190	0.106	1.000							
I2	-0.068	0.209	-0.040	0.005	0.209	0.047	0.026	0.179	0.036	0.073	0.175	0.185	1.000						
I3	-0.048	0.192	-0.052	0.015	0.227	-0.017	0.021	0.268	0.026	0.107	0.309	0.263	0.255	1.000					
C1	0.119	0.173	0.222	-0.056	0.162	0.039	0.102	0.262	0.008	0.224	0.140	0.023	0.120	0.110	1.000				
C2	0.021	0.260	0.069	-0.036	0.191	0.020	0.130	0.274	0.030	0.270	0.311	0.201	0.226	0.481	0.336	1.000			
C3	-0.002	0.065	-0.053	-0.005	0.052	-0.056	0.012	0.073	-0.018	0.036	0.064	0.077	0.114	0.153	-0.046	0.136	1.000		
C4	-0.028	0.205	-0.039	0.019	0.186	0.093	0.043	0.209	0.069	0.102	0.313	0.189	0.180	0.274	0.221	0.368	0.100	1.000	
C5	-0.027	0.218	-0.044	-0.097	0.229	0.052	-0.042	0.266	0.067	0.057	0.371	0.183	0.234	0.285	0.252	0.305	0.131	0.370	1.000

表3 农户可持续生计水平的回归分析结果

目标层	准则层	指标层	回归系数	标准误	自由度	显著性
生计资本	人力资本（H）	家庭人数多（H1）	0.599	0.230	1	0.009
		家庭中可参加劳动的人数多（H2）	−0.565	0.257	1	0.028
		家庭成员返乡就业的青壮年增加（H3）	0.888	0.321	1	0.006
	社会资本（S）	我信任旅游开发商（S1）	−0.522	0.304	1	0.086
		在村里的生活没有后顾之忧（S2）	0.678	0.229	1	0.003
	自然资本（N）	家里的土地属于好田好地（N1）	−0.420	0.241	1	0.081
		当地有较高的森林覆盖率（N2）	0.771	0.317	1	0.015
	经济资本（E）	家庭有充足且丰富的耐用品（E1）	0.554	0.296	1	0.061
		家庭有很多务农生产工具或机器（E2）	−0.606	0.209	1	0.004
		家庭有一定的储蓄（E3）	−0.441	0.256	1	0.086
		当地有提供借贷难度小的机构或组织（E4）	−0.233	0.274	1	0.723
	制度资本（I）	当地政府提供了支持、补贴政策（I1）	−0.491	0.273	1	0.072
		从事旅游相关工作的审批手续简便合理（I2）	0.916	0.300	1	0.002
		我认为村规民约是合理的（I3）	−0.680	0.334	1	0.041
生计能力	健康（C1）	家庭中的成员都很健康（C1）	−0.656	0.316	1	0.038
	教育（C2）	我受过从事旅游业的技能培训（C2）	0.521	0.209	1	0.013
	获取和使用服务与信息（C3）	网络通信越来越好（C3）	0.626	0.338	1	0.064
	政治参与（C4）	我经常对村里的公共事务决策发表意见（C4）	0.749	0.281	1	0.008
	社会参与（C5）	我家里有事时亲朋会主动来帮忙（C5）	−0.698	0.314	1	0.026

注：变量均在10%的统计水平上显著。

此外，为了排除自变量间存在共线性的影响，本研究借助SPSS21.0软件对自变量进行了共线性检验。由表4可知，所有自变量的容差在0.505~0.741，远大于0.1，且方差膨胀因子VIF在1.350~1.979，均小于10，所以本研究认为自变量间无共线性情况。

表 4　　　　　　　　　　　　　　　　自变量共线性检验结果

	容差	VIF
H1 家庭人数多	0.531	1.883
H2 家庭劳动人数多	0.511	1.958
H3 返乡青年	0.507	1.972
S1 信任开发商	0.511	1.956
S2 没有后顾之忧	0.505	1.979
N1 好土地	0.662	1.511
N2 森林覆盖率	0.741	1.350
E1 有充足耐用品	0.554	1.806
E2 生产机器	0.717	1.394
E3 储蓄	0.691	1.447
E4 借贷机构	0.532	1.879
I1 政府支持	0.524	1.908
I2 审批手续	0.505	1.982
I3 村规民约	0.603	1.659
C1 家庭成员健康	0.598	1.674
C2 我受过从事旅游业的技能培训	0.508	1.970
C3 网络通信越来越好	0.540	1.851
C4 我经常对村里的公共事务决策发表意见	0.683	1.464
C5 我家里有事时亲朋会主动来帮忙	0.522	1.916
C5 我家里有事时亲朋会主动来帮忙	0.522	1.916

5.1 生计资本的影响

由表 3 可知，除经济资本的"当地有提供借贷难度小的机构或组织"这个指标外的其余指标均具有显著影响。人力资本中，家庭人数、家庭成员返乡就业的青壮年每增加一个单位，$logit P$ 分别增加 0.599、0.888 个单位；家庭人数正向影响农户参与意愿，这与以往研究保持一致，家庭人数越多，参与乡村旅游的人力成本低，因此参与乡村旅游的意愿越强。同时，家庭中可参加劳动的人数多这个指标具有显著的负向影响。通过调研发现，农户家庭的多数中青年外出务工，老人与小孩留守本地，而老人和小孩较难从事具有一定工作强度的乡村旅游生计活动，如兴办农家乐等，这就导致家庭中可参加劳动的人数递增与参与乡村旅游意愿递减并存的矛盾现象。在乡村，家庭人数和家庭可参加劳动的人数并不是简单的正相关关系，而是复杂的关系，所以家庭人数和家庭可参加劳动的人数对参与意愿的影响是一正一负，也是可以理解的。社会资本中，村里无后顾之忧的生活这个指标每增加一个单位，农户选择参与乡村旅游并将其作为生计策略的可能性增加0.679个单位，产生这种关联原因在于旅游生产是一种社会性的活动，不仅需要从外界获得物质支持，还需要社会关系的支持。自然资本中，农户家里的土地属于好田好地将负向影响农户参与乡村旅游生计活动，这是因为耕地资源是农户从事传统农业生产最重要的资本，农户对土地依赖性强(代美玲和马晓龙，2020)，此外大部分农户对于一次性的土地补偿方式不满意，这种补偿难以成为他们未来生活质量不下降的稳定性保障；当地较高的森林覆盖率每变化一个单位，logitP增加0.771个单位，旅游者由于民俗文化、自然情节等方面的原因对于生态环境具有较高的亲近性，较高森林覆盖率吸引更多的旅游者，促使农户参与乡村旅游生计活动更有利可图。

分析表3数据可知，经济资本中，农户家庭有充足且丰富的耐用品正向影响农户对乡村旅游生计活动的选择，这主要因为数量与质量双保证的耐用品不仅服务农户日常生活，而且可直接应用于旅游经营活动(农家乐)，进而降低农户的经营成本。家庭有较多务农生产工具或机器负向影响农户参与旅游生计活动的意愿，原因在于一旦农户参与乡村旅游生计活动，会导致农具机械被搁置或低价出售。家庭有一定的储蓄也对农户参与乡村旅游产生了负向的影响，这与我们固有的认知大相径庭，不过通过调研得知，鉴于旅游投资具有风险且投资回报期相对较长，再加上旅游业的季节性与波动性，以及农户普遍是趋向短期利润的保守型人格，因此储蓄水平越高的农户越偏向"安于守成"而非"积极进取"，最终导致农户参与乡村旅游的意愿不强。当地有提供借贷难度小的机构这一因素对农户生计策略的选择无显著性影响，主要在于农户认为自己偿还能力有限、抵押物数量与质量不足以及较高的风险性敏感性，导致其对贷款机构感知较弱。制度资本中，当地政府提供支持、补贴政策这一指标对于农户旅游生计活动的选择具有负向影响。笔者认为有以下两个方面的原因，一是农户自身的局限性，对于政府支持、扶持政策的获得感、发展感的感知具有滞后性；二是政府扶持力度较弱，如上文所提土地征收赔偿款，其数额很难为农户未来的生活提供稳定保障。村规民约是合理的这一指标也负向影响农户选择乡村旅游生计活动，农户参与乡村旅游较容易导致环境污染，如农家乐接待游客产生的厨房垃圾、生活废水等，这将受到村规民约的限制，而农户难以支付发展旅游的负向溢出成本，致使农户陷入参与旅游还是遵守村规民约的两难境地。从事旅游相关工作的审批手续简便合理是农户选择乡村旅游作为生计策略的关键因素，对农户参与乡村旅游意愿起着显著的影响。在乡村旅游发展的多利益主体交织中，农户处于弱势地位，从事旅游相关工作的审批手续越简便合理，进入旅游市场的门槛越低，农户越愿意参与旅游生计活动。

5.2 生计能力的影响

从表3可以看出，家庭中的成员都很健康对农户生计策略的选择具有负向影响。基于调研访谈得知，相比参与乡村旅游，身体健康的农户更倾向于外出务工，这源于根深蒂固的观念——"男儿志在四方"，即处于健康、有干劲的年龄阶段的年轻人留滞家乡被认为"面子"被剥夺或劳动力被闲置。这种思想观念直接影响了农户对乡村旅游的参与。农户受过从事旅游业的技能培训对农户选择参与乡村旅游具有显著正向影响，接受旅游从业培训的农户具备了相关的知识累积和技能提升，为从事旅游生计活动奠定基础。

基于表 3 的分析可知，网络通信越来越好这一指标正向影响农户参与乡村旅游的意愿。一方面，移动互联网为农户接触网络信息（新知识、新事物）提供了平台，在网络信息潜移默化的影响下，其传统观念被置换，视野更加宽阔，更能把握发展机遇，从事非农业生产（旅游业）的意愿不断提高；另一方面，借助线上线下营销活动与社交媒体关于民族地区旅游情况分享，可吸引更多游客来乡村旅游地"打卡"，有些游客甚至成为黏性客户，旅游需求增长和旅游市场规模扩大会让农户认为参与旅游是提高收入、改善生活的重要生计活动。经常对村里的公共事务发表意见对农户选择参与乡村旅游具有显著的正向影响，这是因为乡村具有宗族性，对乡村发展发表言论的意见领袖多是"乡贤"（德高望重的人）或"新乡贤"（返乡的企业家），普通农户由于想获取更多利益或者从众的心理愿意听从这类人的意见，进而以附和之音发声，这是普通农户主人翁地位再次巩固的过程，这个过程会促使普通用户内生动力被激发，进而更愿意参与旅游业发展的规划与经营。与以往大部分研究结果不太相同，家里有事亲朋好友会主动来帮忙负向影响农户参与乡村旅游的意愿，这可能与乡村熟人网络弱化以及经济利益侵蚀亲情空间具有一定的关联。

6. 研究结论与对策建议

6.1 研究结论

本研究在解析农户生计策略影响机理的基础上，构建了乡村旅游发展过程中农户生计策略影响因素的指标体系，并引入 Logistic 模型，对西南民族地区乡村旅游发展过程中农户生计策略的影响因素进行了实证分析。研究发现：

（1）生计资本五个维度对应的指标均同时存在正负影响。社会资本、自然资本中正负影响指标对半均分，人力资本与制度资本分别出现两正一负与两负一正的指标作用结构，上述四个维度指标的正向作用程度绝对值均大于负向指标系数的绝对值；虽然经济资本也出现两负一正的指标作用结构，但正向指标的作用程度弱于负向指标。与以往研究得出的结论不同的是，跳出系统层面转入指标层面分析，不同生计资本内部的指标对农户参与乡村旅游的影响存在差异。

（2）生计能力的教育、获取和使用服务与信息、政治参与三个方面对农户选择乡村旅游作为生计策略有着正向影响，政治参与、获取和使用服务与信息两个指标作用系数均超过 0.6，表征政治参与带来的社区增权、获取和使用服务与信息引致的自我赋权从外部与内部驱动农户参与旅游生计活动；健康、社会参与两个方面对农户选择乡村旅游作为生计策略产生负向影响，揭示"男儿志在四方"与"姑舅亲，辈辈亲，打断骨头连着筋"的乡土观念因时代变迁发生不同变化，即健康而又年轻应外出立业的观念被再次强化，而同代、隔代亲属之间因经济、社会互动产生的亲情则被不断稀释。

6.2 对策建议

鉴于生计资本不同维度指标出现正负效应并存、生计能力指标反馈社区赋权与自我赋权重要性以及可持续生计目标实现需要多种因素凝聚内生动力等方面的考量，本研究提出如下建议：

（1）改善资本结构，重视生计资本微观指标。民族地区政府应基于"固优"+"补劣"的原则，通过优化返乡创业、占地补偿、乡村环境整治、旅游经营手续电子化等政策，分别持续巩固或弱化甚至阻断五种资本相关指标的正向效应或负向作用。

（2）开展"扶智"+"扶志"活动，激发农户内生动力。鉴于乡村农户知识储备与能力水平的差异性以及农户对传统生计活动的惯性，民族地区政府、社区以及旅游协会应开展关于旅游服务规范与要求、旅游经营知识与技能方面的专业性培训，与此同时还应开展乡土文化、乡村振兴政策、新型农民培育等方面的拓展性培训，促使农户主动削弱信息不对称带来的感知风险，从思想上重新认识旅游生计的重要性，产生"我要富"的文化自醒与文化自觉。

（3）完善乡村网络通信，全渠道获取旅游从业相关信息与服务。从硬件配置上，民族地区政府与三大电信运营商应通过多方位合作全面落实2021年中央一号文件中关于"数字乡村建设发展工程"的任务，不断加快5G网络、光纤宽带等信息基础设施在农村和边远地区的广泛建设，推进城乡数字鸿沟缩小；从政策配套上，建立电信普遍服务长效机制，引导基础电信企业进一步提速降费，推动优质公共资源逐步向乡村延伸，促进城乡基本公共服务均等化。建基于网络设施完善、网络利用的推广，农户可从线上、线下获取更多与旅游经营相关的信息、知识，促使自身主动参与旅游生计活动。

（4）持续社区增权，重新审视乡土传统观念。一方面，民族地区政府、当地社区以及旅游开发商应充分考量农户多方面的利益诉求，在保障农户参与旅游生计活动的利益分享机会基础上，更加注重农户参与旅游决策意愿（熊元斌和刘好强，2011）；另一方面，民族地区政府应组织文化、民俗、地理等方面的专家重新挖掘、梳理、凝练区域文化，对文化中不同理念进行重新审视，进而引导村规民约修订更新。

6.3 研究展望

本研究是基于可持续旅游生计理论与可行能力理论相结合构建了影响因素框架，但框架中的生计资本缺少文化资本维度，同时有学者建议，以资源资本替代自然资本，可将文化方面相关指标纳入资源资本（史玉丁，2018），然而本研究认为文化资本较难量化，因此后续研究应尝试将文化资本纳入可持续旅游生计理论框架，并开发关于文化资本测度的量表。此外由于文章篇幅限制，本研究主要探究了内部因素如何影响乡村旅游发展过程中的农户生计策略，未深入探究外部因素的影响，比如脆弱性（冲击、趋势与季节性），因此如何构建、验证更为完善的乡村旅游发展过程中农户生计策略影响因素理论框架和基于外部因素制定风险预警机制是后续关于乡村旅游地可持续生计研究的重要问题域。

◎ 参考文献

[1] 代美玲，马晓龙. 乡村旅游开发土地收储阶段居民意愿特征与细分机制——基于扎根理论的研究[J]. 旅游学刊，2020，35(4).

[2] 邓辉. 旅游统筹、产业整合驱动：特色民族村寨发展新模式——基于恩施市枫香坡侗

族村寨的调查与思考[J]．珞珈管理评论，2011(2)．

[3]丁士军，张银银，马志雄．被征地农户生计能力变化研究——基于可持续生计框架的改进[J]．农业经济问题，2016，37(6)．

[4]郭华，杨玉香．可持续乡村旅游生计研究综述[J]．旅游学刊，2020，35(9)．

[5]海笑，覃建雄．"两山"理论背景下西南民族地区乡村生态旅游开发RMP分析——以安宁河流域为例[J]．农村经济，2020(12)．

[6]潘鲁生．关于少数民族地区文化脱贫攻坚的调研[J]．济南大学学报(社会科学版)，2020，30(3)．

[7]时朋飞，邓志伟，孙建超，梁嘉欣．中国旅游产业健康度水平特征动态研究——基于2001—2015年面板数据的实证分析[J]．珞珈管理评论，2018(1)．

[8]史玉丁，李建军．乡村旅游多功能发展与农村可持续生计协同研究[J]．旅游学刊，2018，33(2)．

[9]苏芳，尚海洋，聂华林．农户参与生态补偿行为意愿影响因素分析[J]．中国人口·资源与环境，2011(4)．

[10]唐丽霞，刘洋．中国扶贫瞄准机制的演化与展望[J]．湖北大学学报(哲学社会科学版)，2020，47(5)．

[11]熊元斌，刘好强．旅游景区可持续发展制度安排研究——以云台山风景区为例[J]．珞珈管理评论，2011(2)．

[12]叶静怡，王琼．进城务工人员福利水平的一个评价——基于Sen的可行能力理论[J]．经济学(季刊)，2014，13(4)．

[13]张挺．乡村振兴评价指标体系构建与实证研究[J]．管理世界，2018，34(8)．

[14]赵锋，邓阳．甘肃省独生子女户与多子女户生计能力的比较分析[J]．人口与经济，2015(1)．

[15]赵文娟，杨世龙，王潇．基于Logistic回归模型的生计资本与生计策略研究——以云南新平县干热河谷傣族地区为例[J]．资源科学，2016，38(1)．

[16]赵雪雁，路慧玲，刘霜，等．甘南黄河水源补给区生态补偿农户参与意愿分析[J]．中国人口·资源与环境，2012(4)．

[17]钟晓兰，李江涛，冯艳芬，等．农户认知视角下广东省农村土地流转意愿与流转行为研究[J]．资源科学，2013(10)．

[18]周家明，刘祖云．村规民约的内在作用机制研究——基于要素—作用机制的分析框架[J]．农业经济问题，2014，35(4)．

[19]朱红根，康兰媛，翁贞林，等．劳动力输出大省农民工返乡创业意愿影响因素的实证分析——基于江西省1145个返乡农民工的调查数据[J]．中国农村观察，2010，000(5)．

[20]朱沁夫，巩慧琴．海南经济、资源和环境耦合协调发展研究[J]．江淮论坛，2020(2)．

[21] Alary, V., Messad, S., Aboul-Naga, A., et al. Livelihood strategies and the role of livestock in the processes of adaptation to drought in the Coastal Zone of Western Desert

(Egypt)[J]. Agricultural Systems, 2014, 128.

[22] Bires, Z., Raj, S. Tourism as a pathway to livelihood diversification: Evidence from biosphere reserves, Ethiopia[J]. Tourism Management, 2020, 81(1).

[23] Burchardt, T., Grand, J. L., Piachaud, D. Social Exclusion in Britain 1991-1995[J]. Social Policy & Administration, 1999, 33(3).

[24] Fukuda-Parr, S. The human development paradigm: Operationalizing Sen's ideas on capabilities[J]. Feminist Economics, 2003, 9(2-3).

[25] Iorio, M., Corsale, A. Rural tourism and livelihood strategies in Romania[J]. Journal of Rural Studies, 2010, 26(2).

[26] Mbaiwa, J. E., Stronza, A. L. The effects of tourism development on rural livelihoods in the Okavango Delta, Botswana[J]. Journal of Sustainable Tourism, 2010, 18(5).

[27] Moser, C., Satterthwaite, D. Towards pro-poor adaptation to climate change in the urban centers of low and middle income countries[J]. Environ. Urban, 2008, 21(1).

[28] Park, D. B., Lee, K. W., Choi, H. S., et al. Factors influencing social capital in rural tourism communities in South Korea[J]. Tourism Management, 2012, 33(6).

[29] Shen, F., Hughey, K., Simmons D. G. Connecting the sustainable livelihoods approach and tourism: A review of the literature[J]. Journal of Hospitality & Tourism Management, 2008, 15(1).

[30] Su, M. M., Wall, G., Wang, Y., et al. Livelihood sustainability in a rural tourism destination—Hetu Town, Anhui Province, China[J]. Tourism Management, 2019, 71.

[31] Tao, T., Wall, G. Tourism as a sustainable livelihood strategy[J]. Tourism Management, 2009, 30(1).

Effects of Livelihood Capital and Livelihood Capability on the Choice of Tourism Livelihood Strategies in Ethnic Areas

Shi Pengfei[1] Kuang Xianjie[2] Huang Guoqing[3] Li Xingming[4]

(1, 2, 3 College of Economics and Management, Southwest University, Chongqing 400715;

4 School of Urban and Environmental Sciences, Central China Normal University, Wuhan 430079)

Abstract: It has become an important task of China's relative poverty governance to Consolidate and expand the achievements of poverty alleviation and prevent poverty return. Rural tourism is an essential stepping stone to achieving sustainable livelihood for farmers as well as consolidating and expanding the achievements of poverty alleviation. Based on the research results of The Capability Approach and Sustainable Tourism Livelihood Approach, this study empirically analyzes the factors influencing farmers' livelihood strategies in the development of rural tourism in southwestern ethnic regions of China by Logistic regression analysis. The results show that: (1) The five dimensions of livelihood capital correspond to the positive and negative effects of the indicators at the same time, and the structures of the positive and negative effects of the indicators of five dimensions are quite different. The positive and negative impact indicators of social capital and natural capital are equally divided, while the indicator effects of human capital, economic capital and institutional capital present a structure of two positives and one negative or two negatives and one positive respectively. The degree of the positive effects of the capital indicators is greater than the negative ones except economic capital. (2) The regression coefficients of the two indicators—political participation, access and use of services and information both exceed 0.6, while the educational effect of livelihood capability is slightly smaller, indicating that community empowerment and self-empowerment encourage farmers to actively participate in tourism livelihood activities from the two dimensions of "self-awareness" and "consciousness". The negative impact of health and social participation reveals that different rural concepts (determined to go out of the village, helping the relatives and warming their hearts) will be solidified or diluted with the changes of times. Based on the results, countermeasures and suggestions are put forward to promote the sustainability of farmers' livelihood from the two dimensions of stimulating endogenous motivation and the guarantee of external capital.

Key words: Livelihood capital; Livelihood capability; Livelihood strategy; Ethnic regions

专业主编：寿志钢